백범 김구 선생 존영

김구는 곰보 자국이 남은 못생긴 관상으로 한때 좌절감에 젖는다. 그러나 "상 좋은 사람보다 마음 좋은 사람이 되자"고 다짐하며 인격 수양과 내면의 성숙에 힘을 기울인다(3장 2절).

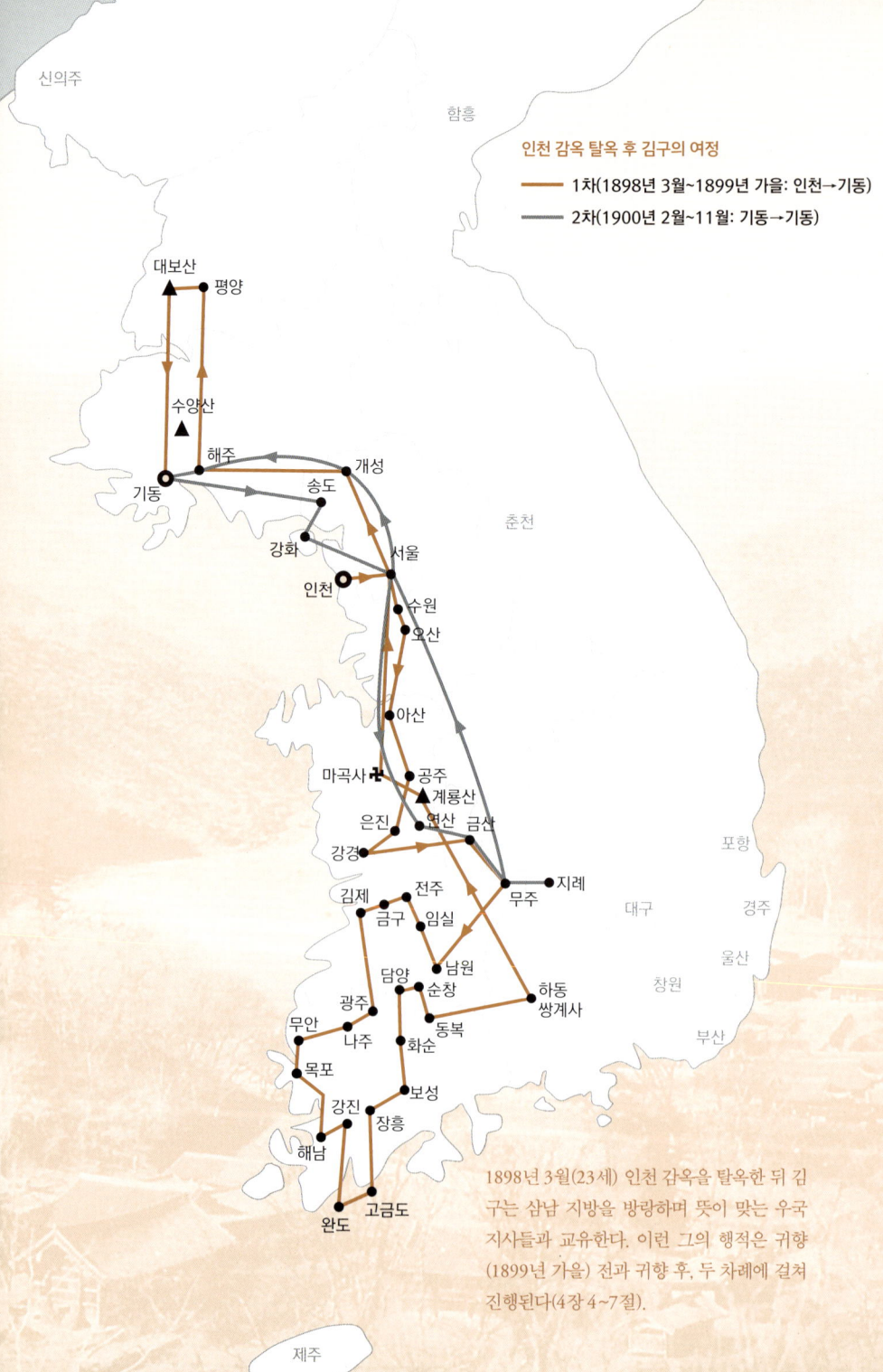

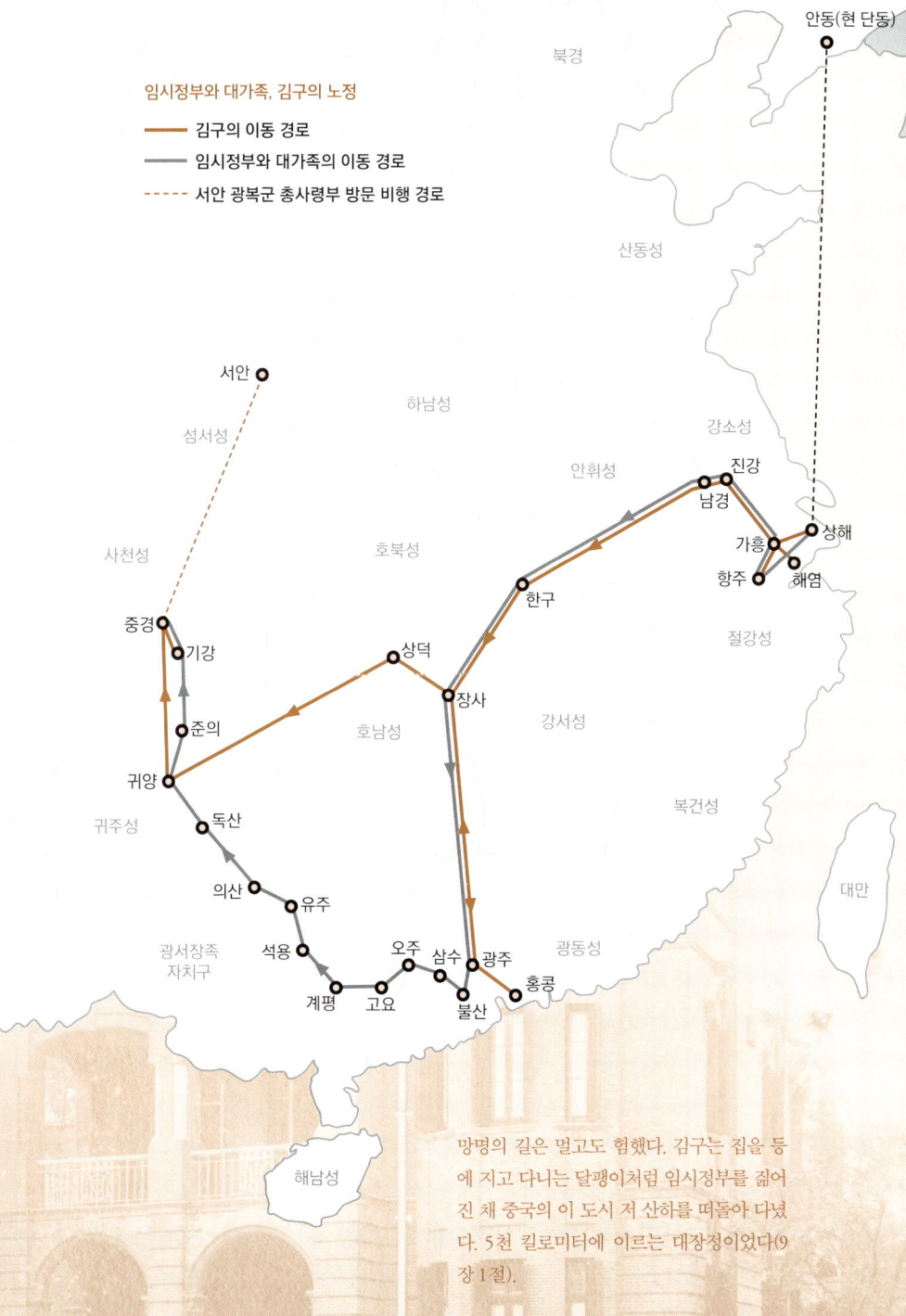

*
1906년 황해도 장련의 광진학교 교사 시절
1919년 망명 이전의 모습을 보여주는 유일한 사진이다. '예배당'이란 간판을 단 초가집 앞에 선 한복 차림의 청년 김구(뒷줄 맨 오른쪽, 31세)의 얼굴이다(5장 4절).

**
안악 사건으로 복역 중 강제 노역(1914~1915년)을 했던 인천항 축항 공사장(1913년 촬영 사진)
무거운 짐을 지고 까마득한 사다리를 걸어 올라갈 때는 얼마나 힘들었던지 떨어져 죽을 결심을 한 적도 여러 번이었다(1장 1절, 6장 3절).

*
상해의 한 사진관에서 살아생전 아내 최준례와 찍은 거의 유일한 가족사진(1921년, 46세)
여자아이처럼 예쁘게 꾸며 입힌 맏아들 인의 모습이 이채롭다. 그러나 이런 단란했던 날들은 너무도 잠깐이었다(1장 6절, 2장 7절).

**
중국 남경에서 찍은 가족사진(1934년, 59세)
아내는 10년 전 세상을 떠났고, 어머니 곽낙원 여사가 어느새 청년(인)과 소년(신)으로 자란 손자 둘을 돌보며 대가족의 정신적 지주 역할을 하고 있었다(1장 6절, 2장 5절).

*
대한민국 임시의정원 제6회 기념사진(1919년 9월 17일, 44세)
콧수염을 기르고 넥타이는 매지 않고 양복을 갖춰 입은 김구가 둘째 줄 맨 오른쪽에 서 있다(7장 1절).

**
대한민국 임시정부와 임시의정원의 신년 축하식 (1921년 1월 1일)
앞줄 왼쪽에서 세 번째가 당시 경무국장이던 김구다. 둘째 줄 왼쪽부터 이규홍, 김철, 신익희, 신규식, 이시영, 이동휘, 이승만, 손정도, 이동녕, 남형우, 안창호, 오영선, 윤현진, 서병호, 조완구(7장 2절).

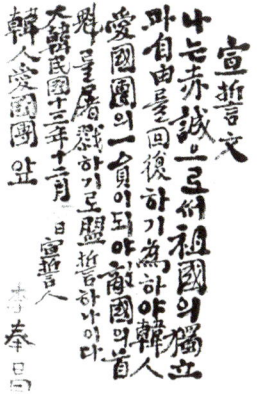

*
이봉창 의사와 선서문(1931년 12월 13일)
외투에 손을 찌른 이봉창의 표정은 죽음을 앞둔 사람답지 않게 천진스럽고 밝기만 하다. 한인애국단 앞으로 쓴 선서문에서 기개와 결기가 느껴진다(8장 1~2절).

**
수류탄을 든 윤봉길 의사(1932년 4월 27일)와 윤봉길과 김구의 시계
거사를 앞두고 윤봉길과 김구는 마지막 정표처럼 서로 시계를 바꾸어 찼다. 윤봉길의 시계는 4시 59분, 김구의 시계는 9시 17분을 가리키고 있다(8장 3~4절).

嘉興 秀綸紗廠 四二九以
後初次避難所

*
1932년 4월 29일 윤봉길 의거 후 상해를 떠난 김구의 첫 피신처인 가흥의 수륜사창
무지개다리 옆에 정박한 덮개가 있는 작은 배(집배)는 비상시 도피용으로도 사용했다. 사진에 적힌 글씨는 김구의 친필이다(1장 5절, 8장 4, 7절).

**
가흥 피난 시기에 국무위원들과 함께(1935년 11월, 60세)
뒷줄 왼쪽부터 시계 방향으로 송병조, 김구, 조성환, 차리석, 이시영, 이동녕, 조완구. 이들의 행방을 추적하는 일제의 눈을 피해 호수 위의 배 안에서 회의를 하기도 했다(1장 5절, 8장 4, 7절).

* 한국청년전지공작대 환송식 기념사진(1939년 11월 17일, 64세)

앞줄 왼쪽부터 박영준, 엄항섭, 박찬익, 김구, 유진동, 김인(김구 장남). 나월환(둘째 줄 오른쪽 끝)을 비롯한 청년들을 서안으로 보내며 찍은 사진이다(9장 6절).

** 중경 가릉빈관에서 열린 한국광복군 성립 전례식 기념사진(1940년 9월 17일, 65세)

앞줄 가운데 군복 차림의 지청천을 중심으로 왼쪽에 홍진, 오른쪽에 김구가 앉아 있다. 뒤로 태극기와 중국 청천백일기가 교차해 있다(9장 6절).

석오 이동녕의 장례식에 참석한 김구와 조문객들
기강에서 치러진 석오 이동녕의 장례식(1940년 3월 17일)에는 임시정부 요인들은 물론 기강에 거주하는 거의 모든 한인들이 참석했다. 이동녕의 죽음은 지지부진하던 3당 통합에 물꼬를 터주었다(8장 6절).

고운기
유동열
김성숙
양우조
민영구
조인제
이시영
이복원
차리석
김구
김의한
이상만
이숙진
송병조
윤기섭
심광식
노영재
김정숙
최동오
조소앙
신건식
조완구
엄항섭
지청천
조시원
유평파
김붕준
오희옥
엄기선
이헌경
정정화
조경한
연미당
최형록
민병길
이윤중
이건우
엄기동
심현석
엄기순
김자동
민영의

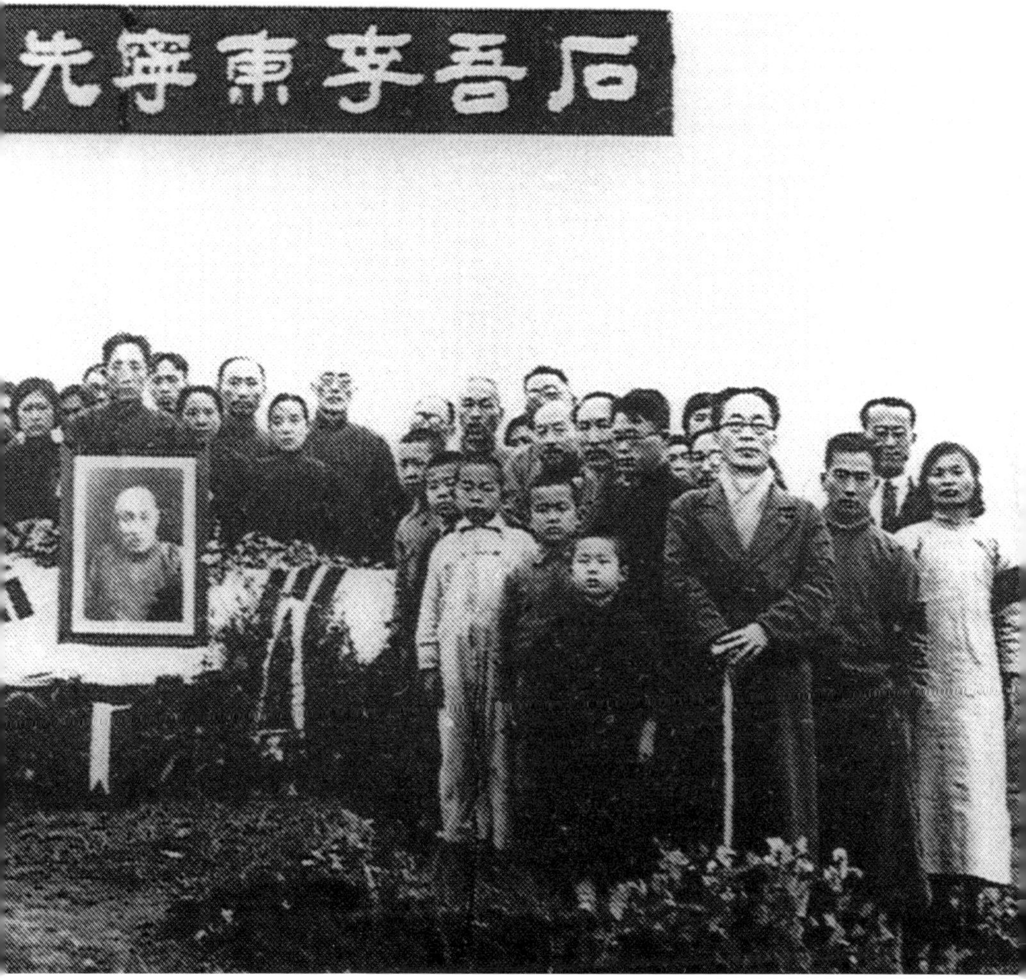

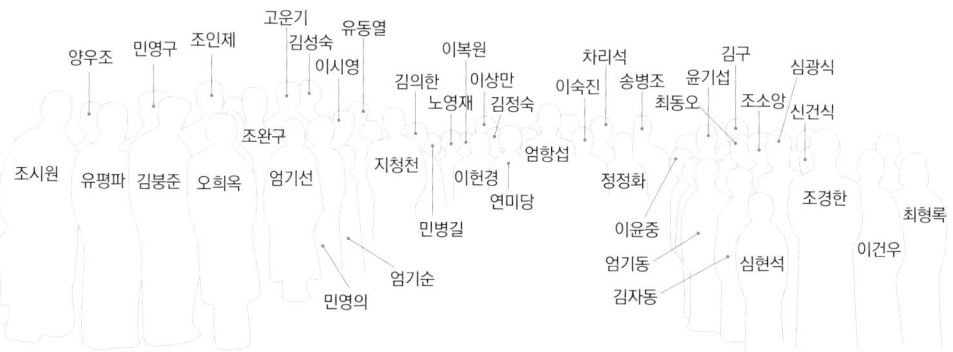

김구와 임시정부 요인들

1945년 11월 3일(70세), 대한민국 임시정부 환국을 20일 앞두고 중경 연화지 청사 계단에서 촬영한 기념사진. 대부분 양복 차림이고 지팡이를 짚는 이들이 많아졌다. 대형 태극기 두 개를 교차해 건 것이 눈길을 끈다(9장 8절).

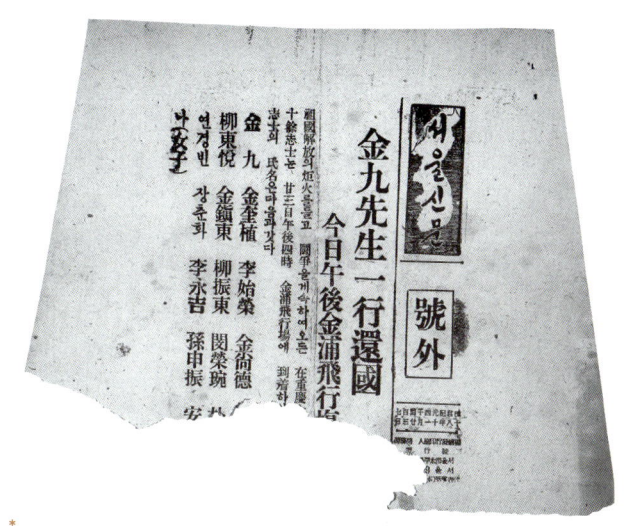

* 김구 일행의 환국을 알리는 서울신문 호외(1945년 11월 23일자)
국민들은 환국 사실 자체를 모르고 있다가 도착 후에야 비로소 임시정부 요인들의 귀국을 알게 되었다(9장 8절).

** 대한민국 임시정부 환국 봉영회
1945년 12월 1일, 서울운동장에서 열린 환국 봉영회에서 이승만(왼쪽)과 김구가 환담을 나누고 있다. 두 사람의 옷차림이 그날의 날씨를 짐작하게 한다(9장 8절).

붓을 잡고 휘호를 쓰는 김구
1938년 5월, 장사 남목청에서 당한 저격의 후유증으로 말미암은 '떨림체', 일명 '총알체'의
필적 속에서 흔들리지 않는 의지와 서릿발 같은 결기가 느껴진다(1장 4절, 7장 6절).

차남 신, 손녀 효자와 서울 경교장 뜰에서(1947년, 72세)
효자는 스물여덟 살에 숨진 장남 인의 외동딸이다. 차남 신은 미국 비행학교를 수료하고 그 해 9월에 귀국했다(2장 7절).

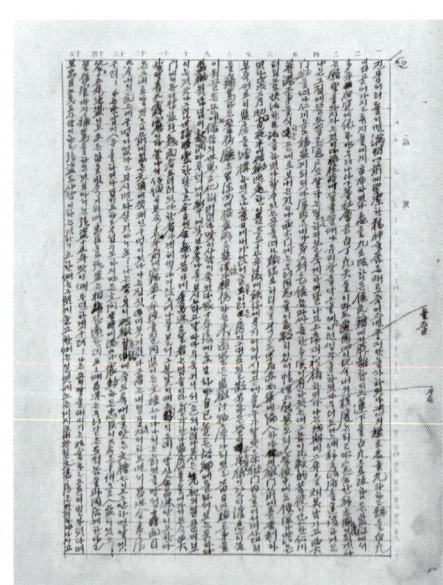

《백범일지》 친필 원본과 표지(보물 제1245호, 김구재단 소장)
백범 서거 후 차남 김신은 국사원판의 판권을 개방해 모든 출판사들이 자유롭게 출간할 수 있도록 했다.

백범
묻다,

김구
답하다

일러두기

- 《백범일지》 원본은 국한문 혼용체지만 이 책은 한글 전용을 원칙으로 했고, 필요한 경우 한자를 병기했다. 한자 표기는 되도록 중복을 피해 맨 처음 등장하는 단어에 적용했다.
- 원본의 어휘와 의미에 충실하되 현대 어법에 맞게 표현을 바꿨다.
- 중국 인명과 지명은 혼란을 피하기 위해 현지 발음이 아닌, 원본대로 우리식 한자음 표기를 따랐다(단 9장 1절 349쪽의 지명은 중국 발음에 따라 영어식으로 표기했다).
- 특별한 경우를 제외하곤 인용서의 해당 쪽수 표기를 생략했다.
- 원본의 연월일·지명·인명 등에 오류가 있는 경우 바로잡아 서술했다.
- 독자의 이해를 돕기 위해 연대 및 당시 김구 선생의 나이를 본문 괄호 속에 군데군데 밝혔다.

본문은 질문(Q)과 답변(A), 덧붙인 해설(Q)로 구성했다. 1인칭 서술인 답변 부분에서 주어인 '나'는 백범 김구 선생이다. 3인칭 서술인 해설 부분에는 보충 설명과 엮은이의 감상(코멘트)을 덧붙였다.

백범 묻다, 김구 답하다

우리가 가슴에 새겨야 할
백범 김구의 생애와 사상

김형오 엮고 풀어쓰며 보태다

arte

저자의 글 | **백범과 《백범일지》에 바친다**

　　이 책을 쓰는 내내 두 가지 물음이 머릿속을 떠나지 않았다. 하나는 "백범白凡 김구金九는 누구이며 왜 당시 그렇게 행동했는가"이고, 또 하나는 "왜 지금 다시 김구여야 하나"이다. 전자는 선생의 육필 원고인 《백범일지白凡逸志》라는 '국민 애독서'를 통해 알아내고, 후자는 수많은 백범 연구자들이 길을 밝혀준 덕에 답을 찾았다. 여기에 내가 끌어온 세월의 수레바퀴가 나름의 몫을 했다.

　　백범 김구만큼 삶과 죽음의 경계를 수없이 넘나들며 엄혹한 시기를 치열하고 극적으로 살다 간 인물도 드물 것이다. 불평등 조약으로 쇄국의 빗장을 푼 1876년, 황해도 산골에서 상민의 아들로 태어나 파란곡절의 역정을 온몸으로 헤쳐왔다. 그리던 고국에 돌아온 지 4년을 넘기지 못하고 흉탄에 맞아 생을 마감했고, 꼭 1년 후 자신이 그토록 염려했던 동족상잔의 6·25전쟁이 마치 예언처럼 일어났다. 임시정부 하면 김구 선생을 떠올리듯이 그가 숨차게 살아낸 70여 년의 현장은 바로 질곡의 한국 현대사이다. 태극기가 펄럭이는 조국의 하늘 아래에서 문지기나 청소부 같은 평범한 사람으로 살기를 원했던 애국 열정의 이 휴머니스트를 시대와 환경은 비범한 인간으로 키워냈다.

한문 위주의 《백범일지》 원본이 1947년 처음 한글판 단행본으로 출간된 이래 70여 년 동안 300종이 넘는 《백범일지》와 평전, 해설서가 출간됐다. 학술 논문, 언론 기고문 등은 이루 다 헤아릴 수가 없다. 그만큼 풍부한 연구진이 있고, 또 백범에 대한 국민과 독자들의 사랑이 남다른 까닭이다.

이 책도 그중의 하나지만, 기존 책들과는 다른 무엇을 선보이려고 나름대로는 오래 고심하며 공을 들였다. 아시다시피 엮은이는 백범 전문 연구자가 아니다. 그러나 최근 3년간 서울 효창원의 백범 묘소와 기념관의 백범 좌상을 마주하지 않은 날이 드물었다. 그런 만큼 백범의 숨결과 체온에 가까이 다가설 수 있으리라 생각했다. 얽히고설킨 백범의 시대와 언행을 치우치지도 비틀지도 않으면서 정직하게 보고, 느낀 대로 말할 수 있으리라는 믿음으로 용기를 냈다.

《백범일지》를 완전히 해부하다시피 한 다음 관련 자료들을 보태 유형별로 묶은 뒤 큰 틀과 작은 틀로 구획 지어 정리했다. 또 당시 상황을 사이사이에 곁들여 이해를 도우려 했다. 주요한 사건은 충분히 설명하되 복잡한 이슈는 핵심을 좇았다.

《백범일지》가 책으로 처음 나오던 해에 나도 세상에 나왔다. 시대와 삶의 궤적은 달랐지만 어렵고 힘겨운 일에 부닥치면 나는 이 책을 펼치곤 했다. "이럴 때 김구 선생이라면 어떻게 했을까?" 내 삶의 자양분이 되고 지표가 된 《백범일지》에서 답을 찾으려 했다. 더 늦기 전에, 기억이 희미해지기 전에 선생의 뜻과 마음을 쉬운 언어로 전하고 싶었다. 관련 자료들을 수없이 뒤적였다. 선생의 체취를 아직도 기억하고 있는 분들과 독립유공자 후손들을 찾아뵈었다.

스스로 밝혔듯이 선생의 호 '백범'은 '평범한 백성(백정과 범부)', 그러니까 '보통 사람'을 가리킨다. 요컨대 이 책은 보통 사람(백범)들의 의문과 지적에 대해 김구 선생이 당시 왜 그렇게 했는지를 직접 답하는 형식을 취하고 있다. 여기에 독자의 지적 호기심과 궁금증을 감안해 엮은이가 풀어쓴 글을 보탰다. 이를 위해 백범이 묻고(Q) 김구가 답하고(A) 엮은이가 덧붙이는(+) 형태로 본문을 구성했다.

백범은 생각과 말과 행동이 일치하는 삶을 살았다. 민족에 대한 사랑과 헌신을 뜨겁게 실천했다. 그래서 현실이 막막하고 어려울수록 선생을 찾고, 신분과 계층, 이념과 시대를 뛰어넘어 우리 국민 모두가 존경하는 것이리라.

세월이 흐를수록 백범은 더욱더 그리운 이름, 절실해지는 얼굴이다. 늘 푸르게 깨어 있고, 서늘하게 살아 숨 쉬는 얼과 혼이다. 이 책은 그런 선생과《백범일지》에 바치는 나의 헌사다. 그러나 결코 찬사로만 치장하지는 않았다. 백범이 평생 아부를 멀리하고 칭송을 경계했음을 잘 알기 때문이다.

백범을 존경하지만 교과서로만 접한 사람, 영화나 드라마를 통해 백범에 대한 호기심과 궁금증이 생긴 사람,《백범일지》를 예전에 읽었지만 기억이 희미해져 다시 한 번 읽어보려는 사람,《백범일지》를 최근에 읽고 평전이나 어록 등에도 관심을 갖게 된 사람들의 손에 이 책이 들리기를 원한다. 쉽고 간결한 문체로 누구나 부담 없이 읽을 수 있는 책을 쓰고 싶었다. 사실만을 기술하고자 했으며, 격조에도 품을 들였다.

이 원고의 마지막 수정 작업을 힘겹게 마치려는데 중대 뉴스가 나왔다. 남북·북미 정상회담이 잇따르면서 한반도가 다시금 국제정치의 주 무대로 떠올랐다. 백범 필생의 염원이었던 완전한 독립, 바꿔 말하면 통일 한국의 새날을 맞이할 수 있을 것인가. 그 날을 위해 나는, 우리는 무엇을 하고, 어떻게 준비해야 하나. 세계의 흐름에 뒤처지고 시대 상황에 어두운 채로 갈등과 분열, 환상과 착각, 무책임한 주의 주장으로 자초했던 질곡의 시대를 다시는 되풀이해선 안 된다. 우리는 백범을 비롯한 선열들의 울부짖음, 피와 땀과 눈물을 똑바로 듣고 보며 답할 수 있는 후손이 되어야 한다.

 이 책이 백범의 길과 정신을 올곧게 전하고, 오늘 우리에게 현실을 살아가는 용기와 미래를 전망하는 지혜를 줄 수 있다면 이보다 큰 보람은 없을 것이다. 독자들의 관심과 사랑, 지적과 질책을 기다린다.

들어가는 글 | 유서를 대신해 적은
자서전

《백범일지》는 어떤 책인가? 김구는 과연 어떤 목적에서 이 책을 썼는가? 《백범일지》는 총 두 권으로 되어 있다. 상권은 1928~1929년 상해에서, 하권은 1941~1942년 중경에서 집필했다. 상권을 쓸 무렵 김구는 언제 죽을지 모르는, 목숨을 저당 잡힌 삶을 살고 있었다. 고국에 있는 어린 두 아들(당시 11세, 7세)에게 아비가 걸어온 길을 말해주려고 유서 대신 쓴 글이 상권이다(53~54세). 하권은 김구가 나이 일흔을 바라보며 정신과 기력이 더 쇠잔해지기 전에 독립운동에 대한 경륜과 소회를 알리려고 썼다. 주로 미주와 하와이에 있는 동포를 염두에 두었는데, 이 글 역시 유서를 적는 심경으로 썼다. 상권에는 주로 개인적인 성장과 신변 활동을 담았고, 하권은 임시정부를 둘러싼 국제정세와 주변 인물들로 범위를 넓혀 기술했다. 김구는 책에서 비록 오래전 일들이라 잊어버린 것이 많으나 지어낸 사실은 없음을 분명히 했다.

1947년에 발간한 《백범일지》 한글판에서 김구는 아직 완전한 독립을 이루지 못한 채 욕된 몸으로 살아서 고국에 돌아와 졸저를 동포 앞에 내어놓게 될 줄은 꿈에도 몰랐다고 밝혔다.* 그러나 정작 이 글을 맨 먼저 읽어주기를 바랐던 두 아들 중 큰아이 인(金仁)은 해방되기 몇 달 전, 젊은 아내와 어린 딸을 남기고 멀리 중국 중경에서 숨을 거두었다. 김구는 그래도 중국의 군인이자 미국의 비행 장교인 작은아이 신(金信)이 자신의 곁으로 돌아와 장차 조국의 하늘을 지키게 될 날을 기다리고 있어 위안이 된다고 고백했다.

백범白凡이라는 호가 의미하듯이, 김구에게 《백범일지》는 못난 아비가 민족의 한 일원으로 살아온 기록이다. 50년 동안 분투한 자신의 숱한 과오를 반면교사 삼아 다시는 같은 전철을 밟지 말라는 간곡한 뜻이 담겨 있다. 결코 자기를 본받으라는 것이 아니다. 우러러볼 사람을 찾아 귀감으로 삼으라는 뜻이다. 이는 온 겨레에게 전하는 당부이기도 하다.

> 나는 우리 젊은 남녀들 속에서 참으로 크고 훌륭한 애국자, 엄청나게 빛나는 일을 할 큰 인물들이 쏟아져 나오리라 믿는다. 아울러 그들이 이 나라를 제 나라로 알고 평생 이 나라를 위하여 온힘을 다해 헌신하기를 간절히 바라면서 이 '범인凡人의 자서전'을 세상에 내보내는 것이다.
> _1947년 11월 15일(음력 10월 3일 개천절)에 쓴 《백범일지》 국사원판 출간사 중에서

김구의 표현을 빌리자면, 《백범일지》 상권을 쓴 상해 시대가 '죽자꾸나 시대'였다면 하권을 집필한 중경 시대는 '죽어가는 시대'였다. 시

---

* 《백범일지》 한글판은 1947년 12월 15일, 국사원 출판사에서 처음 발간했다. 이때 김구는 본국에 돌아온 뒤에 겪은 일과 〈나의 소원〉을 추가했다.

작할 때부터 마칠 때까지 유언장을 가슴에 품고 살아야 했던 것이 김구와 임시정부의 숙명이었다. 《백범일지》는 그러므로 백범이 피로 쓴 글이나 마찬가지였다.

상권을 쓸 무렵은 임시정부 활동 침체기로 많은 독립운동가들이 대열에서 이탈하던 때였다. 아내와는 4년 전(1924년) 사별했고, 김구를 돌보던 어머니는 차남(신)을 데리고 귀국한 뒤 장남(인)마저 고국으로 불러들였다. 그는 "그림자를 벗 삼는" 외톨이였다. 입에 풀칠하기가 쉽지 않았고, 거처조차 일정치 않아 동가식서가숙東家食西家宿하는 "거지 중의 상거지"였다.

일지를 쓸 당시 어린 두 아들의 나이까지 잘못 알고 있었을 정도로 삶은 경황이 없고 각박하고 피폐했다. 임시정부는 찾는 이의 발길이 끊겨 쓸쓸했고, 김구의 목엔 현상금이 붙어 있었으며, 프랑스 조계(租界: 19세기 후반 영국, 미국, 일본 등이 중국 침략의 근거지로 삼았던 개항 도시의 외국인 거주지. 중국이 아닌 해당국이 행정권과 경찰권 등을 행사했다) 밖으로는 한 발짝도 나가지 못하는 처지였다. 김구는 자서전을 쓰면서 미주 교포들에게 편지를 보내 지원을 호소한다. 자식이 나중에 자라거든 보라며 유서처럼 쓴《백범일지》(상권)는 탈고 후 비밀리에 등사돼 미국으로 건너갔다.

《백범일지》하권 또한 절박한 상황에서 집필됐다. 일본군의 진주만 공습(1941년 12월 7일)으로 태평양전쟁이 발발하고, 임시정부가 광복군을 내세워 연합군의 일원으로 참전하겠다며 일본에 선전포고(같은 해 12월 10일, 김구 주석과 조소앙 외무부장 명의)를 한 격동의 시기였다. 백범은 볕이 들지 않아 곰팡이가 핀 어둡고 비좁고 습기 찬 중경 오사야항

김구가 《백범일지》 하권을 집필한 오사야항 청사. 중경의 임시정부 세 번째 청사인 이 목조 가옥은 2012년 이 일대 재개발이 확정되면서 지금은 흔적도 없이 사라져 버렸다. 재개발 후 복원될 예정이다.

吳師爺巷의 목소 청사에서 영양실조로 쇠약해진 상태로 일지를 집필했다. 퇴고나 손질을 할 겨를조차 없었다. 그런데도 깊고 무겁고 또 유려하다.

  말미에 붙인 〈나의 소원〉은 교과서에도 실려 《백범일지》를 읽어보지 못한 사람도 심금을 울린 글로 기억하고 있을 것이다. 고국으로 돌아온 후 출간된 단행본에 덧붙여졌다. 김구는 우리 민족에게 사상과 정신의 독립을 심어주기 위해 이 글을 썼다. "워싱턴도 모스크바도 우리의 서울은 될 수 없는 것이요 또 돼서는 안 되는 것이니, 만일 이것을 주장하는 자가 있다면 그것은 예전 동경을 서울로 하자는 자와 다름이 없을 것이다. 우리의 서울은 오직 우리의 서울이라야 한다"라는

《백범일지》 출간사에 김구의 이러한 뜻이 잘 나타나 있다.

《백범일지》가 시대와 세대를 초월해 많은 이에게 읽히고 감동을 주는 이유는 여기 담긴 김구의 모습이 너무나 진솔하고 인간적이기 때문이다. 자서전에서 백범은 보통 사람들이라면 밝히고 싶어 하지 않을 부끄러운 사건과 생각까지도 숨김없이 고백하고 있다. 그래서일까. 《백범일지》를 읽고 나면 니체의 잠언집 제목 '인간적인, 너무나 인간적인'이 반사적으로 떠오른다. 《백범일지》는 김구의 혁명가 면모뿐만 아니라 인간적인 매력에도 반하게 만드는 멋진 책이다.

예컨대 김구는 감옥에서 굶주린 창자를 움켜쥐고 있을 때 음식 냄새가 코를 찌르면 "나이 젊은 아내가 몸이라도 팔아서 아침저녁으로 맛있는 음식이나 사식으로 넣어주면 좋겠다는 더러운 생각까지 났다"라고 고백하고 있다. 이런 일을 어느 누가 활자로 만인 앞에 공개할 수 있을까. 《백범일지》가 영화보다 더 영화 같은 극적인 이야기가 펼쳐짐에도 불구하고 객관성을 획득하고 진정성을 인정받는 이유는 바로 그런 솔직함 때문이기도 하다. 《동물 농장》 작가 조지 오웰은 "회고록의 신뢰성은 치부를 공개할 때 확보된다"고 말했다. 《백범일지》야말로 그 본보기가 아닐까.

《백범일지》는 그날 있었던 일을 그날 기록한 일기가 아니다. 한자로 '일지日誌'가 아닌 '일지逸志'다. 곧 '알려지지 않은 이야기'란 의미이다. 저자가 오랜 세월이 흐른 뒤에 과거를 돌아보며 쓴 회고록이다. 그래서 날짜나 인명, 지명 등에서 더러 오류가 발견된다. 특히 연월일이 그렇다. 그나마 상권을 쓸 적엔 가물가물한 부분은 본국의 어머니에게 편지로 확인해가며 썼다지만 완벽할 수는 없었다. 게다가 한자를 많이 섞어 쓴 육필 원고라서 오탈자가 있고 해독이 애매한 부분도 없지 않다.

《백범일지》(상권)는 백범이 피난 중에도 늘 몸에 지니고 다니면서 틈만 나면 수정, 보완한 유서이자 유일한 유산이었다. 훗날 자식에게 들려주려고 썼지만, 이제 우리 겨레의 국보급 보물로 필독서 겸 애독서가 됐다. 세상의 그 어떤 자서전이나 회고록보다 솔직담백하고 인간적 고뇌와 체취가 상하권을 통틀어 그대로 묻어나 있어 백범의 비장하고도 처연한 모습을 바로 옆에서 보는 듯하다.

차례

저자의 글   4
들어가는 글   8

1장   어떻게 살고, 어떻게 죽을 것인가

1   자유가 거세된 유배지, 감옥   21
2   처형 당하기 직전에 일어난 기적   26
3   청년만이 희망이고 조국의 미래다   33
4   '떨림체'로 쓴 흔들리지 않는 정신   40
5   위장과 변신, 가명과 익명은 숙명이었나   47
6   외롭고 쓰라린 세월   52

2장   백범은 '백범'인가?

1   상민의 아들로 태어난 평생 상민   61
2   엿 바꿔 먹은 아버지 숟가락   66
3   강자에겐 강하게, 약자에겐 약하게   69
4   생신상에 오른 권총   74
5   이제부터 '너'가 아닌 '자네'라 부르겠네   79
6   남편은 남의 편, 시어머니는 내 편   85
7   먼저 세상을 떠난 아내와 어린것들   88

3장 틀 속에 갇혀 틀을 깨려 하건만

1. 서당 문을 닫은 까닭 — 97
2. 못난 관상 — 101
3. 동학: '아기 접주'의 쓰라린 패배 — 106
4. 안중근 집안과의 만남(1): 동학군과 토벌군, 공수 동맹을 맺다 — 113
5. 안중근 집안과의 만남(2): 새를 쏘던 소년, 일제의 심장을 쏘다 — 118
6. 백두산을 향한 발길 — 124

4장 절벽에선 붙잡은 손을 놓아야

1. 망해가는 나라, 스승과 제자의 고뇌 — 133
2. 국모를 시해한 원수를 갚기 위해 — 139
3. 감옥 안에서 '대장'이 되다 — 148
4. 탈옥수 김창수 — 154
5. 모래 위로 떨군 머리카락과 눈물 — 162
6. 승복에 육식하며 염불 대신 시를 읊다 — 170
7. 만날 사람은 어디서건 만난다 — 175

5장 고뇌와 갈등의 청년기

1. 새것과 옛것의 충돌 — 185
2. 파혼, 파혼, 파혼… — 190
3. 서른한 살에 열여덟 살 소녀를 신부로 맞다 — 195
4. 기독교인이 되어 교육 열정을 불태우다 — 201
5. 뽕나무가 씌워준 감투 — 209
6. 노름을 몰아내고 마름을 내쫓으며 — 213

6장 세상 밖의 감옥, 감옥 안의 세상

1 신민회 활동과 안명근 안악 사건　　　　　　　　　　221
2 속옷까지 벗고서 맞겠노라　　　　　　　　　　　　226
3 완전히 딴판인 두 번의 인천 감옥 생활　　　　　　233
4 꽉 막힌 공간에서 탁 트인 세상을 꿈꾸며　　　　　241
5 그때 만약 그의 권총을 빼앗지 않았더라면　　　　247
6 만세 함성 속에서 고요히 망명선을 타다　　　　　253

7장 자유를 위한 헌신: 혁명가의 길(1)

1 임시정부의 문지기를 자청하다　　　　　　　　　　261
2 경무국장은 무엇을 하는 자리인가　　　　　　　　　265
3 안팎으로 닥친 시련의 시기　　　　　　　　　　　　271
4 집세도 못 내던 임정의 '상거지 국무령'　　　　　　277
5 태평양을 건넌 편지-이름을 기억하라!　　　　　　281
6 혈관을 통과해 움직인 총알　　　　　　　　　　　　285
7 모르는 여인에게 편지를 받고서　　　　　　　　　290

8장 자유를 위한 헌신: 혁명가의 길(2)

1 철혈남아 이봉창(1): 의인은 의인을 알아본다　　　　　　　　　　299
2 철혈남아 이봉창(2): 오호통재라, 불행히도 빗맞았도다　　　　303
3 천하영웅 윤봉길(1): 시곗바늘이 멎는 순간, 새로운 시간은 시작되고　310
4 천하영웅 윤봉길(2): 냉면이 아닌 뜨거운 국수였더라면　　　　　319
5 원한다면 비행기라도 보내 모셔 오겠소　　　　　　　　　　　　　326
6 아아, 석오 이동녕 선생!　　　　　　　　　　　　　　　　　　　　330
7 혁명가를 연모한 처녀 뱃사공　　　　　　　　　　　　　　　　　335

9장 마지막 그날까지

1 '대가족'을 이끌고 부평초처럼   345
2 천장이 무너져 내려 침대를 덮치다   352
3 크리스마스엔 굶더라도 꼭 산타를   357
4 이념과 사상을 넘어 하나로(1)   361
5 이념과 사상을 넘어 하나로(2)   368
6 OSS와 합작으로 준비한 광복군 비밀공작   374
7 광복을 맞는 두 가지 심정   381
8 26년 만에 다시 호흡한 서울의 공기   386

나가는 글   392
백범 김구 연보   395
인명 찾기   405
참고 문헌   411

1장
·
어떻게 살고, 어떻게 죽을 것인가

1 자유가 거세된 유배지, 감옥

Q 사형수로 혹독한 감옥 생활을 했다. 모진 고문을 당하고, 노역을 견디기 힘들어 차라리 죽으려 한 적도 있었다. 그로록 끔찍한 고통을 어떻게 이겨냈는가?

A 내가 처음으로 자살을 기도한 것은 치하포(鴟河浦·혹은 치애포 鴟崖浦) 사건(1896년, 21세)으로 투옥됐던 인천 감옥에서였다. 장티푸스에 걸려 극심한 고통을 겪고 있었는데, 짧은 소견에 그만 목숨을 버리려고 동료 죄수들이 잠든 틈을 타 이마에 손톱으로 '충忠' 자를 새기고는 허리띠로 목을 맸다. 마침내 숨이 끊겼다. 찰나의 시간 동안 고향으로 가서 6촌 동생과 놀았다. "고향이 늘 눈앞에 어른거리니, 굳이 부르지 않아도 넋이 먼저 가 있더라(故園長在目 魂去不須招, 고원장재목 혼거불수초)"라는 옛 한시가 참으로 헛말이 아니었다.

홀연 정신이 들어 보니, 죄수들이 고함치며 난리였다. 내가 죽을까 봐 놀라서 그러는 게 아니었다. 내가 정신을 잃으면서 격렬하게 요동을 치는 바람에 나와 9인용 차꼬(着庫: 서로 맞댄 두 개의 긴 나무토막 사이에 구멍을 파서 죄인의 두 발목을 넣고 자물쇠를 채우던 형구. 때론 기다란 차꼬에 여럿을 같이 옭아매 더 큰 고통을 주기도 했다)에 함께 엮여 있던 죄수들이 고통을 못 이겨 일으킨 소동이었다. 그 뒤로는 감시의 눈이 많아져 죽을 기회도 없었지만, 나 역시 자살은 옳지 않다고 생각하게 됐다.

안악 사건(1911년, 36세)으로 종신형을 선고 받고 서대문 감옥에 수감됐던, 안중근의 사촌동생 안명근(安明根, 1879~1927, 독립운동가, 호는 매산 梅山)이 하루는 조용히 이런 말을 했다. "감옥에 들어온 후로는 아무리 생각해봐도 하루를 살면 하루가 욕되고 이틀을 살면 이틀이 욕되니, 굶어 죽을까 합니다."

그날부터 안명근은 단식에 들어갔다. 자기 몫의 음식은 배가 아프다는 핑계로 다른 수인들에게 나눠주고 자신은 굶었다. 그렇게 네댓새가 지나자 탈진해 몸을 움직일 수 없게 됐다. 눈치를 챈 간수들이 명근의 뒷짐을 지운 채 계란을 풀어 억지로 입속에 부어넣었다. 봉변을 당한 명근이 겸연쩍은 듯 "별 수 없이 오늘부터 음식을 먹습니다" 하기에 나는 이렇게 말해주었다. "죽이고 살리기를 마음대로 하는 부처님이라도 감옥 안에서라면 어쩔 수 없을 터이니 자중하시지요." 감옥이란 실로 죽을 자유조차 없는 곳이었다.

이감된 인천 감옥(1914년, 39세)에선 노역을 견디기가 가장 힘들었다. 아침 일찍 쇠사슬로 허리가 묶인 채 축항 공사장으로 가면 강도 높은 노역이 기다리고 있었다. 불과 반나절만 지나도 어깨가 부르트고 등창이 나고 발이 부어 꼼짝 못할 지경이 됐다. 서대문 감옥 생활은 이곳에 비한다면 '누워서 팥죽 먹기'처럼 편했다. 그래도 어쩔 도리가 없어 무거운 짐을 지고 까마득하게 높은 사다리를 걸어 올라갈 때는 떨어져 죽을 결심을 한 적도 한두 번이 아니었다. 그러나 나와 쇠사슬로 같이 엮인 채 2인 1조로 노역하는 자는 인천항에서 고작 남의 구두나 담배를 훔친 죄로 두세 달 징역을 살고 있는 처지였다. 내가 만약 사다리 아래로 몸을 던진다면 출소일이 며칠 안 남은 이 친구는? 억울하게도 억지로 동반 자살을 하게 될 판이었다. 차마 그럴 수가 없었다. 이를 악물고 죽을힘을 다해 노역을 견뎌냈다.

나는 죽음이 두렵지 않았다. 어떤 위협도 통하지 않았다. '죽인다'는 협박에 '죽겠다'로 저항했다. 안악 사건으로 수감 생활을 할 때 일어난 '뭉우리돌(둥글게 생긴 큼지막한 돌) 공방'도 그런 사례다.

"토지를 새로 산 지주가 논밭의 거추장스런 뭉우리돌을 골라내는 것은 당연한 일 아니냐? 아무리 입 다물고 혀를 졸라매도 이미 여러 놈의 자백으로 네놈 죄가 발각됐으니 지금 당장 실토하지 않으면 이 자리에서 때려죽이겠다."

"나를 논밭의 자갈돌로 알고 파내려는 당신들의 노고보다 당하는 내 고통이 더욱 심하다. 그러니 내가 자결하는 걸 똑똑히 보아라."

나는 머리를 세차게 기둥에 들이받고는 쓰러졌다. 여럿이 달려들어 인공호흡을 하고 얼굴에 찬물을 끼얹는 등 한바탕 소동을 벌인 뒤에야 가까스로 의식이 깨어났다.

일제는 이후에도 뭉우리돌 타령을 했지만 나는 오히려 기쁘고 자랑스러웠다. 오냐, 나는 살아서도 뭉우리돌의 책무를 다할 것이고, 죽을 때도 뭉우리돌 정신을 품고 죽겠노라! 그런 다짐을 가슴 깊숙이 새기곤 했다. 세상은 고해苦海라더니 살기도 힘들거니와 죽기 또한 어렵다. 자살은 결심만 확고하면 쉬운 듯하지만, 자살도 자유가 있는 데서나 가능한 것이다.

인천 감리서의 1880년대 모습. 김구는 이곳에서 치하포 사건(1896~1898년)과 안명근 안악 사건(1911~1915년)으로 두 차례에 걸쳐 복역했다.

    치하포 사건(4장 2절 참고)은 아직 나라가 있을 때라 이마에 쓴 충忠은 나라와 임금(고종)에 대한 충이었다. 그때까지 김구가 봉건적, 유교적 세계관에 머물러 있었음을 알 수 있다.

  일제가 조작한 안악 사건(6장 1절 참고) 때는 혹독한 고문을 일곱 번 당했다. 그때마다 기절해 찬물을 끼얹고 흔들어야 깨어났고 업힌 채 실려 나갔다. 그래도 동료의 이름을 발설하지 않아 지독한 '뭉우리돌'이 되었다.

  인천 축항 공사장의 강도 높은 노역과 비인간적인 학대, 그리고 치하포 사건의 진상과 탈옥 사실이 언제 드러날지 모르는 압박감 속에서 김구는 다시금 '수감 중 자살'을 마음먹었다. 그러나 자신 때문에 영문도 모른 채 같이 죽어야 할 어린 잡범 때문에 결행하지 못하고 머뭇거린다. 게다가 출소가 1년밖에 남지 않았고, 자신의 전력을 알고 있는 자(문종칠, 6장 3절 참고)도 형기를 채우고 출옥하자 김구는 이를 악물고 강제 노역을 견뎌낸다.

김구 곁엔 늘 죽음의 그림자가 어른거렸다. 가까운 이들의 죽음을 숱하게 겪었다. 지옥 같은 전장에서 산더미를 이룬 시신도 보았다. 사람을 죽였고, 자기 자신을 죽이려 한 적도 있었다. 환경은 처절했고, 심경은 절박했다. 평생 죽을 고비를 하도 많이 넘겨서인지 사생관을 묻자 그는 이렇게 답한다.

> 나는 생명을 홍모鴻毛같이 봅니다. 기러기 날개 깃털처럼 가볍고도 가벼운 것. 큰일을 당했을 때 더욱 그런 생각이 들더군요.
> _1948년 9월 1일, 파인巴人 김동환金東煥과의 회견에서

김구는 칠십 평생을 회고하며 "살려고 산 것이 아니다. 살아져서 살았으며, 죽으려 해도 죽지 못한 이 몸이 끝내는 죽어져서 죽게 되었도다"(《백범일지》 하권 후기)라고 말했다. 죽기를 각오하고 살았던 한평생은 역설적으로 죽어도 죽지 않는, 살아 있는 역사로 남아 영원한 생명력을 갖게 된 것이다.

2   처형 당하기 직전에 일어난 기적

Q 아무리 죽기를 각오했다 하더라도 실제로 죽음이 눈앞에 다가왔을 때 두렵지 않았는가?

A 내가 사형수란 사실을 아침에 집어 든 신문(독립신문 1896년 11월 7일자. 백범은 황성신문으로 착각했다)을 보고서야 알았다. 거기엔 어느 감옥 살인범 누구누구 등과 함께 인천 감옥의 살인강도 김창수(金昌洙: 백범의 청년기 이름)를 교수형에 처한다는 기사가 나 있었다. 집행일은 바로 그날이었다. 인천 감옥에서는 보통 오후에 우각동 牛角洞으로 끌고 나가 사형을 집행하므로 한나절 안팎이면 이승과 저승의 갈림길에 서게 될 판이었다. 그런데도 내 마음은 미동도 하지 않았다. 식사도 독서도 사람 만나는 일도 평상시와 똑같이 했다.

그러나 신문이 배포된 뒤로 나를 둘러싼 상황과 환경은 완전히 달라졌다. 감리서가 술렁술렁 들썩거렸다. 살아 있는 이에게 조문弔問하려는 (산(生) 조문) 인천항 사람들의 행렬이 옥문 밖까지 길게 이어졌다. 죽기 전에 내 얼굴을 보겠다는 면회객들의 요청이 빗발쳤기 때문이다. 눈물 흘리는 조문객들을 도리어 내가 위로해야 할 판이었다. 그런 김창수(김구) 사형 선고를 보도한 독립신문(1896년 11월 7일자). 어느 감옥의 살인범 누구누구 등 중죄인 다섯 명과 함께 살인강도 김창수를 교수형에 처한다는 기사가 실려 있다.

데 어머니만은 달랐다. 사식을 넣어 주시면서도 평상시와 조금도 다름이 없으셨다. 충격이 크실까 봐 주위 사람들이 쉬쉬하며 숨긴 것이다.

아침밥, 점심밥 잘 먹고, 죽을 때는 어찌할지 생각하지도 않고 앉아 있었지만, 같이 있던 죄수들이 가슴 아파 하는 모습만은 차마 보기 민망했다. 내게 음식을 얻어먹고 글을 배우고 소장訴狀을 받아 간 죄수들이 어찌나 슬피 울던지, 과연 제 부모가 죽을 때도 저리 애통해할까 궁금할 정도였다.

이윽고 교수대로 끌려 나갈 시간이 다가왔다. 나는 성현聖賢과 길동무할 생각으로 《대학大學》을 읽고 있었는데 해가 기울도록 아무 소식이 없어 저녁 밥상을 받았다. 주변에서 "창수는 특수 죄인이니 야간 집행을 하려나 보다" 하고 수군거렸다. 그때였다. 여러 사람의 분주한 발소리와 함께 옥문 열리는 소리가 들렸다. 마침내 올 것이 온 것인가. 나는 정작 태연한데, 동료 죄수들은 마치 자기가 형장으로 가는 양 온몸을 사시나무처럼 떨었다. 그런데 이게 웬일인가. 감옥 뜰에서 귀를 의심케 하는 들뜬 목소리가 건너왔다.

"아이고, 이제 김창수는 살았소! 우리 감리 영감(교도소장), 감리서와 청사 직원 모두 하루 종일 밥 한 술 못 뜨고 창수를 어찌 차마 우리 손으로 보내느냐고 한탄만 하고 있었다오. 그랬는데 방금 전 대군주(고종) 폐하께옵서 전화로 감리 영감을 부르셨고, 감리 영감은 빨리 옥으로 가 김창수의 사형을 정지시키라는 어명을 전하라 하셨소. 창수, 오늘 하루 얼마나 상심이 크셨소?"

무슨 연유로 이런 기적이 일어난 걸까? 나중에 알고 보니 내가 죽음의 문턱에서 발길을 돌리기까지 두 번의 아슬아슬한 고비가 있었고, 그때마다 행운의 여신은 내 편이 돼주었다.

사형은 당시 법리적으로는 임금의 재가를 받은 뒤에라야 집행되던 제도였다. 이 경우에는 법부대신이 여러 사형수 명부와 함께 내 죄목도 들고 들어가 이미 임금이 교수형 집행을 재가한 상태였다. 그랬는데 뒤늦게 대궐 안에 있던 승지 중 하나가 명부에 적힌 내 죄명 '국모보수國母報讐(국모인 민 황후의 원수를 갚음)'를 우연히 보게 됐다. 승지는 이상히 여겨 이 안건을 다시 임금께 보여드렸다. 곧바로 소집된 어전회의에서 이 사안은 국제 관계와도 맞닿아 있으니 일단은 사형 집행을 정지시키기로 했다고 한다.

이것이 첫째 행운이었고, 둘째 행운은 시간과 결부된 것이었다. 사형 집행을 정지하라는 어명은 내려졌지만 시간이 촉박했다. 결정이 번복됐다는 사실이 내가 교수대에 서기 전까지 전달되지 못하면 나는 꼼짝없이 밧줄에 목이 매달릴 상황이었다. 요컨대 전화라는 근대적 통신 수단이 없었더라면 교수형 집행을 정지하라는 명령을 통지하기가 사실상 불가능했던 것이다. 한데 천만다행히도 사형 집행을 사흘 앞두고 서울과 인천 사이에 장거리 전화가 개설되는 바람에 임금의 지시가 감리사 이재정李在正에게 극적으로 하달될 수 있었다. 만약 두 도시 사이의 전화 개통이 사흘만 더 지체됐더라면 나는 스물한 살 나이로 형장의 이슬이 되어 사라지고 말았을 운명이었다.

그날 이후 나를 보는 주위의 시선은 더욱 경이로워지고, 대우 역시 한결 극진해졌다. 내리던 눈서리가 갑자기 봄바람으로 바뀐 느낌이었다. 동료 죄수들은 온갖 노래를 부르고 별별 춤을 추면서 축제처럼 그날 밤을 꼬박 새웠다. 감옥이 마치 푸른 옷을 입은 배우(青衣俳優: '죄수'를 지칭)들의 연극 공연장 같았다. 그들은 내가 사형을 앞두고도 그토록 태연하고 평소와 처신이 전혀 다르지 않았던 것은 분명 선견지명이 있어 자기가 죽지 않는다는 사실을 미리 알았기 때문이라고 믿었다. 관리들 중에도 그렇게 여기는 이들이 많았다. 어머니 역시 나중에 자초지종을 전해 듣고는, 인천 감옥으로 이송되는 도중 배를 타고 강화 갑곶을 지나면서 모자가 함께 강물에 빠져 죽자 했을 때 내가 결코 죽지 않을 거라고 했던 말을 떠올리시며 '창수 말이 맞았구나!' 생각하셨다고 한다. 그 일을 겪은 후 부모님은 "내 아들은 쉽게 죽을 아이가 아니다"라는 확신을 품게 되었다.

《백범일지》중 가장 극적인 순간 중의 하나다. 영화보다도 더 영화 같은 반전 드라마가 펼쳐진다. 죽음을 앞둔 인간이, 교수대에 매달릴 사형수가, 그것도 집행 당일에 아무 일도 없다는 듯이 태연자약할 수 있을까? 평상심을 유지하고 평소대로 행동하며 책을 읽고 밥을 먹을 수 있을까?

학계 일각에선 이 사건과 관련해 이견을 내놓고 있다. 스릴 넘치는 영화의 한 장면 같은 '고종이 직접 걸어온 구명 전화' 이야기가 과연 사실일까? 김구가 일지에서 사형 집행 예정일로 지목한 1896년 10월 2일(독립신문 보도일은 11월 7일)은 서울과 인천 간에 장거리 전화가 놓이기 전이므로 고종의 구명은 '전화가 아닌 전보'로 실시되었을 거라고 추정하는 것이다. 근거로는 1898년 1월 24일 궁내부 전화로 인천

환국한 김구는 일찍이 자신의 교수형 집행을 정지시켜준 광무황제 고종의 능(홍릉)을 참배했다 (1946년 7월 20일). 묘지 일꾼들까지 함께 사진을 찍게 배려한 그의 인품을 엿볼 수 있다.

해관과 통화했다는 기록을 내세운다. '김구를 전화로 구명한 사건'보다 1년 2개월여 늦다. 그러나 이는 사용 기록일 뿐 전화가 처음 개통된 날은 다른 날일 수 있다. 국내에 처음 전화기가 들어온 것은 1882년인데 당시 한강엔 수중 케이블이 설치돼 있었다고 한다. 이후 1891년 문상용으로 전화를 사용했고, 1893년 궁내부에 전화기를 설치했고, 1897년 12월 명성황후 장례 때 전화를 가설한 공로로 관리 여덟 명이 포상을 받았다는 기록 등으로 미루어 김구의 수감 당시(1896년 11월)에도 서울-인천 간 통화가 가능했을 개연성은 얼마든지 있다(진용옥 경희대 명예교수의 주장). 이 대목은 좀 더 명확한 연구와 고증이 필요하겠지만, 결과에 따라 한국 전화통신의 역사를 새롭게 쓸 수도 있는 논

점이라 하겠다.

백범이 극적 긴장감을 조성하기 위해 일부러 사건을 왜곡하거나 과장했을 리는 없다. 전후 관계를 살피면 진실이 금방 드러날 사안이기 때문이다. 실제로 1896년 11월 7일자 독립신문엔 '김창수 교수형' 기사가 나오지만, 이듬해 1월 22일자 고종실록(35권)의 '교수형 죄인' 명단엔 김창수란 이름이 빠져 있다. 교수형 집행과 교수형 제외 명령 모두 실제 있었던 일인 것이다. 물론 그로부터 32년이란 세월이 흘러 회고록을 썼기에 백범이 얼마간 착각을 일으켰을 수는 있다. 그러나 당시 상황이나 정보 전달 체계를 감안하면 김구와 주변 사람들은 어찌됐든 상술한 대로 믿었을 가능성이 높다. 왜냐하면 《백범일지》에도 기록돼 있듯이, 그날 이후 김구는 더욱더 특별한 사람(異人)으로 각인되었기 때문이다.

사형이 정지됐다는 소문이 전파되자마자 전날 영결을 고하려고 찾아왔던 사람들이 이번엔 축하객으로 바뀌어 옥문 앞에 줄을 선다. 그 중엔 김구가 장차 고종 임금의 은덕으로 부귀영화를 누리리라 지레짐작하고 자신의 출세와 앞날을 생각해 미리 아부하려는 관리들도 없지 않았다고 한다. 예나 지금이나 크게 변하지 않은 세상사의 한 단면이다.

고국으로 돌아온 김구는 1946년 7월 20일, 일찍이 자신의 교수형 집행을 중지시킨 고종의 능(홍릉)을 참배, 생명의 은인에 대한 예의를 갖췄다.

3 청년만이 희망이고 조국의 미래다

Q 선생 곁엔 죽기를 각오한 열혈 청년들이 모여든다. 일제에 강제 징병됐다 탈출한 학병들을 환영하는 자리는 왜 눈물바다가 돼버렸는가?

A 1945년 1월의 마지막 날 오후, 홀연히 가슴에 태극기를 붙이고 애국가를 부르며 중경의 임시정부 청사로 씩씩하게 걸어 들어온 50여 명의 청년들은 평생 잊을 수가 없다. 지난 몇 개월 동안 광복군 활동이 진척도 성과도 없이 유명무실해 고민이 깊던 때라서 이 젊은이들의 등장이 더욱 반갑고 고마웠다. 이들은 화북華北 각지의 일본군 부대를 탈주한 한인 학병들이었다. 집단 탈출하여 안휘성 부양阜陽의 광복군 제3지대로 찾아간 이들을 김학규 지대장이 임정 청사로 데려온 것이다. 이들은 71일 동안 멀고 위험한 3천 리 길을 걸어서 왔다. 이들의 출현은 중경 사회에 큰 반향을 불러일으켰다. 특히 중국 각계 인사들이 중한문화회관에서 개최한 환영회에서 한 청년(김준엽)이 한 말에 장내는 숙연해졌다.

"저희는 어려서부터 일본어로 일본 교육을 받으며 자란 탓에 우리 역사를 잘 모를뿐더러 우리말도 서툴기만 합니다. 그런데 일본 유학 중 징병돼 가족과 이별하는 자리에서 부모님과 조부모님들로부터 은밀히 이런 명을 받았습니다. '우리의 독립 정부가 중경에 있다. 왜군 앞잡이로 끌려 다니다 개죽음하지 말고 우리 정부를 찾아가 독립전쟁을 하다가 영광스럽게 죽어라!' 이 명령에 따라 일본군 부대를 탈주해 일본군과 싸우며 더러는 죽고 또 더러는 살아서 이 한 목숨 기꺼이 바칠 각오로 우리 정부를 찾아온 것입니다. 기회만 오면 총칼을 들고 왜놈들을 무찌를 것입니다."

한인 동포들은 말할 것도 없고 서양 각 통신사 기자들과 연합국 인사들까지 감격에 겨워 하던 모습이 눈에 선하다. 나 역시 뜨거운 눈물이 볼을 타고 흘러내렸다.

넝마처럼 해진 누더기를 걸친 이 청년들은 새 군복을 지급받고 대부분 광복군으로 편입되었다. 또 임시정부의 위신을 높이고 요인을 경호하기 위해 자기들끼리 합의해 경위대警衛隊를 조직하기도 했다. 일부는 OSS(Office of Strategic Service: 전략사무국. CIA의 전신) 훈련을 받기 위해 서안西安으로 떠났다(9장 6절 참고). 새로운 희망과 가능성이 비쳤다.

어느 국가, 어느 사회, 어느 개인이든 청년기의 가치 있는 생장 여부가 성패를 결정한다고 나는 생각한다. 청년이 무기력하고 퇴영적인 나라는 망하고, 청년이 발랄하고 진취적인 나라는 흥한다는 것은 역사가 증명해준다. 나는 가진 게 없고 더딜곱난(더하기 빼기 곱하기 나누기) 정도나 아는 무식한 사람이지만 항상 청년들을 소중히 알고 사랑해왔다. 그러니 청년들이여, 나를 지팡이 삼아 통일 조국의 영웅이 돼주기 바란다.

장준하의 학도병 탈출 일지

1944년 7월 7일	강소성 서주徐州 지역에 위치한 일본군 스카다 부대 병영지 탈출, 4일 만에 불노하(不老河, 대운하의 일부) 주변 중국 유격대 합류
1944년 7월 28일 저녁	6천 리 떨어진 중경 대한민국임시정부를 향해 출발(장준하, 김준엽, 김영록, 윤경빈, 홍석훈)
1944년 8월	안휘성安徽省 임천臨泉 도착, 중국 중앙군관학교 임천분교의 한국광복군특별훈련반(한광반) 입소
1944년 11월	한광반 수료(중국군 육군 준위) 후 50여 명의 대원들 중경으로 출발
1945년 1월 31일	중경 대한민국임시정부 도착

﹡ 2018년 현재 거리 | 임천 → 남양 → 파동 → 중경 약 1,298킬로미터(약 3,300리/도보 338시간)
(장준하,《돌베개》참조)

한 발자국 한 발자국을 옮길 때마다 얼마나 갈망했는가, 지금의 이 순간을. 걸어온 중국의 벌판과 산길과 눈길 속에 뿌린 우리의 땀과 한숨과 갈망이 들꽃으로 가득히 대륙에 피어나고, 그 들꽃에서 일제히 합창의 환영곡이 들려오는 듯한 환상 속에서 김구 선생을 맞았다.

_장준하,《돌베개》

김구 선생이 '흑!' 하며 지금껏 참고 삼키셨던 처절한 울음을 폭발시켰다. 장내는 삽시간에 울음바다가 돼버렸다. 아무도 먼저 말리려 들지 않았다. 장내를 기쁨의 환호로 전환시키려고 신익희申翼熙 선생이 여흥을 제안했다. 눈물과 웃음이 교차한 환영회는 자정 무렵에야 끝났다.

_김준엽,《장정長征》

이들은 1944년 일본군 주둔지인 강소성 서주, 갈산 등지에서 탈영해 7~8월에 안휘성 부양에 있는 광복군 제3지대를 찾아왔다. 한광반(한국광복군특별훈련반)에 입소해 3개월간 훈련하고 11월에 일부는 전선을 지키기 위해 임천에 남고, 50여 명이 중경으로 떠났다. 이들이 탈출한 일본군 병영지에서 6천 리 길이었으며 임천에서 중경 임시정부 청사에 이르는 거리도 당시 경로로 1,300킬로미터(약 3,300리)였다. 모두 걸어서 왔다.

해방 이후 백범이 서거할 때까지 비서로 헌신하며 김구의 곁을 지킨 선우진鮮于鎭도 그날 임시정부를 찾아 먼 길을 온 학병 청년 중 한 사람이었다.

연로한 지도자들 중심으로 운영되던 임시정부에 국내와 일본군 점령 지역에서 거주하던 청년들이 자발적으로 중경까지 찾아온 것은 그 자체로 대단한 사건이었다. 우리의 합류를 통해 임시정부에서는 국내와 연계돼 있음을 만방에 알릴 수 있었으며, 수십 년의 일본 지배가 강제돼 일본인이 다 돼 있을 줄 알았던 젊은이들이 민족정신을 잃지 않고 있었음을 확인할 수 있었다. 그리고 중국 정부가 그것을 인정했다는 사실은 중요한 일이었다. _선우진, 《백범 선생과 함께한 나날들》

이 청년들의 등장을 중국 언론은 20여 일간 관심 있게 보도했다. 한국광복군 지휘권을 놓고 중국군과 줄다리기를 해왔으나 협상 타결도 눈앞에 다가오고 중국 정부의 실질적 지원이 예상되던 시기였다. 더구나 오랫동안 갈망한 조국 진공 작전을 미국 OSS와 함께 추진할 수 있는 계기가 되었으니 김구와 임정 요인들은 북받치는 울음을 참기 어려웠던 것이다.

김구는 청년만이 조국의 희망이라고 믿었다. 교단에 섰을 때도 자신을 존경하는 학생보다 자신이 그들을 천 배 만 배 존중하며 젊은 그들에게 한없는 희망과 기대를 걸었다. 백범 스스로는 일찍이 교육을 받지 못해 망국민이 됐지만, 학생들만은 훗날 건국의 영웅으로 키우려고 무진 애를 쓰며 가르치고, 또 그들로부터 배웠다.

김구는 우리의 젊은이들이 역수어逆水魚와 같은 기백을 갖기를 희망했다. 이런 바람은 1949년 어느 청년 단체의 수양 강좌에서 한 연설에 잘 나타나 있다.

성균관대학 전문부 제2회 졸업식(1949년 6월 22일)에 지팡이를 짚고 참석한 김구. 나흘 뒤 그는 흉탄을 맞고 서거했다. 결국 이 졸업식 사진이 공식적으로 생전 앨범의 맨 마지막 페이지를 장식하게 됐다.

학생 동지들! 죽은 물고기는 물이 흐르는 대로 둥둥 떠내려갑니다. 그러나 산 물고기는 아무리 급류일지라도 목적지에 도달하기 위해 물을 거슬러 올라갑니다. 죽은 물고기는 목적이 없고, 산 물고기는 목적이 있습니다. 여러분은 목적을 갖고 급류를 거슬러 올라가는 살아 있는 물고기가 되기 바랍니다.

백범의 앨범 맨 뒷장을 장식하고 있는 사진 한 장이 가슴을 뭉클하게 한다. 1949년 6월 22일, 성균관대학 전문부 제2회 졸업식 기념사진이다. 이로부터 나흘 뒤(6월 26일), 선생은 경교장에서 흉탄을 맞고 서거했다. 결국 이 졸업식 사진이 공식적으로는 생애 마지막 사진이 되고 말았다. 최후의 순간에도 김구 곁엔 그토록 아끼고 사랑하던 청년들이 있었다.

4   '떨림체'로 쓴 흔들리지 않는 정신

Q 인생의 고비와 선택의 순간, 결단을 내릴 수 있던 힘은 어디에서 비롯되었나? 특별히 가슴에 새긴 경구警句나 문장이 있는가?

A 고능선 선생(4장 1절 참고)은 나의 가장 큰 결점을 과단성 부족으로 보셨다. 어떤 일을 명확히 보고 잘 판단해놓고도 실행의 출발점인 결단력이 부족하면 다 쓸데없다고 하시면서 평생 가슴에 새겨야 할 경구를 힘주어 설명하셨다.

(벼랑에서) 나뭇가지를 잡는 것은 대단한 일이 아니며
(得樹攀枝無足奇, 득수반지무족기),
그 잡은 손마저 절벽에서 놓아버려야 장부로다
(懸崖撒手丈夫兒, 현애살수장부아)

이 경구는 이후 인생의 중요한 고비, 선택의 순간마다 내 결단에 큰 영향을 미쳤다. 치하포에서도 고 선생이 훈육한 이 '장부론'의 영향으로 나는 행동에 나섰다. 윤봉길尹奉吉 의사를 비롯한 많은 혁명 동지들과 함께한 마지막 순간에도 이 구절을 인용하며 서로의 가슴을 붉게 물들였다.

이따금씩 붓을 잡고 내가 좋아하는 글귀들을 한지에 옮겼다. 특히 조국의 미래를 생각하면서 아이들에게 경구가 될 만한 내용들을 휘호로 써주었다. 총탄에 맞아 죽음의 입구에서 살아 돌아온 남목청 사건(7장 6절 참고) 이후엔 후유증으로 수전증이 생겨 종종 붓이 흔들렸다. 그래서 내 필적은 '총탄체' 또는 '떨림체'란 별명을 얻었다. 그러나 글씨로 옮겨 적는 내 정신만은 한 치의 흔들림도 없었다.

'철혈남아鐵血男兒'는 이봉창李奉昌의 동경 의거와 윤봉길의 홍구虹口 의거 이후 자주 쓴 휘호다. 우리 젊은이들 가운데서 제2의 이봉창, 제3의 윤봉길이 더 많이 나오기를 희망하며, 정의를 바로세우기 위해 자기희생의 위대한 결단을 내린 혁명 전사들에게 바친 헌사였다.

1936년 환갑을 맞아 휘호로 쓴 이순신 장군의 '진중음陣中吟'도 즐겨 읊은 시구다.

바다에 서약하니 물고기와 용이 감동하고(誓海魚龍動, 서해어룡동)
산에 맹세하니 풀과 나무들이 그 뜻을 아는구나(盟山草木知, 맹산초목지)

환국을 앞둔 1945년 가을, 상해에서 쓴 휘호는 "변치 않는 마음 하나로 온갖 변화에 대응한다"는 뜻의 '불변응만변不變應萬變'이다. 국민당 장개석蔣介石 주석이 즐겨 쓰던 말이기도 하다.

눈 덮인 벌판을 걸어갈 때는 모름지기 발걸음을 함부로 하지 말지어다
(踏雪野中去 不須胡亂行, 답설야중거 불수호란행)
오늘 내가 남긴 이 발자국은 뒷사람들의 이정표가 되리니
(今日我行跡 遂作後人程, 금일아행적 수작후인정)

훌륭한 기독교 목회자인 손양원(孫良源, 1902~1950)* 목사를 전남 여수 애양원으로 찾아가 위 시구를 써주었다. 고국으로 돌아와 전국을 순회할 때 즐겨 쓴 글귀다.

1947년은 반탁운동으로 뜨거웠다. 그해 6월 23일, 보스턴 마라톤 대회에서 우승하고 개선한 서윤복徐潤福 선수에게 남이南怡 장군의 시〈북정北征〉을 휘호로 써주었다.

백두산 돌은 칼을 갈아 다하고(白頭山石磨刀盡, 백두산석마도진)
두만강 물은 말이 마셔 말랐네(豆滿江波飮馬無, 두만강파음마무)
사나이 스무 살에 나라 평정 못 한다면(男兒二十未平國, 남아이십미평국)
후세에 그 누가 대장부라 이르리(後世誰稱大丈夫, 후세수칭대장부)

반탁운동을 촉구하는 뜻을 담은 글귀였다. 이와 함께 발로 천하를

---

* 일대기인 영화〈사랑의 원자탄〉(1977년)으로 잘 알려진 기독교 순교자. 여순 사건으로 두 아들을 잃자 아들을 죽인 좌익 청년을 양아들로 입적했다. 6·25전쟁 때 피난을 가지 않고 애양원을 지키다 북한군에게 총살당했다. 백범은 그에게 자신이 세운 학교(서울 창암학원)를 맡기려 했으나 손 목사는 한센병자들을 두고 떠날 수 없다며 사양한 바 있다. 백범은 손 목사를 칭송하는 글(〈소아병과 명의〉)을 발표하기도 했다.

제패한 서 군을 격려하며 '족패천하足覇天下'라는 글귀를 써주었다.

1948년 8월 15일 광복절을 맞아서는 선죽교에서 죽임을 당한 정몽주鄭夢周를 기리는 시를 한지에 적으며 충절을 되새겼다. 비감하고 비장한 하루였다.

> 선죽교에 낭자한 핏자국을 보고(善竹橋頭血, 선죽교두혈)
> 사람들은 슬퍼하나 나는 슬퍼하지 않노라(人悲我不悲, 인비아불비)
> 충신이 나라의 위기를 만나(忠臣當國危, 충신당국위)
> 죽지 않고 또 무엇을 하리오(不死更何爲, 불사경하위)

만년에는 '사무사思無邪'란 말에 자주 마음이 가서 붓을 들었다. 일찍이 공자孔子는 "《시경詩經》의 시 300편을 한마디로 요약하면 사무사"라고 했다. 마음에 사특함이 없는 것. '삿된 길인가 아닌가'는 중요한 결단을 내릴 때마다 내가 늘 선택의 잣대로 삼은 말이었다.

과단성이 부족하다? 어울리지 않는 지적 같지만 가장 존경하는 스승이 한 말이라며 김구는 일지(상권)에 그대로 밝혔다. 세기의 정복자 칭기즈칸도 어릴 때는 개를 가장 무서워했다. 영웅은 태어나는 것이 아니라 시대와 환경 속에서 단련되고 성장한다.

김구는 홍구공원 거사(8장 3절 참고)를 하루 앞둔 윤봉길에게도 격려와 응원의 뜻으로 자신이 경구로 삼아온 이 '장부론'을 상기시킨다.

"윤 동지, 나는 이번 거사의 성공을 확신하오. 동지가 일전에 '이제

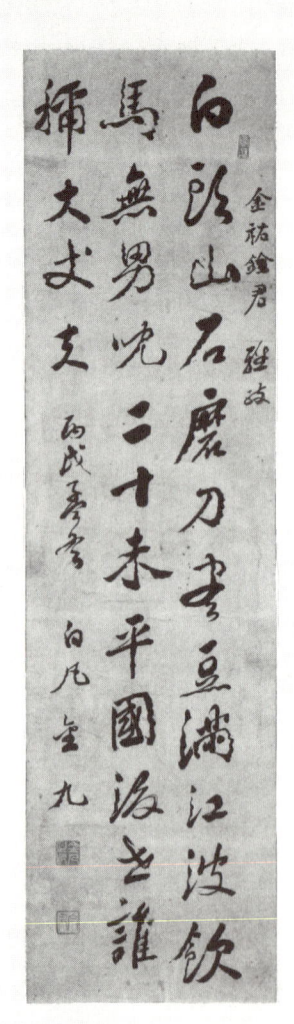
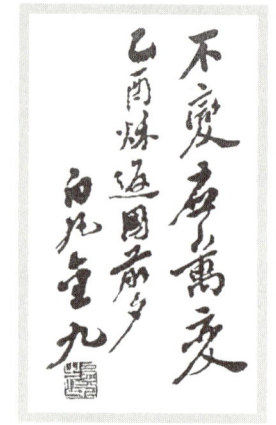

김구가 남긴 친필 휘호들. '백두산석마도진…'(왼쪽), '불변응만변'(오른쪽 위), '사무사'(오른쪽 아래). 글이 곧 그 사람이듯이, 글씨 역시 쓴 사람의 성품을 대변한다.

는 마음속 번민이 사라지고 편안해졌다'고 했는데 그럼 성공하는 겁니다. 돌이켜보면 나 역시 치하포에서 왜놈 스치다 조스케(土田讓亮)를 죽이려 했을 때 가슴이 몹시 울렁거렸지만, 고능선 선생의 가르침인 '득수반지무족기 현애살수장부아'란 구절을 떠올리며 마음을 고요하게 가라앉혔지요. 동지나 나나 거사하는 심경이야 서로 같지 않소?"

송나라 승려 야부도천冶父道川의 칠언절구 앞부분(1~2구)인 이 선시 禪詩의 나머지 두 행(3~4구)은 다음과 같다.

물은 차고 밤도 싸늘하여 고기를 찾기 어려우니
(水寒夜冷魚難覓, 수한야냉어난멱)
빈 배에 달빛만 가득 싣고 돌아오도다
(留得空船載月歸, 유득공선재월귀)

이 선시는 담고 있는 뜻이 오묘해 핵심을 간파하기 쉽지 않고 사람에 따라 여러 갈래로 해석할 수 있다. 백범 역시 이 시의 묘미를 잘 알아 자신만의 철학으로 체화했다. 중요한 결단을 내릴 때면 이 시를 떠올리며 마음을 비웠고 결심을 단단히 굳혔다.

피난지 망명객의 삶은 외롭고 고달팠다. 환갑(1936년)을 맞은 이 쓸쓸한 혁명 과객에게 이순신 장군의 맹세(서해어룡동 맹산초목지)만큼 심신을 달래주며 각오를 다잡게 하는 글도 없었을 듯하다.

휘호로 즐겨 쓴 '답설야중거'는 서산대사의 선시인 줄 알았으나, 조선 후기 문인 이양연李亮淵의 한시였다(정민,《인연당별집》). 이 시는 김구가 젊은 날 수행했던 마곡사 백범당에도 복사본이 걸려 있다. 눈보

라치는 겨울 벌판 같은 조국의 현실을 헤쳐나아가며 미래 세대의 전범이 될 발자국을 남기려고, 김구는 한획 한획 써내려가며 각오를 새롭게 다졌을 것이다.

안중근(安重根, 1879~1910) 의사와 백범은 집안 간에 특별한 인연이 있다(3장 4~5절 참고). 안 의사 유해遺骸를 찾으려고 남달리 애써온 백범은 순국 39주년 기념일(1949년 3월 26일)을 맞아 그의 얼과 혼이 서린 만주 벌판과 중국 흑룡강을 떠올리며 '백산흑수(白山黑水: 백두산과 흑룡강)'를 한지에 적기도 했다.

징심정려澄心靜慮. 마음을 맑게, 생각을 고요하게. 김구는 서거하기 (1949년 6월 26일) 19일 전에 이 글귀를 썼다. 피격의 후유증으로 총알이 몸속에서 신경을 자극해 생긴 '떨림체'의 필적에서 역설적으로 흔들리지 않는 의지와 서릿발 같은 결기가 느껴진다. 마음을 맑게, 생각을 고요하게. 징심정려는 이 시대 지도자들과 국민 모두에게 주는 김구의 맑고 고요한 전언처럼 들린다. 백범이 쓴 휘호들은 그의 사상과 정신을 비추는 거울이다.

5   위장과 변신, 가명과 익명은 숙명이었나

Q 스스로 개명한 '김구金九' 외에 한 손으로 꼽기 어려울 만큼 많은 이름을 사용했다. 왜 그렇게 자주 바꿔야 했나?

A 내 어릴 적 이름은 창암昌巖이었다. 이후 18세(1893년) 때 동학東學에 입도하면서 평등한 세상에 대한 기대와 지향을 담아 이름을 창수昌洙로 고쳤다. 인천 감옥에서 탈출해 삼남 지방을 떠돌 때는 김두호金斗昊란 가명을 사용했다. 공주 마곡사에서 승려 생활을 시작하며 원종圓宗이란 이름을 받았다. 은사 하은당荷隱堂 스님이 지어주신 법명이다. 김두래金斗來는 마곡사 생활을 거쳐 고향에서 농사를 짓다가 나의 구명을 위해 애써준 김주경金周卿을 찾아 강화로 가면서 신분을 위장하기 위해 임시로 사용한 가명이다. 김구金龜는 인천 감옥을 습격해 나를 탈옥시키려 했던 유완무柳完茂가 지어주었다. 그는 창수란 이름이 쓰기가 매우 불편하다며 거북 구龜, 외자 이름으로 바꿔주었다. 겸하여 자는 연상蓮上, 호는 연하蓮下로 지었다.

이름과 호를 또 한 번 고쳐 지은 것은 1912년(37세), 감형을 받아 다시 세상으로 나가 활동할 수 있다는 희망이 보였을 때였다. 나는 이

왕 일제에게 뭉우리돌 취급(1장 1절 참고)을 받은 만큼 석회질이 섞이지 않은 순수한 결정체가 되고 싶었기에 이번엔 남이 지어주는 이름을 받지 않고 나 자신이 이름을 지어 동지들에게 공표했다. 이름자를 구龜에서 구九로 고친 것은 왜의 민적民籍에서 벗어나고자 함이요, 호를 연하蓮下에서 백범白凡으로 바꾼 까닭은 여러 해 동안 옥살이를 하면서 "나라가 독립하려면 천한 백정白丁이나 무식한 범부凡夫일지라도 나만큼의 애국심은 가져야 하며, 나부터 그 길에 앞장서겠다"는 각오를 다졌기 때문이다.

이름은 물론 성까지 바꾸고 국적마저 위장한 채 살기도 했다. 이봉창, 윤봉길 의거(1932년, 57세) 이후 거액의 현상금이 붙어(8장 4절 참고) 상해를 벗어나 절강성浙江省 가흥嘉興에서 도피 생활을 할 때였다. 나는 아버지 외가 쪽 성씨를 따 성을 김金에서 장張으로 바꿨다. 장은 중국인들에게 흔한 성씨였기 때문이기도 하다. 이름은 진구震球 혹은 진震으로 고치고, 내친 김에 아예 중국 남부 광동인廣東人으로 행세했다. 중국말이 서툰 나는 가흥에서 광동 사람 장진구 혹은 장진이 되어 궁여지책으로 반벙어리 시늉을 하며 일제의 추적을 피하고 따돌렸다.

내게 은신처를 제공한 저보성褚補成은 고향이 가흥인 데다 일찍이 절강성장浙江省長까지 지내 지역에선 제법 덕망이 높고 존경받는 명사였다. 당시 내 실체를 아는 사람은 저 씨 부자父子와 며느리, 그리고 저보성의 수양아들 진동생陳桐生 부부뿐이었다.

은둔하던 중에도 나는 비밀 보고를 통해 지속적으로 상해 소식을 들었다. 내가 상해를 떠났다는 사실을 일제가 알고 정탐꾼들을 풀어 밀탐 중이니 각별히 주의하라는 은밀한 전갈도 받았다. 일본 영사관

측 인사가 알려온 것이다. 그들의 첩보는 나름 요긴했다. 가령 수색대가 어디로 갔으니 조심하라는 밀보를 받고 사람을 그쪽으로 보내 보면, 실제로 변장한 왜경이 눈에 불을 켜고 내 행적을 쫓는 모습이 목격되었다.

시간이 지나자 가흥도 결코 안전지대가 아니었다. 거기까지 왜경이 파견돼 또 다른 도피처를 찾아야 될 상황이었다. 이번엔 저보성의 장남 봉장鳳章 부부가 도움의 손길을 내밀었다. 저봉장은 나를 자신의 처가가 있는 해염현에서 수십 리 떨어진 주朱 씨 집안 산당山堂으로 피신시켰다. 이때 나를 직접 그곳으로 안내한 저봉장의 부인 주 씨의 친절과 호의는 평생 잊을 수가 없다(8장 7절 참고). 이후 1938년(63세) 장사長沙에 와서야 비로소 내 이름을 당당히 밝힐 수 있었다.

정처 없이 떠돌며 순간을 살아야 하는 혁명가들에게 위장과 변신은 때로는 숙명과도 같았다. 턱수염과 더부룩한 머리카락이 상징인 쿠바의 혁명가 체 게바라도 콩고로 건너갈 때는 수염을 깎았고, 볼리비아로 잠입할 때는 머리까지 밀었다. 백범 역시 삭발 승려로 생활하는가 하면, 반벙어리 중국인 행세를 한 적도 있었다. 신념과 의리로 뭉친 동지들, 신뢰와 친분이 두터운 중국인들의 도움이 없었더라면 채 한 달도 넘기기 힘들었을 도망자 생활이었다.

정리하면 김구의 이름은 이렇게 바뀌어왔다. 우연히도 마지막 이름인 숫자 구九처럼, 태어나서 아홉 번 새 이름을 얻었던 셈이다. 그러나 공식 개명은 창암→창수→구龜→구九이고, 나머지는 원래 이름을 가진 상황에서 변성명變姓名을 한 것이다.

> 김창암金昌巖 → 김창수金昌洙 → 김두호金斗昊 → 원종圓宗 → 김두래金斗來 → 김구(金龜, 자는 연상, 호는 연하) → 김구(金九, 호는 백범) → 장진구(張震球, 혹은 장진張震) → 김구金九

안명근 사건(1910년)으로 투옥됐을 때 김구는 자신의 이름자 구龜를 빗대어 몇 번이고 이런 다짐을 한다. "거북이(龜)는 진흙탕 속에 빠질 터이니 큰기러기(鴻)는 멀리 바다 바깥으로 날라(龜沒泥中 鴻飛海外, 구몰이중 홍비해외)."

여기서 거북은 김구 자신을, 큰기러기는 김홍량金鴻亮을 가리킨다. 김홍량은 김구가 교장으로 재직했던 양산학교의 설립자이다. 백범은 아홉 살 아래인 김홍량이 품격이나 활동력이 자기보다 낫다고 판단하여 그를 빨리 석방시키기 위해 비록 자신은 형을 더 살더라도 그에게 이로운 진술을 하기로 결심한다. 큰기러기를 멀리 해외로 날려 보내기 위해 기꺼이 진흙탕 속에 머리를 처박는 거북이 되겠노라고 이름을 걸며 맹세한다. 제 몸을 죽여 동지를 살리려는 이러한 희생정신이 마지막 숨이 멎는 날까지 백범의 의식 세계를 지배했다. 그런 김홍량도 김구와 같은 15년의 중형을 선고받는다. 될성부른 인물을 일제가 만만히 놓아줄 리가 없었던 것이다.

백범이란 호는 그가 평소 젊은이들에게 힘주어 말했던 '쟁족爭足'이란 단어와 맥이 닿아 있다. 쟁족은 서로 우두머리가 되려고 다툰다는 의미인 '쟁두爭頭'의 반대말이다. 머리가 되려고 싸우지 말고 발이 되려고 애쓰라는 뜻이다. 곧 높은 자리를 사양하고 낮은 자리, 고된 일을 자청해서 하는 것이 쟁족이다. 너도 나도 발이 되겠다며 다투어 아래로 내려가면 발 디딜 틈도 없어져 설혹 죽더라도 쓰러지지 않는다는 것이다. 실제로 가장 낮은 자리에서 궂은일을 도맡아 한 이가 바로 백범이다. 감투싸움을 멀리하고 임시정부의 문지기가 되기를 자청했으며, 교육계몽운동(5장 4~6절 참고) 등에 힘을 쏟을 때도 늘 이 쟁족 정신을 몸소 실천했다.

6   외롭고 쓰라린 세월

Q 가족과 같이 지낸 시간보다 떨어져 홀로 산 세월이 훨씬 길다. 그런 인고忍苦와 희생의 삶은 불가피한 것이었나?

A 가족과 떨어져 지낸 기간은 크게 둘로 나눌 수 있다. 감옥살이를 하던 때와 중국에서 망명 생활을 하던 시기다. 물론 전에도 동학 접주 활동, 청국 기행 등으로 고향과 부모님을 떠나 산 적이 많았다. 첫 투옥은 스물한 살 때(1896년 6월) 일이다. 치하포 사건으로 사형을 선고 받았으나 2년 뒤(1898년 3월) 탈옥해 마곡사 승려 생활 등을 하며 삼남 지방을 떠돌다 1899년 가을에야 고향으로 돌아왔다.

혼사가 번번이 깨져 서른한 살(1906년 12월) 늦은 나이에 최준례(당시 18세)를 만나 가정을 꾸렸다. 그러나 결혼 이후에도 파란곡절이 많았다. 1909년(34세) 안중근 의거(10월 26일) 연루 혐의로 체포됐다가 한 달여 만에 불기소 처분을 받았지만, 1년여 뒤(1911년 1월) 안명근 사건으로 다시 구속돼 15년 형을 받고 기약 없는 옥살이를 해야 했다. 어머니와 아내가 옥바라지를 하느라 모진 고생을 했다.

1915년 8월(40세) 가출옥을 해 오랜만에 가족과 한솥밥을 먹게 됐지만, 기미만세운동(1919년 3월 1일)이 일어나 백일을 갓 넘긴 장남(인)을 두고 그해 3월 29일 단신으로 기약 없는 상해 망명길에 올랐다.

1920년(45세) 8월 아내가 아들 인을 데리고 상해로 왔다. 2년 뒤엔 어머니가 상해로 오시고, 8월(양력 9월 21일)에 인과는 네 살 터울로 차남 신이 태어났다. 비록 2층 단칸방이었지만 생애 처음으로 다섯 식구가 한 지붕 아래 살게 됐다. 그러나 단란하고 행복했던 순간은 잠깐이었다. 1924년(49세) 정초, 아내가 악성 폐렴으로 1년 남짓 병마와 싸우다가 5년 2개월, 1년 4개월 된 어린 형제를 두고 먼저 세상을 떠나버린 것이다. 상해엔 나와 두 아들 그리고 어머니가 남았다.

아내가 투병할 무렵 장남 인도 병이 심각해 다른 병원에서 입원 치료를 받다가 엄마의 장례를 치른 다음에야 퇴원했다. 더 큰 문제는 신이었다. 엄마를 여의었을 때 신은 겨우 걸음마를 뗀 젖먹이었다. 우유를 먹였지만 밤엔 꼭 할머니의 말라붙은 빈 젖이라도 물고서야 잠이 들었다. 말문이 트일 때도 엄마라는 말은 지상에 없는 난어인 듯 할머니란 말을 맨 먼저 배웠다.

민국 7년(1925년, 50세) 11월, 어머니는 입이라도 줄이겠다며 막내 신을 데리고 고국으로 가셨다. 그 무렵 김가진(金嘉鎭, 1846~1922) 선생의 며느님 정정화(鄭靖和, 1900~1991)와 엄항섭(嚴恒燮) 군 부인의 상냥한 친절을 잊을 수가 없다. 엄군의 부인 임 씨는 내가 들르면 꼭 문 밖까지 배웅하며 아기 사탕이나 사주라면서 은전 한두 닢을 손에 쥐어 주었다. 아들 하나 딸린 홀아비 신세를 딱하게 여긴 것이다.

내 형편을 염려하신 어머니의 명으로 1927년(52세) 9월엔 맏아들 인마저 고국으로 보냈다. 결국 상해엔 다시 나 혼자 덩그러니 남겨졌다. 나는 사무치는 외로움을 동포 자녀들을 돌보며 달랬다. 오랜 타국 생활로 정이 깊어진 부인들은 나를 친근한 시아버지처럼 스스럼없이 대했다. 아기가 울거나 보채면 내게 안겼다. 덕분에 음식 박대는 받지 않았다. 그때 아기 보는 요령이 생겨 가흥의 작은 마을에서 잠시 도피 생활(1932년, 57세)을 할 때도 나는 식구들이 모두 농사일을 나간 빈집에서 울음소리가 나면 얼른 아이를 안고 달래며 논밭으로 찾아갔다. 그러면 아이 엄마는 고맙고 미안해하며 푸성귀 등을 건네곤 했다.

돌아보면 가족이 같이 산 날보다 헤어져 산 날이 훨씬 길었다. 또 피지도 못한 어린 것들, 고생만 한 아내, 효도 한 번 해드릴 겨를이 없었던 아버지와 어머니를 먼저 보내야 했다. 가족을 보살피기는커녕 관심조차 제대로 기울이지 못했다. 지지리도 부족한 자식이며 못난 남편, 냉정한 애비였다. 그래도 내겐 가야 할 길이 있었다. 겉으로 소리 내 울지도 못한 채 속으로 눈물을 삼켜야 했던 외롭고 쓰라린 세월이었다.

고독을 순금처럼 지니고 살아왔기에
흙 속에 별처럼 묻힌 뒤에도 그 뒤에도
내 고독은 또한 순금처럼 썩지 않으려나.

김현승 시인은 〈고독의 순금〉에서 이렇게 불멸의 고독을 노래했다. 혁명가 김구의 내면에도 고독은 늘 순금처럼 빛나고 있었다. 가족생활의 회한을 적은 《백범일지》 하권의 다음 대목을 읽다 보면 매번 가슴이 먹먹해진다.

장남 인(왼쪽)이 아버지 김구와 함께한 시간은 약 7년, 차남 신(오른쪽)은 약 5년이다. 두 아들은 김구의 26년 8개월 망명 생활 동안 할머니와 살거나 객지에서 혼자 유학 생활을 해야 했다.

내 일생 가족을 모아 가정생활을 한 시간은 짧다. 18세에 붓을 던진 이후 시종 유랑 생활을 했다. 가장 오래 가족과 함께한 기간이 상해 프랑스 조계에서 보낸 4년이다. 아내를 잃은 후 10년 가까이 나 홀로 동포들 집에 몸을 맡기거나 새우잠을 자는 옹색한 집단생활을 이어갔다. 9년 만에 어머니가 중국으로 오셨지만(1934년 4월) 인과 신을 데리고 따로 사시고, 나는 동포들이나 중국 친우들 집에서 더부살이를 계속했다. 중경 생활 역시 마찬가지였다.

결혼 생활은 햇수로 17년(1906년 12월~1924년 1월 1일)에 지나지 않았고, 그마저도 한 집에 거처를 둔 기간은 10년이 채 못 되었다. 아내는 국내에선 옥바라지로 고단했고, 상해에선 남편이 쫓기는 신세라 늘 마음 졸이며 살다가 외롭게 생을 마감했다.

어머니(최준례)의 죽음 이후 두 아들에게 아버지는 그저 아주 잠깐 다녀가는 손님 같은 존재였다. 26년 4개월(1918년 11월~1945년 3월)의 짧은 생을 살다 간 장남 인이 아버지와 함께한 시간은 7년여에 불과했다. 차남 신의 경우는 더욱 안타깝다. 출생 후 3년 2개월과 귀국 이후 경교장에서 보낸 1년 9개월, 합해서 약 5년간 아버지와 함께했을 뿐이다. 두 아들은 26년 8개월에 이르는 백범의 망명 기간에 할머니와 살거나 객지에서 혼자 유학 생활을 했다.

> 나는 큰 외투 하나로 사계절을 버텼다. 방학이 되면 학생들은 가족에게 돌아갔지만, 나는 특별히 갈 데가 없었다. 버스비를 아끼려고 중경까지 험한 길을 걸어서 갔다. 아낀 버스비로는 도중에 고기를 사 먹었다. 그렇게라도 하지 않으면 고기 먹을 기회가 없었다. _김신, 《조국의 하늘을 날다》

스스로 "너희가 성장하여 아비의 일생 경력을 알 곳이 없기 때문에 이 일지를 쓰는 것"이라고 밝혔듯이, 만약 백범이 여느 아버지들처럼 자식들과 한 집에 살면서 이야기를 나눌 수 있는 형편이었다면 망명지에서 유서처럼 쓴 《백범일지》 상권은 탄생하지 않았을지도 모른다.

김구는 내 아이보다 남의 아이를 더 자주, 더 많이 품에 안았다. 어린이를 민족의 자산으로 여기는 마음과 내 자식을 보듬지 못하는 애틋함이 그런 다정다감함 속에 숨어 있을 것이다. 《백범일지》 상권을 마무리

하며 김구는 두 아들에게 아버지의 소회 겸 소망을 털어놓고 있다.

> 자식들에게 아비 된 의무를 조금도 못한 나는 그러므로 내가 아비라 하여 자식 된 의무를 해주기도 바라지 않는다. 너희는 사회의 은택을 입어서 먹고 입고 배우는 터이니, 사회의 아들 된 심정으로 이 사회를 아비라 여겨 효도로 섬기면 내 소망은 이에서 더 만족이 없을 것이다.

매정하고 야속한 아버지였지만, 그럼에도 아들은 그런 아버지를 이해하고 존경하며 고마워한다.

> 내가 중국 공군에서 훈련받다가 광복을 맞이해 귀국하려 했을 때, 아버지는 계속 훈련받을 것을 명하셨다. 그 결과 나는 당시로서는 미 공군에서 정식 비행 훈련을 마친 사실상 유일한 한국인이 될 수 있었다. 항공 전력의 중요성을 절감하고 항공 분야의 가능성을 이해하신 아버지의 혜안 덕분이었다. _김신, 《조국의 하늘을 날다》

동포의 아이들을 사랑하고 돌보는 일이 고독을 달래는 길이었다면, 동지들에게 각별히 애정을 쏟은 것은 고독을 뛰어넘는 길이었다. 윤봉길 의거 이후 상해를 탈출해 유랑 생활을 함께한 임시정부 동지들과 식구들을 김구는 '대가족'이라 불렀다. 그는 이 대가족의 안전한 피난을 위해 동분서주했다(9장 1절 참고). 중국 정부도 일본군의 침략과 공습으로 피난 중이었지만 백범의 요청에 호의를 베풀었다. 임시정부를 유지하고, 광복군을 육성하며, 대가족의 생계와 안전을 꾸려야 하는 막중한 책임이 모두 백범의 어깨에 얹혀졌다. 대가족의 피난길은 너무나 고통스러웠다. 도중에 생을 마감한 사람도 있었다. 백범은 대가족의 가장으로서 자신의 가슴에 묻은 이들을 밤이면 하나하나 호명하며 묘비명을 적듯 추억하고 추모했다. 독일 시인 베르톨트 브레히트(1898~1956)가 시 〈살아남은 자의 슬픔〉을 혁명(백범에게는 광복)의 꿈을 못 이룬 채 스러져간 망자들에게 바쳤듯이.

> 물론 나는 알고 있다. 오로지 운이 좋았기에
> 나는 그 많은 동지들보다 오래 살아남았다.
> 그러나 지난밤 꿈에서 이들이 나에 대해 이야기하는 소리가 들려왔다.
> '강한 자는 살아남는다.'
> 나는 스스로가 미워졌다.

혁명가는 쓸쓸한 불면의 밤을 북두칠성과 함께 지새웠다.

> 요와 이불도 없는 가을 밤,
> 몸을 자꾸 웅크리지만 잠은 오지 않네.
> 바나나 나무에 떨어지는 달빛에 대기는 차가워지고
> 창 밖 북두칠성은 옆으로 누웠네.
> _《호치민 평전》 중 시 〈밤의 한기〉에서

아, 고독한 혁명가들의 초상이여!

2장
·
백범은 '백범'인가?

1   상민의 아들로 태어난 평생 상민

Q 경순왕의 자손이면서도 상놈 집안의 아이로 자랐다. 어린 시절 받은 차별이 평등한 세상을 꿈꾸게 했나?

A 나는 신라의 마지막 임금인 안동 김씨 경순왕의 자손이다. 우리 방조(傍祖: 방계의 6대조 이상 조상) 김자점(金自點: 인조반정을 주도한 조선 중기 정치인)의 역모 사건으로 선조들은 화를 면하려고 한양(서울)에서 경기도 고양군으로, 이어 황해도로 피신했다. 은거지는 해주읍에서 서쪽으로 80리 떨어진 백운방白雲坊 텃골基洞이었다.

나는 1876년 7월 11일(양력 8월 29일) 자정 무렵, 텃골 웅덩이 큰집에서 아버지 김순영金淳永과 어머니 곽낙원郭樂園의 외아들로 태어났다. 어릴 적 이름은 창암이었다. 어머니는 이렇게 말씀하시곤 했다. "푸른 밤송이에서 크고 붉은 밤 한 톨을 얻어 깊이 감추는 꿈이 네 태몽이었단다."

유례없는 난산이었다. 산통이 시작된 지 일주일이 지나도록 아기가 나오지 않아 산모의 생명이 위험했다. 온갖 민간 처방은 물론 미신의 힘까지 빌려보았지만 효력이 없었다. 집안 어른들의 강권으로 아버지가 길마(짐을 싣거나 수레를 끌기 위하여 소나 말의 등에 얹는 안장)를 머리에 이고 지붕 용마루로 올라가 소 울음소리를 내고 난 뒤에야 내가 태어났다고 한다. 어머니는 젖이 부족해 암죽(곡식 가루를 묽게 쑤어 어린아이에게 젖 대신 먹인 죽)을 먹였고, 아버지는 나를 품고 젖동냥을 다니셨다. 먼 친척 할머니인 핏개댁稷浦宅이 밤중에 찾아가도 싫은 내색 없이 젖을 물리셨다는 말을 듣고 내 나이 열 살 무렵에 돌아가신 그분 묘를 지날 때마다 고개를 숙이곤 했다.

우리 조상들은 대대로 김자점의 족속임을 숨긴 채 일부러 상민 행세를 했다. 농사짓고 야산을 일구며 살림을 꾸리다 보니 여지없이 판에 박힌 상놈이 돼버렸다. 토착 양반 세력이었던 진주 강씨, 덕수 이씨 집안사람들에게 핍박과 천대를 받았다. 두 집안 아이들은 우리 집안 노인들을 하대한 반면, 우리 집안 노인들은 그쪽 아이들에게 존대를 했다. 어른들이 그런 취급을 받았으니 아이들은 오죽했겠는가. 같은 또래라도 종 부리듯 하거나 아예 주변에 얼씬거리지도 못하게 했다.

우리 집안 내력을 살펴보면 문사도 없진 않았으나 대체로 불평분자가 많았다. 내 증조부는 가짜 어사 노릇을 한 죄로 해주 관아에 구속됐다가 겨우 형벌을 면했다고 한다.

···

김구는 시골 벽촌에서 그냥 그렇게 태어났다. 영웅호걸들에게 따라붙는 찬연한 탄생 일화도 없다. 태생부터 조선 말기 한국 농촌의 상황과 정서가 물씬 풍긴다. 백범은 사실을 미화하는 재주가 없다. 《백범일지》가 증표다. 전편에 흐르는 투박하면서도 진솔

경기도 장단 고랑포에 있는 경순왕릉을 참배한 김구(1946년 12월 3일). 신라 마지막 임금인 경순왕이 승하한 뒤 고려 조정이 경주에 왕릉을 쓰는 것을 막아 경순왕릉은 신라 왕릉으로는 유일하게 경주를 벗어나 조성됐다.

한 필치가 심금을 울리면서 역설적으로 문학적 완성도를 높였다.

김구가 첫 울음을 운 병자년(1876년), 조선은 일본과 '조일수호조규(강화도조약)'를 체결한다. 개항 허용 및 일본인 왕래, 통상 허가, 조선의 해안 측량 허용, 일본의 영사 재판권 인정 등이 포함된 불평등한 조약이었다. 나라가 쇠락의 길로 접어들던 이때, 황해도 벽촌 상민의 집안에서 파란과 곡절의 생애를 살며 장차 세상에 큰 목소리를 낼 한 소년이 온 동네가 시끄럽게 태어난 것이다.

김구는 《백범일지》 상권의 전반부 곳곳에서 '상놈 콤플렉스'를 숨김 없이 보여주고 있다. 귀국한 이듬해(1946년)에 경순왕릉에 참배하고, 《백범일지》의 최초 단행본인 국사원판(1947년) 첫머리에 원본엔 없던 '경순왕 후손'임을 추가했다. 이는 일종의 콤플렉스에 대한 보상 행위였는지도 모른다. 백범은 집안 어른이 사돈을 만나러 가는 밤길에 갓을 쓰고 나갔다가 이웃 동네 양반에게 들켜 수모를 당하고 다시는 관을 쓰지 못하게 됐다는 사연을 듣고는 공부를 하기로 결심한다. 상놈을 면하려고 과거 시험에서 부정행위를 하면서까지 입신양명을 꾀했고(3장 2절 참고), 평등 세상을 외치는 동학에 적극 가담한다(3장 3절 참고).

김구가 치하포 사건으로 제법 이름이 알려진 어느 날 성묘를 하러 고향에 갔는데, 예전에 자신을 함부로 대하던 양반들이 이제는 슬금슬금 눈치를 보면서 올리지도 내리지도 못하는 어중간한 말투(김구는 이를 '머드레 공대말'이라 했다)를 사용한다. 그들도 김구의 명성과 활약상을 풍문으로 들어 익히 알고 있었던 것이다. 어쨌거나 그토록 당당하고 교만했던 양반들의 돌변한 태도에 씁쓸해하며 김구는 이런 소회를 밝힌다.

> 나라가 죽게 되니까 그동안 백성을 상대로 온갖 못된 위세란 위세는 다 부리던 양반들도 저렇게 풀이 죽었구나. 만약 양반이 살아남으로써 국가가 독립할 수만 있다면, 내가 양반의 천대와 핍박을 좀 더 받더라도 나라만 살아났으면 좋겠다는 심정이었다.

차별과 냉대를 뼈에 사무치도록 겪었지만, 그들에게 분노를 터트리고 증오를 품기보다는 나라 찾기가 더 시급하고 소중했다. 훗날 교육운동가가 되어 당시로선 최첨단 기기인 환등기를 들고 고향을 다시 찾았을 때 모여든 군중을 향해 김구는 절규하듯 외친다.

"양반도 깨어라! 상놈도 깨어라!"

손세일은 일곱 권짜리 역저 《이승만과 김구》 제1부의 제목을 아예 '양반도 깨어라, 상놈도 깨어라'로 달았다. "군주 일인에게 충성한 대가로 자자손손 음덕을 입은 구식 양반이 아닌, 이천만 민중에게 충성하여 자손 만세 복된 음덕을 남기는 신식 양반이 되자"고 김구는 생각했다. 이러한 상놈 콤플렉스로 인해 백범은 인간적, 정신적으로 성숙했고 겸손과 낮은 자세가 몸에 배었으며 계급주의를 반대하는 평등사상을 주창하게 되었다.

2 엿 바꿔 먹은 아버지 숟가락

Q '될성부른 나무는 떡잎부터 알아본다'고 했다. 어린 시절부터 남다른 기질이 있었나?

A 다섯 살 때부터 이태 동안 앞은 바다요 뒤는 산인 동네에서 살았다. 밤에는 종종 호랑이가 사람을 물고 집 앞으로 지나가 바깥나들이를 할 수 없는 외진 곳이었다. 그러나 낮에 부모님이 일하러 나가시면 나는 이웃 마을 이 생원 댁에 가서 놀다 오는 것이 일과였다. 하루는 그집 아이들이 "해줏놈 때려주자"며 이유도 없이 매질을 했다. 집으로 돌아온 나는 부엌칼을 들고 그 집으로 달려갔다. 다 찔러 죽일 심산이었다. 울타리를 뜯고 안으로 들어가려는데 마침 안마당에 있던 처녀가 나를 보고 놀라 제 오라비에게 알렸다. 나는 다시 그들에게 된통 얻어맞고 칼까지 빼앗겼다. 부모님께 칼을 잃어버린 죄를 숨기고 시치미를 뗐다.

어느 날은 집에 혼자 있는데 마침 문 앞으로 엿장수가 지나갔다. "헌 놋그릇이나 부러진 숟갈로 엿 사시오!" 엿은 먹고 싶었지만 "엿장수는 아이들 자지를 베어 간다"는 어른들 말이 생각나 방문을 닫아건 채 엿

장수를 불렀다. 멀쩡한 아버지 숟가락을 분질러 절반은 방 안에 두고 절반은 주먹으로 문구멍을 뚫어 밖에 내밀었다. 헌 숟가락이라야 엿을 주는 줄 알았기 때문이다. 엿장수가 문구멍으로 들이민 엿 뭉치를 달게 먹고 있는데 아버지가 들어오셨다. 반으로 동강난 숟가락을 앞에 놓고 나는 사실을 있는 그대로 아뢰었다. 아버지는 매는 들지 않고 "다시 또 이런 짓을 하면 엄벌하겠다"며 꾸중으로 넘기셨다.

며칠 뒤 나는 떡이 먹고 싶어서 아버지가 아랫목 이부자리에 넣어둔 엽전 스무 냥을 죄다 꺼내 온몸에 감고 떡집으로 갔다. 가는 길에 만난 8촌 할아버지(삼종조)에게 곧이곧대로 말했다가 돈을 모두 빼앗겼다. 집에 돌아오신 아버지는 이번엔 한마디 말도 없이 빨랫줄로 나를 꽁꽁 동여 들보에 매단 뒤 매질하기 시작했다. 나를 지극히 사랑하시는 6촌 할아버지(재종조)께서 내 맹렬한 비명소리를 듣고 달려 들어오셨다. 할아버지는 아버지의 설명은 채 듣지도 않고 오히려 꾸중하시면서 빼앗은 회초리로 한참 동안 아버지를 때리셨다. 나는 그런 할아버지가 고마웠고, 매 맞는 아버지 모습을 보니 퍽 시원하고 고소했다.

한번은 여름에 장맛비가 와서 우물이 넘쳐 작은 개울을 이루었다. 나는 붉은 물감, 푸른 물감을 염색 통에서 꺼내 풀어놓고 푸른 물줄기와 붉은 물줄기가 서로 만나 섞이는 장관을 구경하다가 어머니께 들켜 호되게 매를 맞았다.

《백범일지》 상권은 김구가 중국 상해에서 고국에 있는 어린 두 아들(11세, 7세)을 생각하며 유서를 대신해 쓴 글이다.

물론 그들이 장성한 다음 보게 되리라 생각했겠지만, 여기 표현된 백범은 근엄한 아버지의 모습하고는 거리가 멀다. 엿, 떡, 물감 사건 등 아무도 못 말리는 말썽꾸러기, 철부지 모습을 있는 그대로 숨김없이 보여준다. 특히 자기를 때린 아버지가 할아버지에게 매 맞는 모습이 고소했다는 대목은 천진난만함의 극치다. 보통 솔직하지 않고서는 쓰기 어려운 내용이다. 김구는 평생 이렇게 자신을 곧이곧대로 드러내며 정직하게 살았다.

게다가 어린 시절의 김구는 이유 없이 자신을 때린 양반집 아이들을 응징하겠다며 식칼까지 들고 나선 다혈질 소년이었다. 이 넘치는 혈기가 이 소년을 10여 년 후 칼을 찬 일본인을 맨손으로 처단하는 열혈 청년으로 키운 것은 아닌지…….

어쩌면 김구는 자식들에게 평생 근엄했던 아버지의 모습이 아닌 좀 더 친근하고 편안한 아버지로 보이고 싶어서 유년기의 삽화를 들춰내며 스스로 격格을 낮추었는지도 모른다.

3 강자에겐 강하게, 약자에겐 약하게

Q '자식은 부모의 거울'이므로 자식을 보면 부모를 알 수 있다고 하는데, 아버지에게서 어떤 가르침을 얻었나?

A 아버지(김순영)는 네 형제 중 둘째였다. 가난한 탓에 노총각으로 지내다가 스물네 살 때 열네 살이던 현풍 곽씨 댁 따님(곽낙원)에게 삼각혼(갑이 을에게, 을이 병에게, 병이 갑에게…… 이런 식으로 세 집안이 딸을 서로에게 시집보내는 일종의 교환혼)으로 장가를 들었다.

아버지의 학식은 보잘것없었다. 이름 석 자 쓰시는 정도였다. 기골은 준수하고 성품이 호방하셨다. 술은 한량이 없어 취하시면 강 씨고 이 씨고 양반을 만나는 대로 때려 한 해에도 여러 번 해주 관아에 구속되는 소동을 일으키셨다. 맞은 자를 때린 자의 집에 눕혀두고 생사 여부를 기다리는 것이 이 지방 관습이어서 우리 집 사랑방에는 거의 죽게 된 사람, 전신이 피투성이인 사람이 며칠씩 누워 있기 일쑤였다. 아버지는 마치 《수호지》에 나오는 호걸처럼, 약자를 핍박하는 사람을 보면 물불을 안 가리는 성격이셨다. 그래서 인근 상놈들은 아버지를 존경했지만 양반들은 되도록 마주칠 일을 피했다. 김순영이라면 양반

집 아녀자들까지 미워하며 손가락질했으나 함부로 대하진 못했다.

인근 양반들은 회유책으로 아버지를 도존위(都尊位: 면 단위 실무를 맡아 보던 수석 존위)에 천거했다. 아버지는 다른 존위들과는 달리 양반에겐 깐깐하게 공전(公錢)을 거둔 반면 힘없고 가난한 이들에겐 관대하셨다. 결국 3년이 못 돼 공금 유용 혐의를 뒤집어쓰고 면직되셨다.

아버지와 숙부(김준영)는 가끔 나를 두고 의견 충돌을 빚었다. 내게 난봉기가 있다고 생각한 숙부는 부모님께 나를 농사꾼으로 눌러 앉히면 자기가 장가도 보내주고 살림도 차려줄 의향이 있노라 하셨다. 그때마다 아버지는 이렇게 나를 감싸셨다. "창수는 원대한 꿈을 가슴에 품은 아이라네. 이제는 창수도 장성했으니 스스로 알아서 하는 수밖에 없어." 그러면 숙부는 "형님 내외분은 창수한테 되지 못한 그놈의 글공부시킨 죄로 고생이란 고생은 다했으면서 아직도 깨닫지 못했습니까?" 하며 반박하셨는데, 사실은 옳은 말씀이었다. 만약 문맹으로 살았더라면 동학 두령이 되지도 않았을 테고, 치하포 사건도 옥살이도 겪지 않았을 것이다. 무지렁이 농사꾼으로 밭 갈아 먹고 우물 파서 마시며 살았을 것이다. 세상을 요란스럽게 하고 부모님을 힘들게 할 일은 적어도 없었을 터이니, 숙부가 제대로 보신 것이다. 그런 숙부도 훗날 내가 교육 사업을 할 무렵에는 나를 인정하고 자랑스럽게 여기셨다.

아버지의 어릴 적 별명은 '효자'였다. 할머니가 운명하실 때 왼손 약지를 잘라 할머니 입에 피를 흘려 넣어드려 사흘이나 더 사시게 했다고 한다. 그 할머니가 돌아가시던 날 내가 태어났다. 할머니 기일이 내 생일이 된 것이다. 말년에 중병이 들어 열나흘 동안 내 무릎을 베고 계시던 아버지는 경자년 12월 9일(양력 1901년 1월 28일, 백범 26세), 애써 잡으셨던 내 손을 놓으면서 먼 길을 떠나셨다. 돌아가시기 직전, 아버지가 우리 할머니 임종하실 때 그러셨듯이 자식 된 도리로 나도 손가락을 자를까 생각했었다. 하지만 그러면 어머니 마음은 또 얼마나 아프실까 싶어 당신 모르게 허벅지 살을 베어냈다. 왼쪽 허벅지에서 살 한 점을 떼어내 고기는 불에 구워 약이라 속여 잡숫게 하고, 피는 입안으로 흘려 넣어드렸다. 그것만으로는 양이 모자란 듯해 다시 칼을 들어 이번엔 좀 더 크게 떼어내려고 백배 천배 용기를 내 살을 베었지만 살 조각은 떨어지지 않고 고통만 극심했다. 결국 다리 살을 베어만 놓았을 뿐 손톱만큼도 떼어내진 못했다. 탄식이 절로 나왔다. "손가락을 자르거나 허벅지를 베는 일은 진정한 효자나 하는 거로구나, 나 같은 불효자는 시늉만 내다가 마는구나!"

뼛속까지 파고드는 설한풍 속에서 뜰에 궤연(几筵: 혼백이나 신주를 모셔놓는 빈소)을 설치하고 조문객들을 맞았다. 상주가 나 하나뿐이라 잠시도 자리를 비울 수 없었다. 떼어내지 못한 살이 아물지 않아 통증이 허벅지를 난도질했다. 문상객을 맞는 일조차 괴로워 허벅지 살을 베어낸 것이 순간순간 후회스러울 정도였다.

텃골 안동 김씨 집성촌에서 독자로 자란 김구는 가난했지만 집안 어른들로부터 귀여움과 사랑을 받았다. 《백범일지》에는 요즘 잘 쓰지 않는 말이 돼버린 삼종조부(8촌: 할아버지의 6촌 형제), 재종조부(6촌: 할아버지의 4촌 형제), 종증조부(5촌: 증조할아버지의 형제)나

| 백범 김구 가계도 |

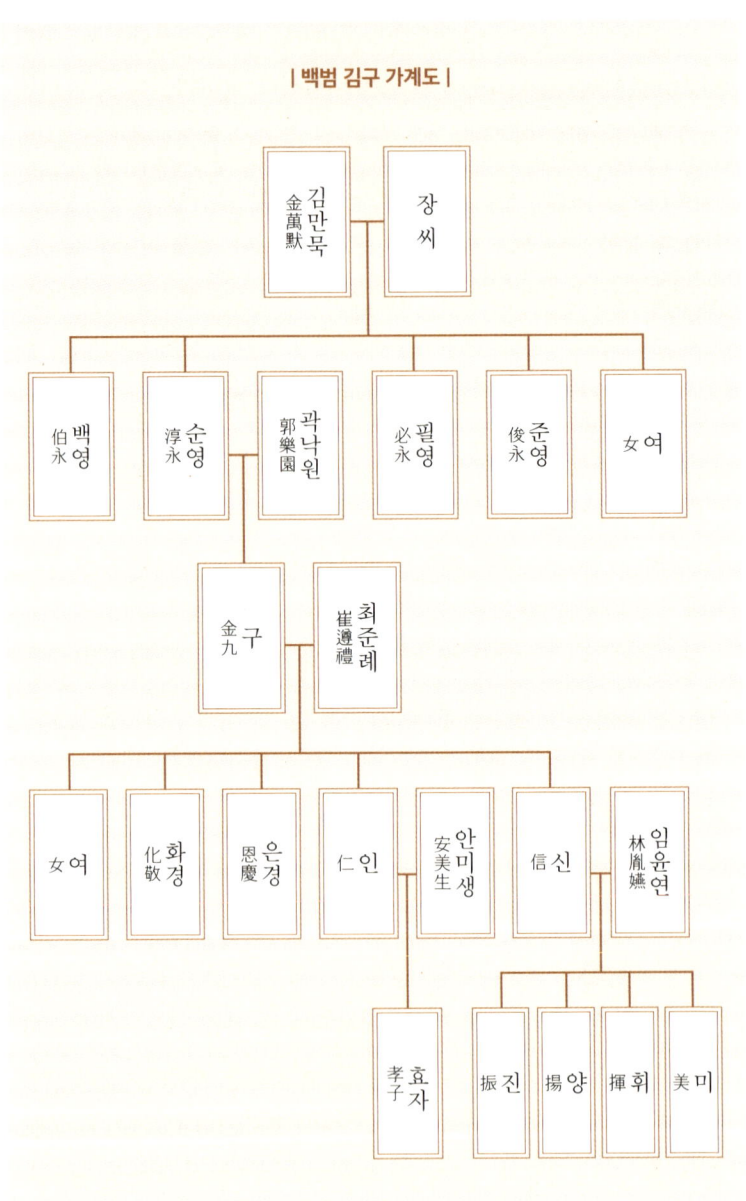

2장 | 백범은 '백범'인가?

종조부(4촌: 할아버지의 형제)들에 대한 기억이 구체적으로 서술돼 있다. 김구는 농사일만 하는 사촌들과는 잘 어울리지 않은 과묵한 성격이었다. 부친도 그를 농사꾼으로 주저앉히고 싶어 하지 않았다. 어떤 어려움이 닥쳐도 아들을 끝까지 믿고 아들의 원대한 꿈을 감싸 안은 품이 넓은 아버지였다.

소년 창암, 청년 창수는 아버지의 마음을 알고 있었다. 매사를 의논했고, 그때마다 아버지는 아들을 적극 지원했다. 공부하겠다는 아들의 열망을 받아들여 없는 형편에 처지가 비슷한 아이들을 모아 서당 훈장을 들이고, 과거 시험을 보겠다는 아들을 뒷바라지했다. 낙방한 아들에게 사주와 풍수 책을 무리해서 구입해주었다. 아들이 권유하자 망설임 없이 동학에 가담했다. 치하포 사건 후 집에 온 아들이 피신을 거부하자 함께 죽을 각오로 맞아들였다. 탈옥한 아들 때문에 1년 가까이 옥살이를 해야 했다. 동네에서 주먹다짐으로 유명한 불같은 기질이었지만, 아버지는 끝까지 아들을 믿었다. 아들의 뜻을 존중하고 길을 열어주었다.

우리는 아버지에게 무엇을 물려받았는가. 비겁하게, 연약하게, 방탕하게, 나쁘게 살도록 가르치는 아버지는 세상에 없다.

4 생신상에 오른 권총

Q 곽낙원 여사 역시 '그 어머니에 그 아들'이라는 말에 잘 들어맞는 분이셨다. 당신의 생신날 권총을 사신 것은 무슨 연유인가?

A 체구가 작은 어머니는 열일곱에 나를 난산한 뒤로는 아이를 보지 못하셨다. 의식주, 무엇 하나 넉넉지가 않아 어머니의 품팔이로 생계를 이어나갔다. 내가 젖먹이였을 때는 살기가 하도 고달파 차라리 죽어버렸으면 했다지만, 공부하고 싶어 하는 아들을 위해 김매고 길쌈한 돈으로 먹과 붓을 사주셨다.

1925년 상해에서 두 손자를 키우던 어머니는 내 짐을 덜어주려고 네 살배기 막내 신을 데리고 본국으로 돌아가는 길을 택하셨다. 누구나 배고팠던 시절, 환국을 앞두고 어머니는 쓰레기통을 뒤져 근처 채소 장수가 버린 배추 껍질 가운데 덜 상한 이파리들을 골라 소금물에 담갔다가 항아리에 차곡차곡 쟁여두셨다. 어머니가 떠나신 뒤 오랫동안 여러 개의 항아리에 담긴 우거지는 나와 내 동지들의 거의 유일한 반찬이 돼주었다.

어머니가 귀국하실 때 내가 노자를 조금밖에 못 챙겨드려 인천항에서 배를 내리자마자 여비가 떨어졌다. 어머니는 동아일보 인천지국을 찾아가 사정을 얘기하셨다. 그러자 지국에선 상해 소식과 어머니의 딱한 형편을 신문 기사로 이미 읽었다면서 서울행 차표와 여비를 드렸고, 서울에서 다시 동아일보 본사를 찾아가니 역시 사리원 역까지 보내드렸다고 한다. 사전에 귀띔해드린 바도 없건만, 어머니는 그런 융통성이 있는 분이셨다.

귀국 후 어머니는 생활비를 아끼고 아껴 마련한 약간의 금전을 상해로 부치시곤 했다. 하지만 이는 타오르는 화로 속에 날아든 한 점 눈송이처럼 별 보탬이 되지 못했다. 이를 아신 어머니는 밥 한 숟가락이라도 덜어주려고 맏손자 인까지 본국으로 보내라 하셨다(1927년 9월, 인의 나이 10세).

어머니는 생전 당신의 생신을 모르고 사셨다. 일부러 머릿속에서 지워버리신 것이다. 그래도 자식 된 도리로 기미년(1919년) 생신만은 그냥 넘길 수 없었다. 그해 2월 26일(양력 3월 27일)은 어머니 환갑인 데다, 나는 이미 하루라도 빨리 상해로 망명하리라 결심한 상태였기 때문이다. 나는 친구들이나 몇 불러 조촐한 축하연을 열어드리려고 아내에게 약간의 술과 안주를 장만하라고 해두었는데 눈치를 채신 어머니가 강하게 반대하며 만류하셨다. 회갑 잔치는 결국 무산되고, 나는 이틀 뒤 상해로 출발했다.

3년쯤 지나 어머니가 상해로 오셨지만, 여전히 생신상 한 번 차려드릴 형편이 못 됐다. 경제적으로 어렵기도 했지만, 독립운동에 모든 것을 바친 동지들을 생각하면 부려서는 안 될 사치 같았기 때문이다. 당연히 내 생일은 입 밖에도 내지 않고 지냈다. 그랬는데 민국 7년(1925년) 내 50세 생일날, 나석주羅錫疇가 식전부터 뭔가를 잔뜩 사 들고 찾아와 어머니께 드리며 말했다. "오늘이 선생님 생신 아닙니까? 돈은 없고, 그래서 의복을 전당포에 맡겨 고기와 채소 좀 사 가지고 밥해 먹으러 왔습니다."

나로선 생애 최초이자 최고로 영광스런 생일상이었다. 한편으로 어머니께는 너무도 죄송스러워 이후 죽는 날까지 내 생일을 기념하지 않기로 굳게 마음먹었다. 이후 남경에서 모시고 살 때는 이런 일이 있었다. 우리 동지들이 돈을 모아 생신상을 차려드리려 하자 이를 안 어머니는 "그 돈을 내게 주면 내 입맛대로 맛난 음식을 만들어 먹겠다"고 하셨다. 나는 속으로, 어머니가 저러실 분이 아닌데 이상하다, 생각했다. 아니나 다를까, 정작 생신날이 되자 어머니는 그 돈에 당신 돈까지 보태 권총을 사 왜놈들을 처단하라며 청년단에 하사하셨다.

"그 어머니에 그 아들"이란 말은 김구의 어머니 곽낙원과 너무도 잘 들어맞는다. 생일상을 차리려고 모은 돈으로 권총을 사 왜적을 처단하라 했다는 어머니의 말씀은 방아쇠를 당긴 총알처럼 격발擊發돼 독립운동을 위해 모인 청년들의 일제에 대한 저항과 분노의 감정을 격발激發시켰으리라.

임시정부 요인들의 부인들 사이에서 곽낙원 여사의 별명은 '호랑이 할머니'였다. 손자인 김신의 증언에 따르면 곽 여사는 부인들이 들고 온 생신 선물을 집어던지며 이렇게 호통을 쳤다고 한다. "지금 우리가 밥 굶

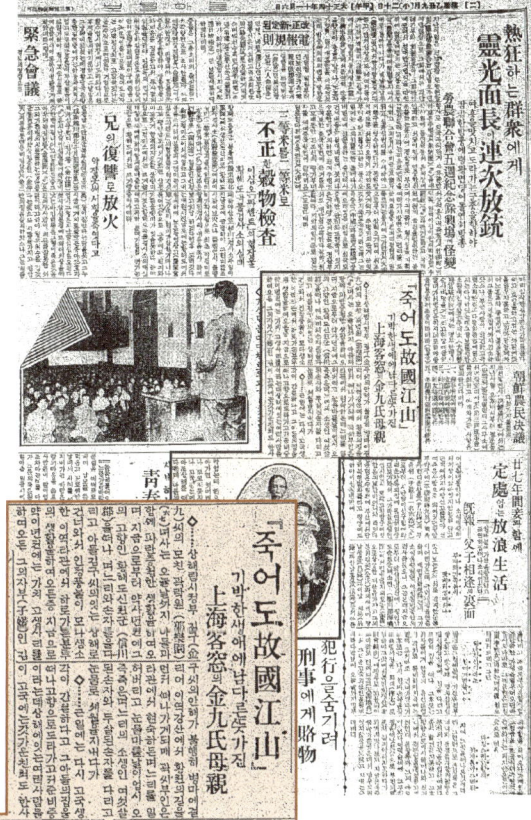

곽낙원 여사와 막내손자 김신의 귀국을 보도한 동아일보 기사(1925년 11월 6일자). 아내(최준례)를 잃은 뒤 김구의 망명 생활이 얼마나 외롭고 고단했는가를 이 한 장의 사진이 절절하게 보여준다.

지 않고 호사하는 게 누구 덕이냐? 윤봉길 의사 피를 빨아먹고 살고 있는 것 아니냐? 어떻게 이런 것들을 들고 올 생각을 할 수가 있느냐!"

김구 역시 금전에 초연하고 물욕이 없었다. 어머니를 닮아 평생 무소유의 삶을 살다 갔다. 환국하는 백범에게 장개석 총통이 이별 선물로 준 단 한 벌의 외투까지도 한겨울 추위에 떠는 국민을 위해 바쳤다. 마곡사에서 잠시 승려 생활을 할 때도 다른 스님들은 "노사와 은사가 모두 칠팔십 노인들이니 그분들 가시고 나면 엄청난 유산이 죄다 원종 스님(백범) 차지가 될 거요" 하며 은근히 시기하고 부러워도 했지만 백범은 뒤도 돌아보지 않고 빈손으로 표표히 마곡사를 떠났다. 사찰의 재산 따위는 아예 관심 밖이었다. 장남 김신은 "아버지는 당신 자신을 위해선 돈 한 푼 써본 적이 없는 분이셨다"라고 증언한다.

> 아버지 장례식을 치른 뒤에 유품을 정리했다. 가방을 열어보니 아무것도 들어 있지 않았다. 아버지가 살아 계실 때 가방 안엔 돈이 꽉 차 있던 적이 많았다. 그러나 얼마 지나지 않아 다 없어지곤 했다. 생활이 어려운 동지들이 찾아오면 모두 내주었다고 하셨다. 재물이나 권력에 아무런 욕심이 없는 분이었기에 나는 아버지가 임시정부를 이끌 수 있었다고 생각한다. _김신, 《조국의 하늘을 날다》_

물욕物慾을 탐하지 않은 삶, 근검과 청렴은 김구가 존경받는 또 하나의 이유이다.

5   이제부터 '너'가 아닌 '자네'라 부르겠네

Q 감옥에 갇힌 아들을 보러와 기쁘다고 하실 정도로 의연하고 씩씩한 어머니셨다. 아들에게 들려주신 말씀 중에 특히 가슴에 남은 것이 있는가?

A 안악 사건(6장 1절 참고)으로 서대문 감옥에 수감돼 있을 때(1911년, 36세) 일이다. 어느 날 간수가 나를 면회소로 데려갔다. 판자벽에서 딸깍 소리와 함께 주먹 하나 드나들 만한 구녕이 열렸다. 저편에 어머니가 서 계셨다. 일고여덟 달 만의 상면이었지만, 어머니는 어제 본 듯 태연한 안색으로 이렇게 말씀하셨다.

"애야, 나는 네가 경기감사 감투 쓴 것보다 더 기쁘기만 하구나. 네 처와 화경이까지 데려왔는데, 한 번에 한 사람밖에 면회가 안 된다 해서 두 모녀는 저 밖에 있다. 우리 세 식구는 평안히 잘 지낸다. 우리 근심일랑 말고 네 몸이나 잘 간수하려무나. 식사는 어떠냐? 부족하면 내가 하루 두 끼 사식을 넣어주랴?"

나는 반가운 마음과 더불어 저처럼 씩씩하신 어머니가 자식을 보여달라고 고개 숙이며 아쉬운 소리를 했을 걸 생각하니 송구하기 짝이 없었다. 다른 동지들 말로는 부모처자가 마주보고 그저 울기만 하다가 간수의 제지로 말 한마디 못 나눈 채 돌아가기 십상이라던데 우리 어머니는 어찌 저리도 대차고 의연하실까. 참으로 경탄스러웠다. 나는 뭐라 대꾸도 못한 상태에서 면회구가 딸칵 닫혔다. 어머니도 막상 돌아서서 나가실 때는 눈물로 발부리가 보이지 않았으리라 생각하니 눈시울이 뜨거워졌다.

이봉창의 동경 의거와 윤봉길의 상해 의거(1932년)는 안악에 계시던 어머니에게도 파장을 미쳤다. 사건 이후 순사대가 며칠 동안 어머니 집을 둘러싸고 경계를 섰고 일거수일투족 모두가 감시 대상이었다. 무엇보다 나는 일제가 어머니와 어린 두 아들을 볼모로 잡고 내게 친일을 강요하는 상황만은 막고 싶었다. 그래서 어머니에게 밀서를 보냈다. "손주 놈들 둘을 데리고 다시 중국으로 오십시오. 예전처럼 굶지는 않으실 테니 나올 수 있으면 몰래 나오십시오."

어머니는 정면 승부를 택하셨다. 안악경찰서에 출국청원서를 낸 것이다. 죽을 날이 며칠 안 남은 늙은이로서 생전에 손자 둘을 아비에게 맡기겠다는 이유를 댔다. 다행히 안악서의 허가가 떨어져 짐을 꾸리시던 어머니에게 이번엔 서울경시청에서 요원이 내려와 협박 겸 설득을 하려 했다. "상해에서 우리 일본 경관들이 당신 아들을 체포하려 해도 행방이 묘연한데 노인네가 간들 고생만 할 뿐입니다. 상부에서 출국을 금지시켰으니 그리 아십시오."

어머니는 호통을 쳤다. "내 아들을 찾겠다는데 내가 왜놈 경관보다 못할 게 뭐냐. 출국 허가가 나와 살림살이를 죄다 처분했건만 이제 와서 말을 바꾸면 어떡하느냐. 남의 나라를 빼앗고도 모자라 너희가 이

따위로 정치를 한다면 오래갈 줄 아느냐!"

어머니는 너무 흥분한 나머지 그만 혼절하셨다. 얼마쯤 시간이 지나 정신이 들었을 때 출국 의사는 여전한가를 묻는 경관에게 웬일로 "그처럼 말썽 많은 출국이라면 포기하련다"라고 말씀하셨다. 그러고는 목공을 불러 집을 수리하는 등 오래 눌러앉아 사실 것처럼 연막을 치신 다음, 몇 달 뒤 송화松禾에 사는 동생 병문안을 핑계로 신을 데리고 평양으로 가셨다. 거기서 숭실학교에 다니던 인까지 불러낸 어머니는 셋이서 만주행 직행 열차를 타셨다. 대련大連에서 왜경이 검문을 했지만 인이 "어린 아우와 병든 할머니를 친척 집에 맡기려고 위해威海衛에 가는 길입니다"라고 재치 있게 둘러대 위기를 모면했다.

그렇게 어렵사리 국경을 넘어온 당신을 헤어진 지 9년 만에 절강성 가흥에서 상봉했을 때 하신 첫 말씀을 잊을 수가 없다. "지금부터 '너'라는 말을 고쳐 '자네'라 하고, 잘못을 저질러도 말로 꾸짖을 뿐 회초리를 들지 않겠네. 듣건대 자네가 군관학교를 하면서 여러 청년들을 거느리고 뭇사람들의 사표師表가 됐다니 나도 체면을 세워주려는 걸세." 이로써 나는 나이 육십에 어머니가 베푸신 큰 은전을 입었다.

어머니는 참으로 대담무쌍한 분이셨다. 1938년(63세) 암살범의 총에 저격당한 내가 한 달 뒤 퇴원해 어머니를 찾아뵈었을 때도 손수 만드신 음식을 권하실 뿐 조금도 동요하는 빛이 없으셨다. "자네 생명은 하느님께서 보호하시는 줄로 아네. 사악한 것이 옳은 것을 범하겠는가? 하나 유감스런 것은 저격범 이운환도 한인인즉, 한인의 총을 맞고 산 것은 왜놈의 총에 죽은 것만 못하다네."

어머니는 자립심이 남다르셨다. 생전에 모든 일을 손수 처리하셨다.

종전에 우리나라에서는 노복奴僕을 썼지만, 국가가 병탄된 뒤로는 "왜놈의 노예가 된 내가 어찌 차마 동포를 종으로 부리랴" 하면서 노복제를 물리치고 고용제를 받아들였다. 어머니는 애초에 노복은 물론 '고용'이란 두 글자도 모르고 사셨다. 마지막 영면하시는 날까지 손수 옷을 꿰매고 밥을 짓고 빨래를 하셨다. 일생 동안 남의 손을 빌려 당신 일을 시키거나 맡겨본 적이 없는 분이셨다.

"신神은 세상 모든 곳에 있을 수가 없어 어머니를 만들었다"고 한다. 김구에게도 어머니는 그런 존재였다. 곁에 있을 때는 물론 이역만리에 떨어져 살 때도 마음속엔 언제나 어머니가 함께하고 있었다. 김구의 어머니 곽낙원 여사는 임시정부 대가족 모두의 어머니이기도 했다. 특히 청년들에게 어떤 모습으로 살아야 하는지를 실천으로 보여준 정신적 지주였다.

여성 독립운동가로 임시정부의 안살림을 맡아 하며 백범 가족을 뒷바라지한 정정화는 "(백범의 어머님은) 우리 가운데에 말없이 앉아 계신 것만으로도 큰 힘이 되었고, 정신적으로도 우리의 큰 기둥이 되기에 충분했다"(《장강일기》)고 추억했다.

서울 효창동 백범김구기념관엔 곽낙원 여사의 동상이 있다. 온종일 남의 집 허드렛일을 하고 얻은 찬밥 한 덩어리를 소중히 감싸들고 치하포 의거(1896년, 21세)로 수감된 아들이 있는 인천의 감옥으로 가는 모습이다. 김구가 친필로 쓴 휘호 '북망자운北望慈雲'에서는 그런 어머니를 그리워하는 사무친 정이 일자 일획마다 묻어난다. 환국 후 백범

김구가 서거하고 난 뒤 두 달쯤 지나 완성된 곽낙원 여사의 동상. 감옥에 갇힌 아들에게 먹일 찬밥을 소중히 감싸들고 가는 모습이다. 사진은 1949년 8월에 찍은 것으로, 왼쪽부터 박승구, 차남 김신과 그의 아내 임윤연, 김덕은이다.

은 "어머니의 바람처럼 바른 길(正道)을 걷고 있는지" 끊임없이 자신을 되돌아보며 채찍질하려고 인천 감옥으로 가는 길목에 이 동상을 세우려 했다. 그러나 안타깝게도 동상이 완성되기 두 달 전에 눈을 감았다 (1949년 6월 26일).

안중근 의사의 어머니 조마리아 여사 역시 곽낙원 여사와 같은 강인한 모성의 대명사다. 조 여사는 사형 선고를 받고 수감된 아들에게 "네가 만약 늙은 어미보다 먼저 죽는 것을 불효라 생각한다면 이 어미는 웃음거리가 될 것이다. 너의 죽음은 너 한 사람의 것이 아니라 조선인 전체의 공분을 짊어지고 있는 것이다. 네가 항소를 한다면 그것은 일제에 목숨을 구걸하는 짓이다. 네가 나라를 위해 이에 이른즉 딴마음 먹지 말고 죽어라. 어미는 현세에서 너와 재회하기를 바라지 않으니, 훗날 천당에서 만나자"라는 단호한 결의가 담긴 편지와 함께 수의를 지어 보냈다.

  세상의 모든 어머니는 위대하다. 어머니는 자식의 수호신이다. 또 안식처이며 생명수다.

6   남편은 남의 편, 시어머니는 내 편

Q   험한 길을 가는 남편을 둔 까닭에 아내 최준례의 삶도 녹록 지 않았을 텐데, 어떤 어머니이자 며느리, 아내였는가?

A   어머니에게 공판 날짜를 통지 받은 아내 최준례崔遵禮는 두 살배기 딸 화경化慶을 데리고 서울로 와 감옥에 있는 나를 보살폈다(1911년, 36세). 내가 재판 받던 날엔 어머니가 화경이를 업고 준례와 함께 법정 문 앞에 서서 죄수 마차에 실려 온 나를 기다리고 있었다. 내가 가출옥하자 준례는 성심성의껏 음식을 장만해 내 친구들까지 불러 접대했다. 준례는 당시 교원으로 근무하던 안신여학교(안악읍)의 교실 한 칸을 얻어 거처로 삼고 있었다.

어머니와 아내도 처음엔 고부 갈등이 없지 않았다. 그러나 내가 옥에 있는 동안 서울과 본향을 전전하며 별별 고생을 함께 겪으면서 일종의 동지애가 싹텄는지 충돌을 모르고 지냈다. 서울에서 살 때는 화경이를 어머니에게 맡기고 아내가 책 만드는 공장(조선총독부 임시토지조사국 제책소)에 다니며 생계를 책임졌다. 학비를 대주겠다며 공부를 권한 서양 여자도 있었지만, 아내는 시어머니와 어린 딸을 돌보느라 눈물을 머금고 포기할 수밖에 없었다. 그게 한이 되고 원망으로 남았는지 아내는 내가 못마땅하거나 서로 의견이 안 맞을 때면 그 이야기를 전가傳家의 보도寶刀처럼 휘두르곤 했다. 그러면 나는 두 손 들 수밖에 없었다.

여느 집들과 달리 부부 사이에 다툼이 일어나면 어머니는 늘 아내를 편드셨다. 특히 고부간에 귓속말이 오고간 뒤엔 영락없이 내게 불리한 일만 생겼다. 따라서 내 마음대로 집안일을 처리한 적이 한 번도 없다 해도 과언이 아니다. 내가 아내 뜻에 반대라도 할라치면 어머니는 불호령을 내리셨다. "네 처의 성결한 심지는 누구보다도 내가 잘 안다. 네 동지들 또한 다들 인정하고 감동한 바다. 네 동지의 젊은 아내들 중엔 사지로 몰린 남편을 내팽개치고 이혼이나 불륜 등 별별 추잡스런 일에 휘말린 것들도 많았느니라. 네가 감옥에 있는 동안 항상 몸가짐을 조신하게 삼가고 절개를 지킨 네 처를 절대 박대해서는 안 된다."

민국 2년(1920년, 45세)에 아내는 세 살배기 아들 인을 데리고 안악에서 상해로 건너와 세 가족이 모처럼만에 함께 살았다. 어머니는 나의 장모와 같이 동산평東山坪에 계시다가 장모가 별세하자 공동묘지에 안장한 뒤 민국 4년(1922년)에 상해로 오셨다. 그리고 그해 8월에 둘째 아들 신이 태어났다. 3대, 다섯 식구가 처음으로 이국의 하늘 아래에서 정을 나누며 사니 외로움과 그리움을 잠시 잊을 수 있었다.

고단한 삶이었다. 부부간의 살가운 정은 모르고 살았다. 남편보다 시어머니와 함께 산 기간이 더 길었다. 그래도 스스로 선택한 길이었기에 최준례는 불평하거나 원망하지 않았다. 결혼할 때부터 남편은 이미 조국에 내어준 몸이었다. 대신 시어머니가 아들보다 며느리를 더 챙기고 편들어주었다. 3녀 2남에겐 엄마 노릇 한 번 제대로 할 시간도 기회도 없었다. 세 딸은 아주 일찍 엄마를 떠났고, 두 아들은 너무 빨리 엄마를 잃었기 때문이다. 앞의 짧은 글에서 일찍 세상을 뜬 아내에 대한 백범의 연민이 애틋하게 드러난다.

김구의 어머니는 매사에 며느리 편이었다. 이런 일화가 있다. 안악 사건으로 형을 살다 출소(1915년, 40세)한 김구를 친구들과 제자들이 초대해 위로연을 열었다. 가서 보니 풍악과 기생들까지 동원한 잔치였다. 술도 안 즐기는 데다 그런 자리가 영 어색하고 마뜩잖았던 김구는 기생들이 따라 올린 술을 몇 번이나 사양한다. 하지만 벗과 제자들이 자꾸 권하고 흥취를 깰까 염려가 되어 한 잔 받아 마셨는데 갑자기 어머니가 나타난다. 술자리가 안신여학교 가까이에 있어 어머니와 아내가 담장을 넘어온 기생들의 노랫소리를 들었던 것이다. 어머니는 다짜고짜 아들을 끌어내 집으로 데려가 호통을 친다. "내가 이날 이때까지 고생한 것이 고작 오늘 네가 기생들 데리고 음주가무를 즐기는 꼴이나 보려고 그랬는 줄 아느냐!" 김구는 무조건 잘못했다며 용서를 빌 수밖에 없었다. 실상은 속이 상한 아내가 남편이 원망스러워 시어머니를 부추겨 꾸민 일이었다.

7 먼저 세상을 떠난 아내와 어린것들

Q 가슴 아픈 이별이 많았다. 사랑하는 자식과 아내, 어머니를 먼저 떠나보낸 심경은 어떠했는가?

A 나는 유별나다 싶을 만큼 가까운 이들, 내 피붙이와 살붙이를 저승길에 앞세운 일이 잦았다. 죽을 줄 알면서도 사지死地로 보낸 젊은 동지들은 또 얼마나 많았던가.

서명의숙 근무 시절 낳은 첫 아이인 딸은 어미젖도 몇 번 못 물어본 채 죽었다. 내가 학교를 옮기며 신천에서 안악으로 이사하느라 태어난 지 며칠 만에 모녀를 가마에 태운 것이 화근이었다. 엄동설한 찬 기운을 많이 쐰 탓인지 딸아이는 안악에 도착한 지 얼마 안 되어 하늘나라로 가버렸다(1908년, 백범 33세).

둘째 딸 화경은 옹알이를 하고 걸음마를 떼고 말을 배워가는 모습을 감옥의 창살 너머로 보고 들어야 했다. 한데 내가 마흔에 가출옥(1915년 8월)하니 비보가 기다리고 있었다. 마중 나온 어머니 말씀에 울컥 눈물이 솟구쳤다. "얘야, 이를 어쩌면 좋으냐. 너는 오늘 살아서 돌아오지만, 너를 그리도 좋아하고 늘 보고 싶어 하던 네 딸 화경이는 서너 달 전에 죽고 말았단다. 가엾은 것! 여섯 살 어린 것이 뭘 안다고 죽어가면서도 자기 죽음을 너한테는 기별하지 말라더구나. '아버지가 들으시면 오죽이나 마음 상하시겠어요.' 하면서 말이다."

화경이 죽은 다음 해(1916년, 41세)에 셋째 딸 은경恩慶이 태어났다. 그러나 애재라, 이 아이 역시 태어난 지 몇 달 만에 세상을 떠났다.

사별은 상해에서도 이어졌다. 신을 출산한 아내가 어머니 손을 덜어 드리려고 회복도 안 된 몸으로 아기 목욕물을 버리려고 2층에서 아래층으로 내려가다가 층계에서 발을 헛디딘 것이다. 낙상落傷의 후유증은 컸다. 폐를 찌른 갈비뼈로 늑막염이 심해진 아내는 상해의 보륭의원에서 중증 폐렴 진단을 받고 홍구의 폐 전문 병원에 격리 입원해야 했다. 병원을 옮길 때 보륭의원에서 작별했는데 이후 두 번 다시 아내를 보지 못하게 되었다. 홍구 폐 병원은 프랑스 조계 밖이라서 내게는 출입 금지 구역이었기 때문이다. 결국 아내는 1년 넘게 고생하다가 민국 6년(1924년) 새해 첫날, 어린 두 아들을 내 곁에 남긴 채 감기지 않는 눈을 감고 말았다. 숨이 다하는 순간까지도 아내는 입원해 있는 인과 젖먹이 신을 찾아 임종을 지키는 이들을 애타게 했다.

준례는 프랑스 조계지인 숭산로崇山路의 경찰서 뒤편 공동묘지에 묻혔다. 나는 독립운동 자금이 늘 아쉽고 절실한 우리가 혼례나 장례 같은 일에 돈을 낭비하는 데 반대했다. 그러나 동지들은 나 때문에 삯바느질로 생계를 꾸리며 모질게 고생만 하다 간 아내는 애국자와 다름없다면서 주머니를 털어 장례를 성대히 치르고 묘비까지 세워주었다.

대가족이 고난의 피난길에서 잠깐 숨 돌리며 유주柳州에 머물던 때였다. 120여 대가족의 중경 이주 문제로 동분서주하고 있던 내게 장

곽낙원 여사의 장례식(1939년 4월, 중경 손가화원). 간소한 꽃상여 곁에서 두 손자 신과 인, 아들 김구가 애도하고 있다(사진 왼쪽부터). 유해는 화상산 공동묘지에 묻혔다가 1948년 고국으로 모셔왔다.

남 인이 어머니를 모시고 중경으로 왔다. 어머니는 심한 인후염을 앓고 계셨다. 의사 말로는 광서廣西 지방 풍토병이라는데, 약물 치료와 수술 모두 때가 너무 늦었다는 거였다. 더욱 한스럽게도 상해 동제대학 의과 시절부터 나를 특별히 따르던 유진동劉振東 군 부부가 병원 문까지 닫고, 어머님 치료와 시중은 이제부터 자신들이 맡을 테니 나는 독립 사업에 전념하라며 중경으로 왔지만, 어머니는 이미 의사도 손을 놓고 돌아가실 날만 기다리고 있었다. 실로 안타까운 마음 금할 길이 없었다. 결국 유진동 군은 치료 대신 염습을 해야 했다. 어머니는 떠나시기 전 이런 유언을 남기셨다. "하루 빨리 독립이 이루어지도록 노력하게. 귀국할 때는 자네가 내 유골과 상해에 묻힌 인이 어미 유골까지 가지고 돌아가 고향땅에 묻어주게나."

어머니는 평생 고생만 하시다가 그토록 애타게 기다리시던 자주독립을 보지 못하고 눈을 감으셨다. 1939년 4월 26일 중경 남안南岸의 손가화원孫家花園에서 다시 못 올 먼 길을 떠나셨다(백범 64세, 어머니 81세). 나는 화원에서 5리 거리인 화상산和尙山 공동묘지에 석실을 만들어 어머니를 모셨다. 대가족 중 최고령으로 살아생전 존장尊長 대접을 받으시더니, 돌아가신 뒤에도 당신은 매장지 인근에 먼저 묻힌 수십 명 한인 동지들의 '지하회장地下會長' 노릇을 하시리라 느껴졌다.

해방을 몇 달 앞둔 3월에 나는 중경에서 맏아들을 잃었다. 인은 스물여덟 살 청년의 나이에 아내(안미생安美生: 안정근의 차녀, 안중근의 조카딸. 영어에 능해 중경의 영국대사관에서 일하며 생계를 꾸렸다)와 외동딸 효자孝子를 남긴 채 아비보다 먼저 떠나버렸다(백범 70세). 이 또한 내 탓이 크다. 비와 구름과 안개가 많고 별 볼 날이 드문 사천성에 속한 중경은 기압이 낮은 분지이시 지면에서 솟이니는 악취가 흩어지진 못해 공기가 불결했다. 오죽하면 "사천성 개는 태양을 보면 짖는다"(촉견폐일蜀犬吠日에서 유래)란 말이 있겠는가. 그만큼 흐린 날이 많아 갑자기 해가 나면 개들이 놀라서 짖는다는 뜻이다. 게다가 공장 굴뚝에서 내뿜는 석탄 연기로 눈을 뜨기조차 어려운 도시였다. 사람들은 기침을 달고 살았다. 중경에 거주하는 6~7년 동안 폐병으로 죽은 우리 동포만도 열 중 한두 명에 이르렀다. 그래서 서방 외교관이나 상인들은 3년을 못 견디고 떠났다. 그런 도시에서 인은 폐병을 앓으며 서양인보다 두 배나 오래 버티다 갔으니 알고도 불가피하게 당한 일이라 더욱 가슴이 미어진다.

상해의 프랑스 조계지 공동묘지에 아내 최준례의 묘비를 세우고(1924년). 사진 왼쪽부터 차남 신, 김구, 어머니 곽낙원 여사, 장남 인이다. 연월일을 표기할 때 숫자가 아닌 한글 자음을 쓴 점이 눈길을 끈다.

　6년간의 중경 생활을 마감하고 입국을 앞둔 어느 날, 나는 어머니 묘소와 인의 묘지를 찾아가 꽃을 바치고 축문을 낭독하며 작별 인사를 갈음했다. 묘지기를 불러 촌지를 넉넉히 쥐여주며 분묘 관리를 부탁하고 떨어지지 않는 발길을 돌려 세웠다.
　13년 만에 돌아온 상해에서는 지하에 누운 아내를 만나려고 옛 프랑스 조계의 공동묘지를 찾아갔더니 분묘가 흔적조차 없었다. 묘지기가 10년 전에 이장했다며 나를 새 묘지로 안내했다. 그렇게 나는 최준례와 다시 만나고, 이내 기약 없이 헤어졌다.

빛바랜 한 장의 흑백사진이 혁명가 가족의 삶을 말없이 웅변한다. 백범 일가가 묘비를 앞에 두고 서 있는 사진이다. 왼쪽 위부터 시계 방향으로 김구, 곽낙원 여사, 장남 인, 차남 신이다. 두 아들의 어머니 최준례 여사는 얼굴 대신 묘비로 이들 가운데 서 있다. 슬프고 애잔한 가족사진이다. "최준례 묻엄, 남편 김구 세움"이란 투박한 문구가 처연한 느낌을 준다. 한글학자 김두봉金枓奉이 쓴 이 비문은 출생일과 사망일을 한글 자음으로 표기했다. 암호 같지만 독해법은 간단하다. 자음 순서를 아라비아 숫자 순으로 환원해 읽으면 된다.

김구 가족이 살던 상해의 집은 2층의 방 세 칸짜리였지만 두 칸은 생계를 꾸리려 세를 주고 다섯 식구가 한 방을 썼다. 그래서 목욕물 등을 아래층에 버려야 했는데, 이것이 화근이 될 줄이야. 최준례는 그렇게 떠나갔다. 김구는 이국의 병상에서 쓸쓸하게 생을 마친 아내의 마지막 가는 길조차 지켜주지 못했다.

혁명가의 가족에게 고난과 시련은 숙명이었다. 곽낙원 여사는 남편을 여의고 홀몸으로 감옥의 아들을 뒷바라지하면서 가정까지 돌봐야 했다. 탈옥한 아들 대신 아버지는 1년 가까이, 어머니도 몇 달간 옥고를 치렀다. 망명 후엔 낯설고 물선 중국 땅을 떠돌며 일찍 세상 떠난 며느리를 대신해 두 손자를 키웠다. 임시정부의 대소사를 챙기며 온갖 궂은일을 마다하지 않다가 결국 풍토병에 걸려 돌아가셨다.

할머니가 돌아가실 때 직감적으로 마지막 순간임을 안 아버지는 울음을 터뜨리셨다. "이 불효자 때문에 어머니가 평생 고생만 하시다 여기서 이렇게 돌아가시고 말았습니다." 그토록 강인한 아버지도 모친의 죽음 앞에서는 맥없이 무너져 내리는 한 인간이었다. 아버지는 두 손으로 땅을 마구 치며 통곡하셨다. 아버지의 평생소원은 조국의 광복이었고, 그 소원은 아버지를 불효자로 만들었다. _김신, 《조국의 하늘을 날다》_

그뿐인가. 어린 세 딸과 장남마저 먼저 보내야 했던 혁명가의 마음은 어땠을까. 빼앗긴 나라를 되찾고 삼천만 동포를 지키려 했던 김구는 정작 자신의 아내와 아이들을 위해서는 전혀 바람막이가 돼주질 못했다. 그래서 백범은 행복한 가정을 이루지 못한 자신을 자책하며 주례를 서지 않았다고 한다.

폐병을 앓던 남편 인을 위해 며느리가 마지막 실낱같은 기대로 페니실린을 구해달라 했을 때 "그 병을 앓다가 죽은 동지들이 많은데, 어떻게 내 아들만……" 하며 거절했다는 백범. 아무리 선공후사에 철두철미한 백범이라지만 죽어가는 자식에게까지 꼭 그렇게 매정해야 했을까.

김구는 어머니의 유언에 따라 광복 후인 1948년 중국에 있던 어머니와 아내 그리고 아들 인의 유해를 고국으로 모셔왔다. 중국과 일본에 있던 독립운동 동지들의 유해를 먼저 고국으로 모셔온 다음에 진행한 일이다. 곽낙원 여사와 장남 인은 국립대전현충원으로, 최준례 여사는 서울 효창공원 백범 묘역으로 이장되었다. 때는 1999년 백범 서거 50주기, 임시정부 수립 80주년을 맞던 해이다.

3장

·

틀 속에 갇혀
틀을 깨려 하건만

1   서당 문을 닫은 까닭

Q 아버지를 졸라 집에 서당을 열게 할 정도로 학구열이 남달랐다. 어린 시절부터 간절했던 배움에 대한 갈증이 훗날 민족계몽운동에 헌신하도록 이끌었나?

A 일찌감치 국문을 익혀 이야기책 정도는 볼 줄 알았다. 어깨너머로 천자문도 배웠다. 학문을 갈고닦으면 과거를 보아 진사가 돼 상놈을 면할 수 있다는 말을 듣고는 간절히 글공부가 하고 싶어 아버지에게 졸랐지만 주저하셨다. "동네에 서당도 없고, 다른 동네 양반 서당에선 상놈 자식은 잘 받지도 않는다. 설령 받아준다 해도 양반집 아이들 멸시를 견디겠느냐."

   그래도 아버지는 내 성화를 못 이겨 결국 문중과 인근 상민 아이들 몇을 모아 우리 집 사랑에 서당을 차리셨다. 가을에 곡식을 수강료로 주기로 하고 청수리 이 생원을 훈장으로 모셔왔다. 양반이지만 학식이 넉넉지 못해 양반 서당에선 고용하질 않아 우리 같은 상놈의 스승이 된 것이다. 선생과 첫 상면하던 날, 나는 기분이 너무 좋아 못 견딜 지경이었다. 선생이 마치 신인神人이나 상제(上帝: 하느님)처럼 거룩해

보였다. 스승님 식사를 수발드는 일까지 그렇게 즐거울 수가 없었다. 내 나이 열두 살 때(1887년)였다.

서당 문을 연 첫날 다섯 글자를 배웠다. 마상봉한식(馬上逢寒食: 말 위에서 한식을 만났네. 당나라 시인 송지문의 한시 '도중한식途中寒食'의 첫 구절이다). 뜻도 잘 몰랐지만 너무 기뻐 밤에 어머니 일손을 도우면서도 외우고 또 외웠다. 새벽같이 일어나 맨 먼저 사랑으로 가 글을 배우고, 멀리서 오는 동무들을 가르쳐도 주었다.

석 달 뒤 서당은 이웃 동네 신 존위 사랑으로 옮겨갔다. 나는 밥 구럭을 메고 산 고개를 넘어 집과 서당을 오가면서 끊임없이 글을 외웠다. 외우기 시험은 늘 최우등이었다. 그러나 반년도 되기 전에 서당은 문을 닫았다. 신 존위 부친이 자기 손자는 공부를 못하는데 나는 날로 학문이 발전하는 것을 시기해 선생을 내친 것이다. 이 생원이 내쫓기다시피 떠날 때 나는 품에 매달려 목 놓아 울었고, 선생도 비 오듯 눈물을 흘렸다. 작별 후에도 나는 한동안 계속 울기만 하며 밥도 먹지 않았다.

내 나이 열넷이 되자 주변 서당 훈장들이 고루하고 시시해 보였다. 누구는 '벼 열 섬짜리', 또 누구는 '다섯 섬짜리' 등 수강료만으로도 그 선생의 학문적 수준을 짐작하게 됐다. 어린 내 소견으로도 마음 씀씀이로나 일 처리로나 남의 사표가 될 스승을 찾기는 어려웠다.

아버지는 종종 이런 훈계를 하셨다. "밥 벌어먹기는 장타령이 제일이라더라. 너도 큰글 하려고 애쓰지 말고 실용 문서에나 힘을 쏟는 게 어떻겠느냐?"

그래서 나는 관련 서적들을 구해 실생활에 유용한 몇 가지 서식들을 틈틈이 연습했다. 우리 문중에선 나를 장래 존위가 될 아이라며 촉망했지만, 실상은 겨우 글자 몇 줄 엮는 한문 실력이었다. 그래도《통감通鑑》에서 진나라 말기에 진승陳勝이 "왕후장상의 씨앗이 어찌 따로 있으리오(王侯將相 寧有種乎, 왕후장상 영유종호)"라는 말로 뭇사람들을 선동해 따르게 했다거나,《사략史略》에서 한신韓信이 젊었을 때 형편이 어려워 빨래하던 부인에게 수십 일 동안 밥을 얻어먹었다는 대목 등을 읽을 때는 나도 모르게 양어깨가 들썩거렸다.

얼마 후 나는 우리 동네에서 10리쯤 떨어진 학명동 정문재鄭文哉 선생의 서당에 다니게 됐다. 정 선생은 상민이었지만 일대에서 손꼽는 선비였고, 큰어머니와 6촌 남매간이었다. 아버지의 부탁으로 수강료를 안 내는 '면비학동免費學童'이 된 나는 날마다 밥 구럭을 메고 깊은 계곡, 가파른 고개를 쏜살같이 넘나들었다. 서당에서 기숙하는 학생들이 눈도 뜨지 않았을 시간에 도착한 적도 여러 번 있었다.

공부에 대한 갈증이 얼마나 절실했는가를 짐작할 수 있는 대목이다. 소년 창암은 학구열이 남달랐고, 부친 역시 궁핍한 살림에도 자식을 공부시키려는 열의가 대단했다. 첫 서당 선생 이 생원은 신 존위의 불만을 잠재우려고 시험 볼 때 창암에게 "아는 문제도 모른다고 답하라" 일러 신 존위 아들이 일등을 하게 해 융숭한 대접을 받았다. 그러나 나중에 내막을 안 신 존위는 이런저런 트집을 잡아 선생을 해고했다. 김구는 훗날 이 일을 돌아보며 "이것은 진실로 소위 '상놈의 짓'이다"라고《백범일지》에 썼다. 선생의 곤란한 입장을 헤아려, 내키지 않았지만 편법에 가담했던 소년에게 이 웃지 못할 사건

김구의 기부금으로 서울 금호동에 문을 연 백범학원 개원식(1949년 1월 27일). 1949년 2월 13일엔 이 학원의 교실을 빌려 교우 열세 명이 예배를 보았는데, 이것이 금호교회의 시작이다.

은 두고두고 부끄럽고 천박한 기억으로 남았던 것이다.

배움에 한이 맺힌 소년은 결국 민족계몽운동에 헌신한다(1903~1918). 광복 후 조국에 돌아와서도 교육운동에 각별한 관심을 보인다. 북한이나 해외에서 온 전재민(戰災民: 전쟁으로 재난을 입은 국민)과 빈민 자녀들을 위한 배움터인 백범학원(금호동), 창암학원(염리동)을 서울에 개설했다. 국민대, 단국대, 홍익대, 성균관대 등에도 백범의 손길이 미쳤다. 상민 출신 김구는 교육과 문화만이 신분 타파, 나아가 국권 회복의 길이란 사실을 뼈저리게 체득한 것이다.

2 못난 관상

Q 입신양명을 하겠다며 과거에 응시했다가 갑자기 관상을 공부했다. 자신의 상相이 흉하고 천함을 알게 된 순간 마음이 어땠는가?

A 내 나이 열일곱이던 1892년, 임진년 경과(慶科: 나라에 경사가 있을 때 임시로 보던 과거)가 해주에서 열렸다. 아버지와 나는 정문재 선생을 따라 해주로 갔다. 공부로 입신양명해 양반에게 당한 수모와 압제를 면하려면 놓쳐서는 안 될 기회였다.

하지만 과거장은 그야말로 가관이었다. 대작代作과 대필代筆이 다반사였다. 응시자와 글 짓는 자, 글씨 쓰는 자가 각각 따로 있었다. 우리도 그런 분위기에 휩쓸렸다. 처음엔 정 선생이 내 답안지를 대신 써주려 했으나 "저는 앞으로도 기회가 많으니 이번엔 제 아버님 명의로 써주십시오" 하고 부탁하자 선생은 흔쾌히 수락했다. 게다가 대화를 엿들은 선비 한 분이 감동한 표정으로 답안지 글씨는 자신이 써주겠노라고 나섰다. 그때까지 서당에선 모래판에 손가락으로 글씨를 쓰는 사필沙筆이 고작이었고, 과거를 앞두고서야 아버지가 비싸게 사 온 두

꺼운 흰 종이가 까맣게 될 정도로 붓글씨를 연습했지만 아무래도 필력이 일천했다. 그리하여 정 선생이 대작하고 선비가 대필한 답안지가 나도 아닌 아버지 이름으로 감독관에게 제출됐다.

그러나 답안지 도적질부터 금전 거래, 심지어는 채점관에게 수청을 드는 기생에게 뇌물을 상납하는 행위까지, 상상을 초월하는 과거의 난맥상을 전해 듣고 나서는 혼란과 절망에 빠져버렸고 의혹이 불끈 치솟았다. 이래서야 과거가 왜 필요하며 무슨 가치가 있는가? 유일한 벼슬길인 과거의 시험장이 이 꼬락서니라면 공부에 심혈을 쏟아 시詩와 부賦를 짓고 온갖 문장에 능통한다 한들 결국엔 과거장 대서업자에 불과할 게 아닌가?

결과는 예상대로 낙방이었다. 과거에 대한 불쾌한 경험과 비관적인 생각만 품은 채 귀가한 내게 아버지는 이런 권유를 하셨다. "이제부터 풍수나 관상 공부를 해보면 어떻겠느냐. 그러면 밥은 먹을 수 있고, 좋은 사람 만나면 더 좋은 일 아니냐."

이치에 맞는 말 같아 독방에 틀어박혀 《마의상서麻衣相書》를 탐독했다. 관상학 공부의 지름길은 먼저 거울로 자신의 상相을 보면서 부위와 관련 개념을 익힌 다음, 다른 사람의 상으로 확대 적용해 나가는 것이다. 나는 문밖출입을 삼간 채 석 달 동안 내 얼굴과 몸을 관상학에 따라 면밀히 관찰했다. 그러나 아무리 뜯어봐도 어느 한 군데 귀격貴格이나 부격富格은 없고, 온통 천격賤格·빈격貧格·흉격凶格뿐이었다. 과거 시험의 절망에서 벗어나려고 관상서를 공부했는데 오히려 더 깊은 비관에 빠지고 말았다. 세상 살고 싶은 마음이 싹 사라졌다. 그러다가 《상서》 중 이런 구절을 보게 됐다. "상 좋은 것은 몸 좋은 것만 못하고(相好不如身好, 상호불여신호), 몸 좋은 것은 마음 좋은 것만 못하다(身好不如心好, 신호불여심호)."

나는 무릎을 쳤다. 그래 바로 이것이다! 상 좋은 사람보다 마음 좋은 사람이 되자! 외적 치장보다 내적 수양에 힘써 사람 구실을 하겠다고 다짐하니, 공부에 매달려 과거에 합격해 천한 신세를 벗겠다던 종전 생각은 허영이고 망상이요, 마음 좋은 사람이 취할 바가 아닌 듯했다. 하지만 좋지 못한 마음을 좋은 마음으로 바꾸는 방법을 골똘히 생각했으나 막연하기는 마찬가지였다.

《상서》를 덮고 병서인 《손무자孫武子》, 《오기자吳起子》, 《육도六韜》, 《삼략三略》 등을 펼쳤으나 이해 못 할 문장이 많았다. 다만 훌륭한 장수의 자질을 논한 이런 구절들은 매우 흥미로워 몇 번씩 낭송하곤 했다. "앞에서 태산이 무너져도 결코 흔들리지 않는다(泰山覆於前 心不妄動, 태산복어전 심불망동)", "병사들과 고락을 함께한다(與士卒 同甘苦, 여사졸 동감고)", "나아감과 물러섬을 호랑이처럼 한다(進退如虎, 진퇴여호)", "적을 알고 나를 알면 백 번 싸워도 지지 않는다(知彼知己 百戰不敗, 지피지기 백전불패)."

나는 한 해 동안 일가 아이들을 모아 훈장질을 하면서 잘 이해하지도 못하는 병서만 읽으며 열일곱 살 시절을 보냈다.

과거가 출세의 유일한 통로였던 시절, 대리 시험과 답안지 바꿔치기, 채점관 매수 등은 예사였다. 건달과 투전꾼들이 모여 난리를 피우는 장터를 '난장판'이라 하는데, 이 말도 북새통을 이

천연두를 앓아 얼굴에 곰보 자국이 남은 김구는 관상이 좋지 않아 상심하고 좌절한다. 그러나 《마의상서》의 한 구절에 무릎을 치고 상 좋은 사람보다 마음 좋은 사람이 되기로 결심한다. 이 사진은 현재 남아 있는 김구의 사진 가운데 가장 젊은 시절의 모습이다(31세).

룬 과거 시험장에서 유래했다. 연암燕巖 박지원朴趾源도 이 아수라장의 경험을 "응시자가 수만 명인데 서로 밀치고 짓밟아 죽고 다치기 일쑤여서 열에 아홉은 저승 문턱까지 갔다 왔다"고 개탄했을 정도였다.

그처럼 부정행위가 난무하는 줄을 몰랐더라면 김구는 실력을 쌓아 다시금 과거 시험에 도전했을지도 모른다. 그러나 요지경 속 같은 실체를 안 이상 과거는 도저히 뛰어넘을 수 없는 장벽일 뿐이었다.

김구는 부정부패로 얼룩진 세상이 원망스러웠고, 잠시나마 세상의 탁류에 편승하려 했던 자신이 부끄러웠다.

김구보다 한 해 먼저 황해도 평산에서 빈한한 양반의 후손(6대 독자)으로 태어난 이승만李承晩도 과거에 대한 열망과 절망이 깊었다. 그는 13세부터 19세까지 해마다 과거에 응시했지만 번번이 낙방한다. 그러다가 1894년 갑오경장으로 과거제가 폐지되자 이승만은 신학문으로 길을 바꿨다. 이듬해 미국인 선교사가 세운 배재학당에 입학한 것이다. 연속 낙방이란 쓰라린 경험은 향후 이승만의 진로와 교육관에도 상당한 영향을 미쳤다.

김구는 서너 살 때 천연두를 앓았다. 어머니가 보통 종기를 치료하듯 대나무침으로 따고 고름을 짜내 얼굴에 곰보 자국이 남았다. 성장기에 놀림감이 됐을 수도 있다. 게다가 관상학 책에 대입해봐도 어디 하나 좋은 상이 없어 외모 콤플렉스를 느꼈을지도 모른다. 스스로를 '천격·빈격·흉격'이라 일컬은 처절한 고백이 세상 어느 자서전에 있을까? 김구의 솔직성과 인격 형성기의 고뇌가 얼마나 깊었는가를 알 수 있다. 그러나 청년 김구는 좌절하지 않고 끊임없이 사색하며 극복의 길을 찾는다. "어떻게 해야 마음 좋은 사람이 되는가." 이렇게 방황하면서 1년 동안 책 읽고 가르치며 스스로 영글어간다.

3 동학: '아기 접주'의 쓰라린 패배

Q 새로운 세상을 꿈꾸며 동학에 입도해 어린 나이에 선봉장이 되었다. 비록 혁명은 좌절됐으나 이 과정에서 얻은 바가 있다면 무엇인가?

A 열여덟 살(1893년) 때 동학에 입도했다. 나는 정초에 우리 동네에서 20리 거리인 오응선吳應善 선생 댁을 찾아갔다. 출중한 도력을 지닌 동학 선생으로 소문난 분이다. 주인 뵙기를 청했더니 양반 행색을 한 청년이 맞절하며 "도령은 어디서 오셨소?" 물었다. 나는 황공하여 공손히 말했다. "상것인 제가 어른이라도 공대를 듣지 못하련만, 하물며 저는 아직 아이인데 어찌 공대를 하십니까?" 그러자 청년은 다시 이렇게 말했다. "천만의 말씀. 우리 동학은 수운水雲 최제우崔濟愚 선생의 가르침을 받들어 빈부귀천에 차별 대우가 없습니다. 조금도 미안해 마시고 찾아오신 뜻이나 말씀하시지요." 나는 이 말만 듣고도 별세계에 온 것 같았다.

과거에 낙방한 뒤 관상 공부를 하며 마음 좋은 사람이 되기로 결심한 나는 "하늘님天主을 모시고 도를 행한다"는 말이 가장 가슴에 와 닿았다. 또 상놈 된 원한이 뼈에 사무쳤던 터라 동학에 입도만 하면 차별 대우를 없앨 뿐 아니라 장차 새 나라를 건설한다는 말은 실로 복음과도 같았다. 입도할 마음이 불길같이 일어났다. 집으로 돌아와 아버지께 소상히 말씀드렸더니 흔쾌히 승낙하셨고, 당신도 동학에 입도하셨다.

입도 몇 달 만에 내 휘하 연비(連臂: 도를 받은 동학교도)는 수백 명에 이르렀다. 양반은 드물었고, 상민들이 많이 몰려왔다. 당시 나는 도력이 출중하다고 소문나 있었다. "나쁜 일을 삼가고 선한 일을 하게 되는 것이 동학의 조화"라는 내 말을 곡해해 "김창수(창암에서 바꾼 이름)가 한 길 이상 공중에 떠서 걸어가더라"는 식의 헛소문을 낸 것이다. 연비는 또 수천 명으로 불어났다. 당시 내 별명은 '아기 접주(接主: 동학의 기초 조직인 접接의 중심인물)'였다. 황해도와 평안도의 동학당 중 나이는 제일 어린데 가장 많은 연비를 거느렸다 하여 붙은 별칭이었다.

1894년 가을, 충청북도 보은에 계신 해월海月 최시형(崔時亨: 동학 2대 교주) 대도주를 찾아갔다. 해월 선생을 접견해 연비 보고를 드리고 있는데, 급보가 들어왔다. 삼남 지방에서 동학당에 압박을 가하자 이에 대항해 녹두장군 전봉준全奉準이 거병했다는 소식이었다. 선생은 진노하여 일갈하셨고, 곧바로 '동원령'을 내렸다. 우리 일행 열다섯은 해월인海月印이 찍힌 접주 임명장을 들고 선생에게 하직 인사를 드린 다음 귀로에 올랐다.

귀향하자마자 접주 회의를 통해 거사 결정을 내렸다. 팔봉산 아래 살던 나는 접명接名을 '팔봉'이라 지었다. 푸른 비단에 크게 '팔봉도소八奉都所'라 쓰고, '척왜척양斥倭斥洋'을 높이 내걸었다. 무기 소지자로 우선 동학군을 편성했다. 내 연비들은 대부분 산골 출신 상놈이라 총기를 가진 산포수가 700여 명이나 됐다. 다른 어느 접보다도 막강한 병력이었다.

최고 회의에선 먼저 황해도 수부인 해주성을 쳐 탐관오리와 왜적을 섬멸하기로 결정하고 나를 선봉장으로 임명했다. 나이는 어리지만 병법에 능하고 무장된 산포수가 내 접에 많다는 이유를 들었으나, 속내는 자신들이 총알받이가 되기 싫어서였다. 본부 선발대가 남문을 먼저 치면, 내가 서문을 공격해 함락시키기로 했다.

이제 막 작전을 펼치려 할 때였다. 남문을 지키던 왜병들이 성 위로 올라가 공포 네댓 방을 쏘았다. 선발대는 놀라 내빼기 시작했고, 남문 밖으로 나온 왜병은 연발로 총을 쏘아댔다. 서문 아래서 이제 막 공격을 시작한 우리 선봉대에게도 총사령부의 갑작스런 퇴각 명령이 내려졌다. 아군 서너 명이 남문 밖에서 총에 맞아 죽자 겁을 먹은 것이다. 우리도 퇴각해 해주 서쪽 80리 후방 회학동回鶴洞에 군사를 집결했다. 뜻하지 않은 패전을 당한 나는 우선 사격 등 실전 훈련에 힘을 쏟기로 했다.

어느 날, 구월산 아래에 사는 정덕현鄭德鉉과 우종서禹鐘瑞가 나를 찾아왔다. 나는 정중하게 맞았고, 그들은 나의 겸손한 태도에 흔쾌히 다섯 가지 방책을 말해주었다.

"첫째, 군기를 확립할 것. 둘째, 민심을 얻을 것. 셋째, 능력과 경륜이 있는 인사들을 모집할 것. 넷째, 전군을 구월산에 모아 군사훈련을 시킬 것. 다섯째, 재령군과 신천군에 쌓아둔 쌀 2천 석을 몰수해 패엽사貝葉寺로 옮겨 군량미로 삼을 것."

귀가 솔깃해지는 제안이었다. 나는 다섯 방책을 모두 시행키로 하고 곧바로 전군을 소집해 정 씨를 모주謀主, 우 씨를 종사從事라 선언한 다음 깍듯이 예를 갖추도록 지시했다.

패엽사 주둔 당시 경군과 왜병은 해주성을 점거하고 주위에 흩어진 동학교도를 소탕하며 점점 더 토벌 범위를 넓혀가고 있었다. 그러나 적은 동학군 내부에도 있었다. 구월산 주변에 큰 세력을 형성하고 있던 이동엽李東燁이란 접주가 이끄는 동학군이 문제였다. 이동엽의 동학군은 패엽사 부근 촌락을 노략질하기 일쑤였다. 내 부하들 중에도 마을로 내려가 재물을 강탈하던 자는 이동엽의 수하로 들어가는 이들이 적지 않았다. 자연 이동엽은 병력이 점점 더 늘고, 내 세력은 나날이 줄어들었다. 내 나이 열아홉, 갑오년(1894년) 섣달 무렵이었다.

어느 날 내가 호된 홍역으로 신열과 두통이 심해 며칠 동안 방에 누워 있었는데, 이동엽이 전군을 이끌고 불시에 패엽사로 쳐들어왔다. 총검으로 무장한 이동엽 군대에 맞서 우리 군은 육박전을 벌이다 뿔뿔이 도망쳤다. 이동엽은 부하들에게 나를 죽이거나 몸에 해를 입히면 사형에 처한다고 호령했다. 나를 존중해서가 아니라, 정통 접주인 나를 박해하면 비정통인 자신이 훗날 큰 화를 입을까 두려워 나를 대신해 화포영장(火砲領將: 총으로 무장한 병사들의 지휘관) 이용선李龍善만 처형하라고 명령한 것이다.

나는 자리를 박차고 나가 큰 소리로 외쳤다. "이용선은 내가 임명했고, 내 지휘 명령에 따라 행동했을 뿐이다. 만약 이용선에게 죽을죄가 있다면 이는 곧 나의 죄이니 나를 총살하라."

그러나 이동엽은 부하들을 시켜 내 손발을 묶어놓고 이용선만 끌고 갔다. 얼마 후 총소리가 들렸고, 용선이 총살됐다는 보고가 들어왔다. 동네 어귀로 달려가 보니 과연 용선은 총에 맞아 죽고, 걸쳤던 의복은 죄다 불타고 있었다. 나는 용선의 머리를 껴안고 통곡하다가 저고리를 벗어 그의 머리를 감싸고 동네 사람들에게 정성껏 묻어주도록 일렀다. 어머니께서 내가 동학의 대장 노릇을 하게 됐다며 처음으로 손수 지어 보내신 명주 저고리였다. 내가 눈보라 속에서 벌거벗은 몸으로 호곡하는 모습을 본 이웃 사람들이 입을 옷을 가져다주었다.

> "선생은 나이가 60쯤 돼 보이는데 구레나룻이 보기 좋게 났고, 약간 검은 터럭이 보이고, 얼굴은 여위었으나 맑았다."

《백범일지》에 그려진 해월 최시형 선생의 첫 인상이다. 당시 68세이던 해월의 모습을 묘사한 보기 드문 기록이다. 이렇듯 《백범일지》는 근현대사의 사료적 가치도 지니고 있다.

과거에 낙방한 이듬해인 1893년, 18세 백범은 동학의 길로 들어선다. 이름도 아명兒名이던 창암에서 창수로 바꾼다. 소년기를 지나 청년기로 접어든 백범에게 동학은 제 이름을 바꾸듯 세상을 바꾸는 가능성이 열리는 세계로 다가왔다. 미천한 신분에 대한 절망, 썩을 대로 썩은 사회에 대한 분노, 외모에 대한 열등감을 관상서나 병서 등으로 달래면서 청춘을 내연하고 있던 백범은 이 사회의 구조적 모순과 불합리한 현실의 탈출구 혹은 도피처로 동학을 선택한 것이다. 새 시대를 꿈꾸는 백범에게 동학은 새로운 희망이었다. 국가의 운명이 바람 앞의 촛불이던 시절, 영웅의 출현을 고대하던 사람들은 젊고 패기 넘

'아기 접주'였던 김구가 1894년 가을, 충북 보은에 가서 만난 동학의 2대 교주 해월 최시형. 첫 인상이 강렬했는지 이목구비며 행색을 《백범일지》에 눈에 잡힐 듯 묘사해 놓았다.

치는 그에게 몰려든다. 봉건적 신분 질서의 타파와 만민 평등 사회의 구현은 김구뿐만 아니라 대다수 민중의 열망이었다. 들불처럼 번지는 교세에 위기감을 느낀 조정에선 서학과 마찬가지로 동학을 사교邪敎라 몰아세우며 탄압하기 시작한다.

해가 바뀌자마자(1894년) 전봉준을 필두로 하여 고부에서 민란이 일어나 4월 전주성을 함락시킨다. 이를 빌미로 6월에 청일전쟁이 발발하고, 동학군은 해주성 공격에 실패한 데 이어 공주 우금치에서 결정적 패배를 당한다. 우국충정과 분노만으로는 세상을 바꿀 수 없음을 19세 소년은 깨닫게 된다. 역사의 주도권은 청에서 일본으로 넘어가고, 동학도의 세는 급격히 기울어진다.

  동학의 '아기 접주'로 명성을 날리던 김창수는 선봉장으로 나섰던 해주성 전투의 실패를 자책하며 교훈을 얻는다. 훈련 받지 못한 오합지졸로는 백전백패임을 절감하고 우선은 군사훈련에 집중하기로 한다. 그런 창수에게 찾아온 정덕현과 우종서는 가뭄의 단비와도 같았을 것이다. 두 사람을 대하는 백범의 태도에서 나이에 걸맞지 않은 노련함과 친화력, 열린 의식 등 지도자의 자질을 읽을 수 있다.

  이동엽 부대에게 기습 공격을 당한 날, 자기 대신 죽은 장교 이용선의 시신 처리 과정에서도 백범의 그릇과 인간미를 알 수 있다. 이후 아들과 조카가 와서 이용선의 주검을 본향(함경도 정평)으로 이장할 때 동네 사람들이 유족에게 피살 당시 정황을 상세히 이야기해주었다. 유족들은 시신을 수습하다 얼굴을 감싼 명주 저고리를 보고는 백범에게 품었던 원망과 앙심을 풀었다고 한다.

  동학 혁명은 좌절되고, 김구는 많은 것을 잃었다. 그러나 동학 접주와 선봉장으로 활약한 경험은 훗날 정치적 리더십의 토대가 되었다.

4 안중근 집안과의 만남(1)
동학군과 토벌군, 공수 동맹을 맺다

Q 안중근 집안과의 첫 만남이 실로 운명적이다. 동학 토벌대의 우두머리가 적대 관계였던 동학군 선봉장에게 손을 내민 이유가 무엇인가?

A 전군을 구월산 패엽사로 옮길 준비를 하고 있던 어느 날 밤, 신천군 청계동淸溪洞에 사는 안태훈安泰勳 진사가 밀사를 보내왔다. 안 진사는 안중근 의사의 부친이다. 문장과 글씨에 지략까지 겸비해 황해도 지방은 물론 전국에 명성이 널리 알려져 조정의 대신들도 예우하던 분이었다. 안 진사는 궐기하는 동학군의 반대편에 서서 격문을 뿌리고 의병을 일으키고 산포수를 불러 모았다. 안태훈의 토벌군은 1894년 12월 맏아들 안중근을 앞세워 동학 접주 원용일元容日 부대 2천여 명을 대파해 동학군을 두려움에 떨게 했다.

우리에게도 청계동의 토벌군은 경계 대상이었다. 그런 안태훈이 동학 접주인 내게 왜 밀사를 보낸 걸까. 내막을 알아보니 안 진사는 비밀리에 내 신상이며 행적을 조사한 뒤 "팔봉 접주가 아직 어린데도 대담한 인품을 지녀 사랑스럽도다. 하여 토벌하지 않겠지만, 그가 만약 청계동을 치려다가 패멸 당한다면 인재를 잃게 될 일이 아깝노라"며 좋은 뜻으로 밀사를 보냈다는 거였다.

나는 곧바로 참모회의를 열어 안태훈의 토벌군과 일종의 공수 동맹을 맺기로 밀약했다. "나를 치지 않으면 나도 치지 않고, 어느 한쪽이 불행에 빠지면 서로 돕는다"는 내용이었다.

몽금포에서 은거하던 나는 텃골로 돌아왔다. 왜병들이 동학당을 수색하던 때라서 부모님은 화를 피해 다시 멀리 가라고 권유하셨다. 그런데 정덕현이 청계동 안태훈 진사에게 가보자고 했다. 나를 포로처럼 대할까 보아 망설이자 "안 진사가 나이 어린 형의 담대한 기개를 높이 평가했으니 염려 말고 같이 가자" 하여 그를 따라 나섰다.

청계동은 사면이 험준하고도 수려한 산으로 둘러싸여 있었다. 안 진사 부친 안인수安仁壽는 진해 현감을 지낸 뒤 많은 재산을 친척들에게 나눠주고 가을걷이할 밑천 300여 석만 가지고 장손 중근이 두 살 때 청계동으로 이사했다고 한다.

안 진사 댁 문 앞엔 작은 연못과 한 칸짜리 초가 정자가 있었다. 안 진사와 형제들은 평소 여기서 술 마시며 시 짓기를 즐겼다. 여섯 형제 모두 학식과 덕망이 높았는데 그중에서도 셋째인 안 진사가 가장 탁월했다. 본채 대청 벽엔 안 진사가 친필로 쓴 '의려소義旅所'라는 현판이 걸려 있었다. 본채에서 우리를 반겨 맞은 안 진사가 내게 말했다. "김 석사(碩士: 벼슬 없는 선비를 높여 부르는 말)가 패엽사에서 위험을 벗어난 후 몹시 우려돼 여기저기 탐문했으나 계신 곳을 모르던 터에 오늘 이처럼 찾아주시니 감사할 따름이오."

안 진사는 그날로 사람을 보내 텃골에서 우리 부모님을 모셔 오게

청계동 안태훈 진사 본가 앞에 작은 연못을 거느리고 있었던 한 칸짜리 정자. 초가지붕을 머리에 이고 있다. 안 진사의 여섯 형제들은 평소 이 정자에서 음풍농월을 즐기곤 했다.

하고, 본채 인근에 우리가 살 집 한 채를 마련해주었다. 청계동 생활이 시작되었다. 내 나이 스무 살 때(1895년 2월)였다. 안 진사는 이런 배려까지 해주었다. "내가 없을 때라도 날마다 사랑에 와 내 아우들과 노시게나. 벗들을 불러 담화도 나누고 책도 보면서 내 집처럼 마음 편하게 지내시면 된다오." 안 진사는 각별한 호의로 칭찬하고 격려하며 나를 성장시켰다.

"눈빛이 찌를 듯 빛나 사람을 압도하는 기운이 있다." 김구가 본 안태훈 진사의 모습이다. 김구는 동학군의 선봉장이

동학교도를 타도하는 입장이었지만 김구의 됨됨이를 아껴 후원자가 돼 주었던 안태훈 진사. 안중근 의사의 아버지로 문장과 글씨는 물론 지략까지 겸비해 전국적으로 그 명성이 널리 알려진 선비였다.

었고, 안태훈은 토벌대의 우두머리였다. 적대 관계였던 두 사람, 두 진영이 일종의 공수 동맹을 맺은 것은 퍽 이례적인 일이다. 안중근을 비롯해 세 아들을 모두 애국지사로 길러낸 안태훈. 그에겐 인재를 알아보는 탁월한 안목과 청년을 키워 나라를 구해야 한다는 애국심이 있었던 것이다. 안태훈은 일본군 토벌대의 면담 요청을 뿌리칠 만큼 의기가 강한 인물이었다.

때로는 어떤 사람을 만나는가에 따라 삶의 방향이 바뀐다. 김구에겐 안태훈 진사와의 만남이야말로 운명의 순간이었다. 눈 밝은 안태훈이 소문만 듣고도 인재를 알아보고 직접 밀사를 보냄으로써 백범의 생애는 또 하나의 변곡점을 맞게 된다. 불세출의 영웅 안중근 집안과의 특별한 인연이 시작되는 것이다. 만약 그때 김구가 안태훈의 호의를 거절했더라면 두 사람은 동학군과 토벌군으로 충돌, 누군가는 전사했을지도 모르는 일이다.

김구 가족이 안 진사에게 의탁한 1895년 역시 격동의 해였다. 초여름부터 콜레라가 만연해 수천 명이 사망했다. 그해 8월 을미사변이 일어나 명성황후가 시해됐다. 척왜斥倭 움직임이 격화되고, 민심은 흉흉해졌다. 11월 15일 단발령斷髮令이 내려지자 민심은 폭발해 의병운동이 전국적으로 확산된다. 을미의병이다. 고종은 음력 1895년 11월 17일을 양력 1896년 1월 1일로 정하면서 태양력을 사용하고 연호를 건양建陽으로 개정한다. 단발령 반포와 연호 사용 등은 표면적으로는 청나라와의 종속 관계에서 탈피해 자주 국가로 나아가는 모양새를 취하고 있지만, 실제로는 친일 내각을 통해 일본 제국주의 세력을 확대하기 위한 수단과 방편이었다. 건양 1년(1896년) 2월 11일, 아관파천俄館播遷이 일어난다. 을미사변 이후 일제의 무자비한 탄압으로 신변에 위협을 느낀 고종과 왕세자가 왕궁을 떠나 약 1년간 러시아 공사관으로 거처를 옮긴 사건이다. 1897년 10월 12일, 고종은 국호國號를 대한제국大韓帝國으로 명명했다. 그러나 1910년 8월 29일, 경술국치로 이 국호도 사라지고 만다.

5   안중근 집안과의 만남(2)
새를 쏘던 소년, 일제의 심장을 쏘다

Q   안중근 집안과의 인연이 3대까지 이어질 정도로 돈독했다. 안중근 의사에게 각별한 마음이 있었나?

A   안태훈 진사에겐 아들이 셋 있었다. 맏아들 중근重根, 둘째 정근定根, 막내 공근恭根이었다. 나보다 세 살 어린 열일곱 살 중근은 한 해 전 결혼해 상투 튼 머리를 자주색 명주 수건으로 동이고서 돔방총(어깨에 메고 다니기 편하도록 만든 총)을 메고 날마다 사냥을 다녔다. 중근은 영기英氣가 넘쳤다. 안 진사 휘하의 토벌대원 중 사격 솜씨가 단연 으뜸이었다. 나는 새, 달리는 짐승을 백발백중으로 맞혔다. 하루 만에 노루며 고라니 등을 여러 마리 잡아 와 군사들을 먹이기도 했다. 나는 술 마시고 시를 읊는 데는 별 재주가 없었지만, 중근이 사냥해 온 산짐승과 들새 고기를 맛보며 어울리곤 했다.

안 진사는 아들과 조카들을 위해 따로 서재를 만들었다. 당시 열한 살, 일곱 살이었던 정근과 공근에게는 "책을 읽어라, 글을 써라" 독려하면서도, 사냥에 빠져 공부를 소홀히 하는 장남 중근에게는 되레 질책하는 소리를 하지 않았다. 어려서는 꾸지람도 했지만, 중근이 초패

왕 항우項羽처럼 장부로 살겠다며 글공부에 연연하지 않자 잔소리를 거뒀다고 한다.

안 진사는 눈빛이 사람을 압도했지만 퍽 소탈해 아랫사람들에게도 교만하지 않고 정중하며 친절했다. 또 한시漢詩를 짓고 외우기를 즐겼다. 동학농민전쟁 말기에 목숨을 건지려고 굼벵이처럼 슬그머니 피신한 이들과, 곧 죽을 줄도 모르고 모기떼처럼 설치는 동학교도들을 양반의 시각으로 풍자해 지은 한시를 유일하게 기억하고 있다.

새벽 굼벵이는 살려고 자취도 없이 달아나건만
(曉蝎求生無跡去, 효갈구생무적거)
저녁 모기는 죽기를 무릅쓰고 왱왱거리며 덤벼드는구나
(夕蚊寧死有聲來, 석문녕사유성래).

임시정부를 호남성 장사로 옮겨갈 때(1937년, 62세) 나는 안공근을 상해로 급파해 큰형수(안중근 의사 부인)와 가족을 모셔 오라고 신신당부했다. 그러나 공근은 자기 식구들은 보듬고 왔으나 큰형수 가족을 데려오지 않아 꾸짖었다.

"양반의 집에 불이 나면 맨 먼저 사당으로 달려가 신주神主부터 안고 나오는 법이거늘, 혁명가가 피난을 가면서 국가를 위해 살신성인殺身成仁한 의사의 부인과 유족을 왜적의 점령지에 버리고 오다니, 이는 안 군 가문의 도덕에는 물론이요 혁명가의 윤리로도 용인할 수 없는 일이네."

| 안중근 의사 가계도 |

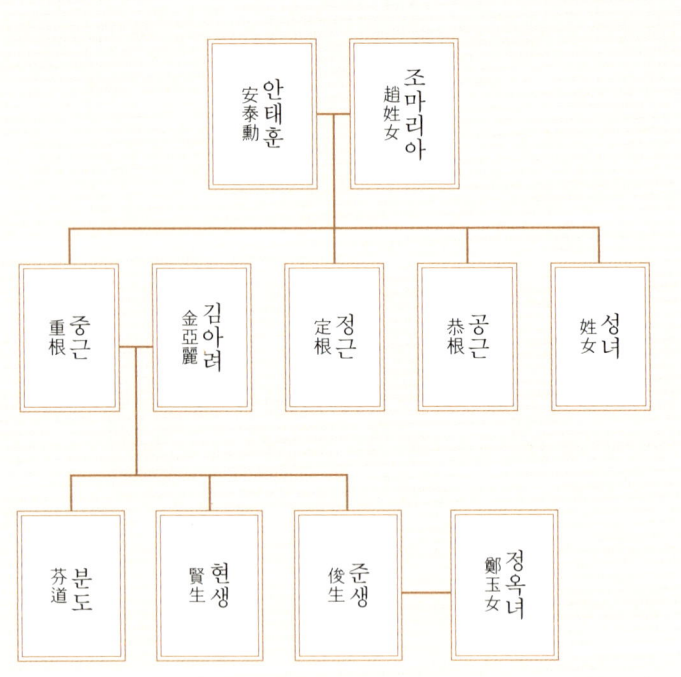

안 진사가 말한 '새벽 굼벵이'와 '저녁 모기'는 그때나 임정 시대나 지금이나 항상 있게 마련이다. 그래서 김구나 안중근 같은 지도자가 필요하고, 내면을 성찰할 종교와 사색이 필요한 것이 아닐까.

안중근 의사가 1910년 3월 15일 여순旅順 감옥에서 탈고한 '안응칠(安應七: 안중근의 아명) 역사'(훗날 《안중근 의사 자서전》이란 제목으로 출간된다)에서 밝힌 안 진사 집안의 청계동 이사 내력은 김구의 서술과는 차이가 난다. 이 옥중 수기에 따르면, 안태훈 진사는 1884년 갑신정변 당시 박영효朴泳孝가 선발한 해외 파견 유학생 70명의 일원으로 서울에 머물다가 갑신정변이 실패하고 박영효가 일본으로 망명하자 해주로 피신, 부친의 승낙을 받아 산속으로 들어가 구름과 달을 벗 삼아 지낼 생각으로 가산을 정리해 70~80명의 대가족을 이끌고 청계동에 터를 잡았다. 이때 중근의 나이는 예닐곱 살이었다고 한다.

1909년 10월 26일, 안중근 의사는 만주 하얼빈 역에서 조선 침략의 원흉 이토 히로부미伊藤博文를 저격, 처단했다. 김구는 안중근의 하얼빈 의거와는 직접 관련이 없지만 이와 관련해 체포된다. 송화읍에서 환등회幻燈會를 열 때였다. 태황제太皇帝인 고종의 사진이 등장하자 김구는 일본군 장교와 경찰까지 기립시켜 허리를 굽혀 절을 하게 했다. 그러고는 '한인이 일본을 배척하는 이유는 무엇인가'란 주제로 강연을 하면서 작심한 듯 강경 발언을 이어나갔다. 그때였다. 갑자기 경찰이 나타나 김구를 서鄂로 끌고 갔다. 환등회에서 강도 높은 연설을 했기 때문인 줄 알았으나 사실은 이토 저격 사건과 연루되었는지를

1909년 12월 중순 여순 감옥으로 면회를 온 두 동생 정근과 공근에게 유언을 하고 있는 안중근 의사. 김구는 안중근의 이토 히로부미 처단에 연루됐다는 혐의를 받고 투옥됐다가 한 달 만에 풀려났다.

캐기 위해 연행한 것이었다. 송화경찰서 유치장에서 한 달가량 수감 생활을 한 뒤 해주로 압송된 김구는 곧바로 투옥돼 집요한 신문에 시달리지만 결국 불기소 처분을 받고 풀려나게 된다.

　1937년 장사로 이동할 때 안중근 의사 부인 김아려金亞麗 여사를 비롯한 가족을 적지인 상해에 두고 온 것이 못내 마음에 걸렸던 걸까. 백범은 이듬해 임시정부를 광주로 옮긴 뒤 안정근, 안공근 형제를 다시 만나 안 의사 유족을 상해에서 광주로 탈출시켜야 한다고 강하게 주장하지만, 이번에도 그들은 난색을 표한다. 하기야 철도와 통신도 불통인 데다 감시의 눈길이 삼엄해 김구 역시 뾰족한 수를 찾기가 어려운 과제였다. 다만 유교적 전통에 입각한 의리義理를 중시하고 주어진 책임을 목숨 걸고 완수해야 한다는 사명감으로 철저하게 무장한 김구로서는 감내하기 힘든 상황이었다.

안중근 집안과 김구가 맺은 인연은 3대까지 이어진다. 안정근의 딸 미생美生은 김구의 맏며느리가 됐으며, 안공근의 장남 우생偶生은 광복 이후 대외 담당 비서로 김구를 보좌했다. 안우생은 좌우합작과 남북합작의 한복판에서 김구의 핵심 참모로 활약했으나, 결국 북에서 생을 마감한다.

> 너희들은 고국으로 돌아가서 동포들에게
> 각각 모두 나라의 책임을 지고
> 국민 된 의무를 다하여
> 마음을 같이하고 힘을 합하여
> 공로를 세우고
> 업을 이루도록 당부해다오.
> 대한 독립의 소리가 천국에 들려오면
> 나는 마땅히 춤추며 만세를 부를 것이다.
> _안중근 의사 최후의 유언

6 백두산을 향한 발길

Q 스무 살에 첫 해외여행을 떠난다. 이북 여러 지방을 거쳐 국경을 넘었는데 이 청국 기행에서 무엇을 얻었는가?

A 김형진金亨鎭은 안태훈 진사 사랑에서 만난 참빗 장수다. 나보다 열다섯 살 위로 학식은 출중하지 않았으나, 시국에 불만을 품고 무슨 일이든 하겠다는 결기가 보였다. 고능선 선생도 그와 면담을 해보더니 "머리가 되지는 않겠지만 남을 도와 일을 성사시킬 자질이 있다"고 평하셨다. 고 선생은 내게 김형진을 길동무 삼아 청국 기행을 떠나라고 권유하셨다. 나는 집에서 부리던 말 한 필을 내다 판 200냥을 노잣돈 삼아 견문도 넓히고 세상 구경도 할 겸 김형진과 함께 중국 여정에 올랐다(1895년 5월, 20세). 마지막 목적지는 북경으로 잡았다. 백두산도 둘러볼 계획이었다.

주유천하하듯 이북 각지를 여기저기 돌아다니며 온갖 구경을 하고 별별 일들을 겪었다. 강동 열파 장터에서 주정뱅이 노인한테 이유 없이 매를 맞은 적도 있었다. 억울했지만 참았다. 한신이 어릴 적 시정잡배의 시비에 휘말리지 않고 부랑배의 가랑이 밑을 기어서 지나간 고사를 이야기하며 김형진과 함께 서로를 위로했다.

　백두산 줄기가 남쪽으로 내달리며 조선 산맥의 큰 줄기를 형성하는 혜산진惠山鎭에 이르자 압록강 너머 중국인 민가에서 개 짖는 소리가 들려왔다. 중강(中江: 압록강 중상류)을 건너 중국 땅인 모아산帽兒山에 도착했다. 그러나 백두산 유람은 포기해야 했다. 100리에 두어 사람씩 만나게 되는 우리 동포들이 "중국인 도적떼 향마적嚮馬賊이 숲속에 숨어 있다가 행인을 총으로 쏘아 죽인 뒤 시신을 뒤져 소지품을 강탈해 간다"며 한사코 만류했기 때문이다.

　만주 지역을 두루 다니며 가난하지만 훈훈한 동포들의 인심을 접했다. 다만 변발에 중국옷을 입고 행세하는 호통사(만주어 통역인)들이 문제였다. 갑오년 난리(1894년 청일전쟁)를 피해 이 험한 산 속으로 온 우리 동포들은 화전을 일궈 연명하는데, 호통사들은 몇 마디 배운 만주어로 중국인들에게 붙어 동포 아낙들의 정조를 유린하고 금품을 빼앗는 등 입에 담지 못할 악행을 저질렀다. 가련한 농노의 피를 빨아 배를 채우는 흡혈귀 같은 자들의 횡포에 분노가 치솟았다.

　길 가던 중에 평안북도 벽동碧潼 사람 김이언金利彦이 청나라의 원조를 받아 의병을 일으키려 한다는 소문을 듣고 그를 만나려 압록강 건너 삼도구三道溝로 행선지를 바꾸었다. 그러나 직접 만난 김이언은 기대에 못 미쳤다. 힘과 용기가 뛰어나고 학식도 풍부하다고 들었지만, 마음의 용기는 부족한 사람으로 보였다. 아집이 지나쳐 다른 사람 의견을 받아들이는 도량이 부족했다.

　김이언은 의병 거사일을 11월 초(음력)로 잡았다. 얼음이 언 압록강을 건너 강계성까지 바로 쳐들어간다기에 계략을 물었더니 "이미 강

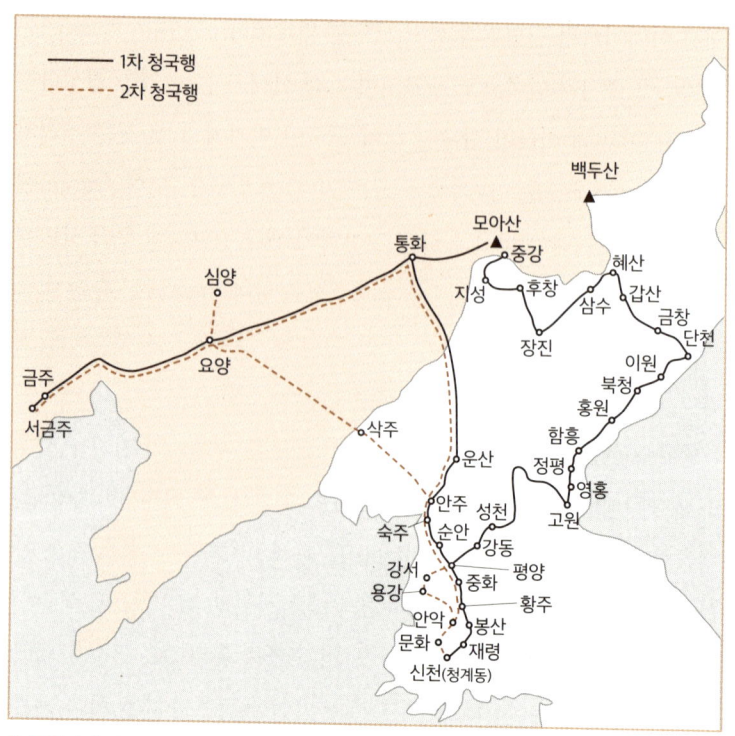

『노정약기』에 기록돼 있는 김구와 김형진의 청국 행로 지도

계 병영 장교들과 내통해 입성엔 아무런 걸림돌이 없다"고 대답했다. 그러나 세부 계획이나 전략, 돌발 상황에 대비한 방책은 허술하기 짝이 없었다. 청나라 군사들의 원조도 확약이 안 된 상태였다. 아무래도 못미더워 내가 몇 가지 제안을 했고 다수의 참모들이 합리적이라며 동조했지만, 김이언은 받아들이지 않았다. 김형진과 나는 일단 김이언의 고집에 따를 수밖에 없었다. 결과는 예상대로였다. 김이언 군대는

제대로 싸워보지도 못하고 참패했다. 의병들은 살 길을 찾아 뿔뿔이 흩어졌다. 나와 김형진도 도성 밖 빈집에 몸을 숨겼다가 다음 날 날이 밝기가 무섭게 귀향길에 올랐다.

김구는 중국 국경을 넘기 전 이북 지방 여기저기에서 보고 겪고 느낀 일들을 견문록을 적듯 상세히 기록하고 있다. 스무 살 청년의 눈에 비친 세상은 온통 경이롭고 배울 것투성이였으리라. 다리 한 개가 팔뚝보다도 굵은 꽃게 한 마리를 광주리에 이고 가는 함경남도 홍원洪原의 튼튼한 아낙, 조선에서 제일 큰 목교木橋인 함흥 남대천 다리(이성계가 명명한 '만세교萬歲橋'와 혼동한 것이다)를 건너자마자 본 조선에서 가장 큰 4대 물건 중 하나라는 장승, '봇(자작나무) 껍질' 지붕 위로 무성하게 풀이 자라는 집이 가득 들어찬 갑산甲山 마을 등 여로에서 마주친 사람과 사물, 지방의 특징을 실감나게 묘사하고 설명하며 나름의 소회를 곁들이고 있다. 김구는 화서학파인 고능선의 제자지만, 유림儒林과는 결이 다른 김삿갓(본명 김병연金炳燕: 조선 후기의 방랑 시인)의 시를 읊조리기도 한다.

김구는 특히 양서 지방(평안도와 황해도)보다 앞서 있는 함경도의 교육 제도에 깊은 관심을 기울인다. 군내에 생존 진사가 서른 명가량, 급제자가 일곱 명이나 된다는 북청北青을 방문해서는 '문화향文華鄉'으로 손색이 없다며 감탄한다. 도중에 노잣돈이 떨어져 여덟 마을을 구걸하며 다니는가 하면, 김형진과 서로 가는 길이 어긋났다가 함관령(함주와 홍원의 경계) 고개 아래 주막에서 극적으로 다시 만나기도 했다.

청년기에 청나라 기행을 함께했던 김형진의 유가족들을 환국 이후 경교장으로 초청, 옛일을 회상한 김구(1946년 9월 28일). 한번 인연을 맺으면 여간해선 잊지 않는 그의 성품을 잘 보여준다.

청나라(중국)가 다시 일어날 터이니 미리 잘 보고 오라는 스승의 분부로 떠난 청국 기행에서 김구는 청일전쟁(1894년) 때 전사한 서옥생徐玉生의 아들을 만나 장래를 도모하지만 어떤 성과를 낼 기회는 없었다. 요즘으로 치면 도보 배낭여행이어서 답사지 역시 중앙 정치와는 한참 거리가 먼 압록강 건너 길림성吉林省 몇몇 지역으로 한정될 수밖에 없었다. 그는 여기서도 조선인, 특히 부녀자들을 핍박하는 동포 출신 호통사들의 만행에 분개한다. 평생을 두고 약자와 억눌린 자의 의분을 온몸으로 대변한 백범의 기개가 글 곳곳에 녹아 있다.

김형진도 기행문 《노정약기路程略記》(1898년)를 남긴다. 《백범일지》 상권보다 30년 앞선 기록이다. 김구와 함께한 청나라 여정과 행적을 소상하고 세밀하게 기록해 관련 부분을 비교하는 데 유용한 자료로 연구자들에게 인정받고 있다. 다만 날짜나 장소는 《백범일지》보다 착각과 오기誤記가 덜한 반면, 부풀려진 내용이 많아 신빙성이 떨어진다는 평을 받고 있다.

의병장 김이언의 고집불통으로 인해 김구는 또다시 패전을 경험한다. 동학 때는 약졸弱卒로는 성공하지 못한다는 교훈을, 이번에는 소통이 중요하다는 것을 깨닫는다. 계급이 낮은 자의 의견이라도 귀담아듣고 수용하는 열린 자세를 가지자고 다짐한다.

후일담. 중국 여행을 하며 생사고락을 함께한 김형진과 김구는 평생의 동지가 됐다. 인천 감옥을 탈출해(1898년, 23세) 삼남 지방을 떠돌면서도 백범은 김형진의 소식이 궁금해 그의 고향(남원)을 찾아가기도 하는 등 애를 쓰지만 행방을 알 길이 없었다. 그러다가 전주 장터에서 우연히 만난 김형진의 동생을 통해 비보를 듣게 된다. 그가 육십 노모와 서른 살 아내, 여덟아홉 살 난 아들을 남기고 스무 날쯤 전 세상을 떴다는 것이다. 형진은 마지막 순간에도 "창수(백범)를 다시 못 보고 죽는 것이 한"이란 말을 남겼다고 한다. 김구는 광복 이후(1946년) 김형진 일가를 경교장으로 초대해 식사를 함께하며 옛일을 회상했다.

4장

절벽에선
붙잡은 손을 놓아야

1 망해가는 나라, 스승과 제자의 고뇌

Q 평생의 스승 고능선 선생 역시 안중근 가문과 맺은 인연 덕분에 만나게 됐다. 어떤 가르침과 깨달음을 얻었는가?

A 고능선 선생은 안태훈 진사의 사랑에 드나들던 기골이 장대하고 의관이 매우 검소한 50대 선비였다. 호는 후조後凋였는데, 안 진사는 이분을 지극히 공경해 높은 자리로 모시곤 했다. 후조는 의병장 의암毅庵 유인석柳麟錫과 동문으로, 황해도 일대에서 손꼽히는 성리학자였다. 안 진사가 의병을 일으킬 때 그를 청계동으로 모시면서 집안 세간까지 옮겨온 터였다.

하루는 고 선생의 요청으로 댁을 방문했다. 선생은 맏아들 원명元明을 불러 인사시켰다. 원명은 열대여섯 살 된 맏딸과 네댓 살 난 막내딸을 두고 있었다. 고 선생은 황공하게도 이런 말씀을 하셨다. "자네 이제부터 매일 내 사랑으로 와서 나와 같이 세상사도 논하고 학문도 토론하면 어떻겠는가?"

평소 존경하던 의기와 덕망을 갖춘 분에게서 나를 아끼고 사랑하는 마음이 충분히 느껴지는 말씀을 듣자 용기가 솟았다. 당시 내 심리 상태는 벼랑 끝에 선 듯 매우 절박했다. 과거에 얽힌 쓰라린 경험을 관상책 공부로 달래려다 내 관상이 너무 못난 데 낙심하고, 마음 좋은 사람이 되리라 다짐했지만 이 또한 방법이 묘연했다. 동학당에 발을 들여 새 나라의 새 국민을 갈망했으나, 이제 와 생각하니 바람 잡듯 헛된 꿈일 뿐이었다. 지금은 패장敗將 신세가 되어 안 진사 후의로 살고는 있지만 장래를 생각하면 캄캄하고 까마득해 가슴이 답답하던 참이었다. 과연 어떤 곳에 발을 디뎌야 나아갈 길을 찾을 수 있을까, 고민하던 차에 일생의 정신적 지주인 고 선생을 만난 것이다.

그러나 한편으론 부담스러웠다. 내게 저토록 고명한 선생의 사랑을 받을 자질이 있는가? 선생의 과분한 사랑을 받는다 해도 과거와 관상, 동학에 얽힌 일들처럼 아무런 효과도 못 내는 게 아닐까? 그리된다면 나 자신은 물론 아무 흠 없는 스승에게도 누를 끼칠지 모른다는 두려움이 일었다. 나는 "선생님, 저는 불과 스무 살에 일생의 진로를 스스로 속이고 그르치며 허다한 실패를 겪어 민망하기 짝이 없습니다. 선생님이 저의 자격과 품성을 살피셔서 좋은 점이 있다면 사랑해주시고 가르침도 주십시오" 하고 말씀드렸다.

이에 대해 선생은 "사람이 자기를 알기도 쉽지 않거늘 하물며 남을 어찌 밝히 알 수 있겠는가? 자네가 마음 좋은 사람이 되려 한다면 몇 번 길을 잘못 들어 실패나 곤란을 겪었더라도 마음 변치 말고 끊임없이 고치며 나아가게나. 목적지에 이를 날이 반드시 올 걸세. 실패는 성공의 어머니요, 고민은 즐거움의 뿌리라는 말이 있네. 나 같은 늙은이가 자네 앞길에 혹여 보탬이 된다면 이 또한 영광 아니겠는가? 내 눈빛이 미치는 데까지, 능력이 닿는 데까지 모든 역량을 다할 터이니 상심일랑 접고 날마다 나랑 같이 놀아보세" 하고 말씀해주셨다.

주리던 아이가 어머니 젖을 빨아먹은 것처럼 선생의 말씀은 내게 크나큰 힘과 위안이 돼주었다. 밥을 안 먹어도 배고픈 줄 모르겠고, 선생이 죽으라면 진짜로 죽을 수도 있을 것 같았다.

선생은 주로 의리에 대해 말씀하셨다. 재주와 능력이 아무리 뛰어나도 의리를 벗어나면 재능이 도리어 화근이 된다, 사람은 마땅

후조 고능선. 안태훈과 더불어 청년 김구의 진면목을 알아본 정신적 지주였다. 24세의 나이 차이를 뛰어넘어 사제 간에 고뇌 어린 대화를 나누었다. 김구를 무척 아껴 손녀사위로 삼으려 했다.

히 의리에 근본을 두고 처세해야 한다, 일을 할 때는 판단-실행-계속의 3단계로 성취해야 한다, 등등. 늘 내게 보여주기 위해 책장을 접어두었다가 들쳐 보이곤 하셨는데 그것만으로도 선생이 나를 얼마나 열심히 가르치려 하는가를 알 수 있었다. 말과 마음으로 내 정신의 떨어진 곳을 기워주고 내 재질의 빈 구석을 채워주셨다.

밤 깊고 인적 고요할 때면 고 선생과 마주앉아 국사國事를 논의했다. 선생은 나라의 명운이 다해감을 안타까워하셨다. "만고천하에 흥해보지 못한 나라, 망해보지 않은 나라가 없다네. 종전엔 토지와 백성은 가만두고 군주 자리를 빼앗고 빼앗기는 일만으로 흥망을 논했지만, 지금의 망국이란 타국이 국토와 백성과 주권을 죄다 강제로 집어삼키는 것이지. 우리나라도 필경은 왜놈한테 망하게 됐네. 조정 대관

들은 전부 누구는 러시아, 누구는 영국이나 미국, 누구는 일본과 친하게 지내 자기 지위를 굳히려는 생각들뿐이라네. 벼슬하지 않는 재야의 지조 있는 학자들마저 혀를 차며 한탄만 하고 있을 뿐 누구 하나 구국의 경륜을 보이지 않고 있으니 큰 유감일세. 나라도 신성하게 망하거나 더럽게 망하게 되는데, 이러다가 우리나라는 더럽게 망하게 될 판이네. 백성과 신하가 끝까지 싸우다 의롭게 죽으면 신성한 망함이요, 적에게 아부하다 항복하면 더러운 망함이라네. 세상에 망하지 않는 나라 없고 죽지 않는 사람 없거늘, 자네나 나나 죽음으로 충성하는 일사보국—死報國, 오직 한 가지 일만 남아 있다네."

선생은 슬픈 낯빛으로 나를 보았다. 나도 울면서 물었다. "망할 것으로 하여금 망하지 않게 할 방침은 정녕 없습니까?"

그러자 선생은 말씀하셨다. "기왕 망할 나라라도 망하지 않도록 힘써보는 게 백성 된 자의 도리고 의무지. 지금 조정 대신들처럼 무조건 외세에 영합하지 말고 청국과 연합할 필요가 있네. 지난해 청일전쟁(1894~1895)에서 일본에 진 청나라도 복수전을 벼르고 있을 걸세. 적당한 인재가 청나라에 가 사정도 살피고 그쪽 인물과 연을 맺어 훗날 한 목소리로 대처하는 일이 긴요한 때인데, 자네가 한번 가보려나?"

나는 흔쾌히 떠나기로 약조하고, 안 진사와도 상의하는 게 어떻겠느냐고 물었다. 그러나 선생은 부정적이었다. "요즘 보니 안 진사는 서양 오랑캐들의 천주학에 마음이 팔려 있더군. 출국 문제는 말하지 않는 편이 좋겠네. 자네가 청국을 살펴본 다음 좋은 기회가 생기면 그때 상의해도 늦지 않을 걸세. 그러니 이번 일은 비밀에 부치고 조용히 떠나게나." 나는 선생의 말씀에 수긍하고 출발 준비에 들어갔다.

위의 글은 일생의 스승 고능선과의 만남을 《백범일지》에서 간략히 정리한 내용이다. 청년 김구의 고뇌하는 심경과 스승의 영향을 받은 국가관 그리고 구국 철학이 담긴 의미 있는 대목이다.

고능선은 안태훈과 더불어 청년 김구의 진면목을 알아본 또 한 사람의 스승이다. 정학군자正學君子라 이를 만큼 꼿꼿한 선비의 풍모를 지녀 고산림高山林으로도 불렸다. '산림'이란 학덕을 겸비했지만 벼슬하지 않고 초야에 묻혀 사는 선비를 일컫는다. 조선 후기엔 국가의 예우를 받아 조정 일에 조언하는 유학자를 가리키기도 했다. 선조부터 철종까지 114명의 산림이 있었는데, "열 정승이 한 왕비만 못하고, 열 왕비가 한 산림만 못하다"는 말이 있을 만큼 정치적 영향력이 컸다.[*]

후조 고산림은 모든 역량과 지혜를 자양분으로 삼아 백범이라는 '될성부른 나무'를 키우려고 애를 썼다. 나라가 망하면 식민시 백성이 된다는 사실을 일깨우고, 망하는 나라 백성이라 해도 끝까지 싸우다 의롭게 죽는 길을 택하게 하였고, 이는 김구에게 평생의 교훈이 되었다. 경술국치 15년 전의 일이다.

고능선은 김구의 청국행을 안태훈에게 알리는 데 반대한다. 두 사람의 생각은 이 무렵부터 달라지기 시작했고, 김구가 청국 기행에서 돌아왔을 때는 틈이 훨씬 더 벌어져 있었다. 명성황후 시해와 단발령으

---

[*] 우인수, 《조선 후기 산림 세력 연구》(일조각, 2002); 이우성, 〈조선유교정치와 산림의 존재〉, 《한국의 역사상》(창작과비평사, 1982) 참고

로 민심이 들썩거렸다. 김구는 이 문제를 고 선생과 상의하고 안 진사와 더불어 의병 거사를 도모하려 했다. 그러나 안태훈은, 승산 없는 의병은 일으킬 생각이 없으니 천주님을 믿으며 나중에 기회를 보겠다는 입장이었다. 게다가 지금 당장 머리를 깎아야 한다면 그럴 의향이 있다고까지 말하자, 고능선은 "진사, 오늘부터 끊네!" 하고 단호하게 절교를 선언했다. 그러고는 두 말 없이 자리를 물러났으니 백범은 얼마나 곤혹스럽고 난처했을까. 기울어져가는 나라에서 밀려오는 외세에 어떻게 대응할 것인가? 이 땅의 우국지사들은 고뇌가 깊었고, 방법론 차이로 오랜 우정과 신의에 금이 갔다. 친청親淸 봉건적인 고능선과 진보 개혁적인 안태훈도 그렇게 갈라섰다.

그즈음 천주교와 단발령에 대한 김구의 생각을 《백범일지》에서 읽을 수 있다.

> 우리 땅에서 일어난 동학은 토벌하고 서양 오랑캐의 서학西學을 한다는 안 진사의 말이 매우 괴이하게 들렸다. 모름지기 의리 있는 선비라면 '목을 자를지언정 머리카락은 자를 수 없다, 이승에서 머리를 깎느니 차라리 목 잘린 저승 귀신이 되겠다'는 의기 드높을 때이건만, 안 진사가 단발할 속내까지 드러냈으니 이는 의리가 없다는 말과 무엇이 다르겠는가?

고능선의 영향을 받은 김구의 사고가 아직은 봉건적 애국주의에서 벗어나지 못하고 있음을 알 수 있는 대목이다.

2   국모를 시해한 원수를 갚기 위해

Q 1896년 3월 9일, 스물한 살 청년의 인생은 새로운 전환점을 맞는다. 한 편의 활극 같은 '치하포 의거'의 전말은 무엇인가?

A 치하포에 도착한 나는 같은 배를 탔던 일행과 여관을 겸하고 있는 나루터 주인집에 묵었다. 온종일 빙산과 씨름하느라 몸이 물먹은 솜처럼 무거웠다. 풍랑으로 인해 오도 가도 못하는 손님들로 세 칸 여관방이 모두 붐볐다. 자정이 넘자 방방마다 코 고는 소리만 요란했다. 빙산과 사투를 벌인 우리 일행도 방 세 칸에 흩어져 잠을 자고 있었다.

쉽사리 눈을 못 붙이다 설핏 잠이 들려는데 먼저 온 투숙객들이 하나 둘씩 깨어나 주위가 소란스러워졌다. 잠시 후 아랫방부터 시작해 가운데 방과 윗방까지 아침 밥상이 들어왔다. 그때 한 사내가 내 시선을 끌었다. 단발인데 중간 방에 앉아 누군가와 수인사를 나누고 있었다. 한복 차림에 성은 정 씨고 황해도 장연 사람이라고 소개를 했지만 왠지 수상쩍었다. 말투가 장연 말이 아닌 서울말이었다. 자세히 살펴니 흰 두루마기 밑으로 얼핏 칼집이 보였다. 촌로들은 그를 조선인으로 아는 눈치였으나 내가 보기엔 왜놈이 분명했다. 옆 사람이 행선지를 묻자 진남포에 가는 길이란다.

나는 놈의 행색을 놓고 곰곰 추리해보았다. 진남포 맞은편 기슭인 이곳은 날마다 여러 명의 왜인이 자기들 본래 행색으로 통행하는 곳이다. 저놈도 보통 장사치나 기술자라면 굳이 조선 사람 행세를 할 필요가 없었을 것이다. 그렇다면 혹시 저놈은 우리 국모를 시해한 미우라(三浦梧樓: 을미사변을 주도한 육군 중장 출신 조선 주재 일본 공사)가 아닐까? 지금 을미의병乙未義兵*으로 온 천지가 떨쳐 일어나니 인근 어딘가로 피신해 당분간 은둔하려는 게 아닐까? 만약 미우라가 아니더라도 공범이거나 하수인일 것만 같았다. 갑자기 내 안에서 끓는 피가 뜨겁게 솟구쳤다. 어쨌든 변장한 채 칼을 차고 숨어 다니는 왜인이라면 우리 민족의 독버섯인 것만은 명백한 사실 아니겠는가? 내 저놈 하나를 죽여서라도 국가의 치욕을 씻어보리라!

먼저 주위 환경을 살피고 내 역량을 가늠해보았다. 40여 명 손님 가운데 놈의 패거리가 몇인지는 모르지만, 일단 놈 옆에서 말을 섞고 있는 10대 후반 총각이 눈에 거슬렸다. 나는 혈혈단신에 빈손 아닌가? 섣불리 움직였다가 내 목숨만 놈의 칼날에 날아가는 것이나 아닐까? 그러면 내 의지와 목적은 세상에 알리지도 못하고 도리어 도적놈이란 누명을 쓴 채 시체 하나만 달랑 남기고 죽는 셈이다. 또 내가 빈손으로

---

* 명성황후 시해 사건(1895년 8월 을미사변)과 뒤이은 단발령 공포(같은 해 11월)에 항거해 이듬해 1월부터 전국 각지에서 일어난 의병운동.

단숨에 저 왜놈을 죽일 수 있을까? 만약 죽기를 각오하고 대들더라도 주위에 있는 이들이 말리는 틈에 저놈의 칼이 내 몸을 꿰뚫지 않을까? 이런저런 생각이 꼬리에 꼬리를 물면서 가슴이 심하게 울렁거렸다.

내가 스스로를 진정시키고 결단하게 한 것은 후조 고능선 선생의 가르침, 이 한마디 때문이었다. 그래, 벼랑에 매달려 나뭇가지를 잡은 손마저 놓는 자라야 장부라지 않았더냐(1장 4절 참고).

그렇게 죽을 작정을 굳히자 가슴속에서 일렁이던 파도가 어느새 잔잔해지고 백 가지 계책이 떠오르기 시작했다. 우선 유숙객 모두와 동네 사람 수백 명을 눈에는 보이지 않는 노끈으로 묶어 움직이지 못하게 하리라. 왜놈이 만약 조금이라도 불안한 분위기를 감지한다면 대비할 테니 일단은 아무 눈치도 못 채도록 안심을 시킨 다음 나 혼자만 자유자재로 일인극을 연출하리라.

나는 주인을 불러 호기롭게 말했다. "내가 오늘 700리 산길을 걸어 넘어가야 하니 밥을 일곱 상만 더 차려다 주시오."

주인은 나를 아래위로 훑어보더니 대꾸도 없이 혼잣말처럼 "젊은 사람이 불쌍도 하다. 미친놈이군!" 한마디 던지고는 내실로 들어가 버렸다.

나는 왈가왈부하는 주변 사람들보다 왜놈의 동태에 신경을 곤두세웠다. 그는 별반 경계하는 빛도 없이 중문 밖 문기둥에 기대어 밥값 계산하는 총각 아이를 지켜보고 있었다. 때는 지금이다! 천천히 몸을 일으킨 나는 벽력같이 호통을 치며 왜놈을 발길로 차 계단 아래로 떨어뜨렸다. 그러고는 곧바로 쫓아 내려가 놈의 목을 힘껏 밟았다.

나는 문마다 다투어 머리를 내밀거나 몰려나오는 이들을 향해 엄포를 놓았다. "누가 됐든 이 왜놈을 돕기 위해 내게 달려드는 자는 모두 죽이고야 말리라."

 고함을 채 마치기도 전에 내 발에 짓밟혔던 왜놈이 새벽 달빛에 칼날을 번뜩이며 달려들었다. 얼굴로 날아드는 칼을 피하면서 왜놈의 옆구리를 발길로 차 거꾸러뜨린 다음 칼 잡은 손목을 힘껏 밟자 칼이 땅바닥에 떨어졌다. 나는 놈을 머리끝부터 발끝까지 칼로 처단했다. 붉은 피가 살얼음이 언 마당으로 흘러내렸다. 나는 놈의 피가 얼굴에 묻은 채로 핏자국이 선명한 칼을 들고 방으로 들어가 호통을 쳤다. "아까 왜놈을 위해 내게 달려들려던 놈이 누구냐?"

 미처 도망가지 못한 자들이 엎드려 빌면서 변명을 늘어놓았다. "장군님, 살려주십시오. 소인은 그자가 왜놈인 줄 모르고 흔히 있는 싸움으로만 알고 말리려 했던 겁니다."

 그때 주인 이화보李和甫가 겁에 질린 얼굴로 나타나 무릎을 꿇고 엎드렸다. "소인이 눈은 있지만 눈동자가 없어 장군님을 업신여겼으니 죽어도 마땅하고 여한은 없습니다. 다만 저 왜놈한테는 밥 팔아먹은 죄밖엔 없습니다."

 "이놈이 왜놈인 줄은 어찌 알았느냐?"

 "소인이 나루터 객주를 하는 탓에 왜인들이 종종 제 집에 묵습니다. 그러나 한복 입고 온 왜인은 저도 오늘 처음 봅니다."

 "이놈은 복색뿐만 아니라 조선말도 능하거늘 네 어찌 왜놈인 줄 알았느냐 말이다."

 "몇 시간 전 황주黃州에서 목선을 타고 온 뱃사람들한테 들어 알았습니다."

나는 그 뱃사람들을 데려오라 일렀다. 그들의 말과 왜놈의 소지품에서 얻은 정보로 놈의 이름은 스치다 조스케土田讓亮, 직위는 일본 육군 중위임을 알았다. 가진 돈은 800냥 남짓이었다. 나는 그놈 돈으로 뱃삯을 지불하고, 나머지는 이화보에게 지시해 마을의 가난한 집들에 나눠주도록 했다. 놈의 시체는 바다에 던져 물고기 밥으로 주라고 이른 다음 포고문을 써 벽에 붙였다.

"국모(민비)를 시해한 원수를 갚기 위해(國母報讐: 국모보수) 이 왜놈을 죽였노라. …… 해주 백운방 텃골 김창수."

그러고는 다시 이화보에게 명령했다. "네가 이 동네 동장이라 하니 안악군수에게 사건의 전말을 알려라. 나는 집으로 돌아가 연락을 기다리겠다. 왜놈의 칼은 내가 가져간다."

겉으로는 태연자약했지만 속으로는 매우 불안하고 조급했다. 만약 동네 사람들이 내 발길을 막는다면 왜놈들이 몰려와 나를 죽일 게 분명했기 때문이다. 그래서 일부러 느릿느릿한 걸음으로 치하포를 떠났다. 고개를 넘어 그들이 더는 나를 볼 수 없게 되자 신천읍으로 향하는 발걸음이 급해지고 빨라졌다. 1896년 3월 9일(21세)은 그렇게 저물었다.

작전 암호명 '여우 사냥'으로 불리는 일제의 명성황후 시해 사건(1895년 8월 20일, 20세)이 발생하자 의병장 유인석은 변란에 처한 선비들이 선택할 수 있는 세 가지 행동 지침으로 '처변삼사 處變三事'를 제시한다. 바로 거의소청(擧義掃淸: 의병을 일으켜 적을 물리칠 것), 거지수구(去之守舊: 은둔하여 옛것을 지킬 것), 치명수지(致命遂志: 목숨을 끊어 뜻을 이룰 것)이다. 유인석은 이중 '거의소청'을 택해 을미의병을 일으킴으로써 선비의 저항 정신을 실천했다. 1909년 10월 26일 침략의 원흉 이토 히로부미를 처단한 안중근 의사는 '내가 이토를 죽인 이유 열다섯 가지' 가운데 첫째로 '명성황후를 시해한 죄'를 내세웠다. 사건 발생 10여 년이 지나도 민족에게는 씻을 수 없는 치욕을 안겨준 참사였던 것이다.

1896년 2월, 제2차 청국 기행에 나섰던 김구는 안주安州에서 다시 발길을 돌린다. 1월부터 전국 곳곳에서 의병이 봉기한 데다 아관파천, 단발령 정지(2월) 등의 소식을 듣고는 지금은 일단 국내로 돌아가 할 일을 찾아야 한다고 보았기 때문이다. 김구의 인생을 송두리째 바꾸고 그를 일약 전국적인 유명 인사로 만든 치하포 사건은 이로 인해 일어났다. 국모 시해로 인한 순간적 의분이 초래한 조건반사적 돌발 행동이지만, 이 의거는 김구의 일생을 통해 '훈장'과 같은 상징적 사건이 되었다. 《백범일지》에도 어떤 장면보다 생생히 묘사해두었다.

"사람의 일은 모름지기 밝고 떳떳해야 하오. 세상을 속이고 구차히 사는 것은 사나이 대장부가 할 일이 못 됩니다." 스치다를 죽인 김구는 "본가로 가지 말고 다른 곳으로 피신하라"는 동학당 동지에게 이렇게 말한다. 그는 집으로 돌아가 그동안 있었던 일을 부모에게 낱낱이 말씀드렸다. 부모 역시 피신을 권하지만 듣지 않았다. "이 한 몸 희생해 만인에게 교훈을 줄 수 있다면 죽더라도 영광된 일입니다"라고 말하는 아들에게 아버지는 이렇게 응답한다. "내 집이 흥하든 망하든 네가 알아서 해라." 그런 아버지와 어머니는 아들 때문에 끝까지 고생하다가 돌아가신다.

명성황후의 장례식은 시해된 지 2년도 더 지난 1897년 11월에 국상으로 치러졌다. 치하포 사건은 국모를 잃은 청년 김구의 울분이 격앙되어 폭발했다. 안중근 역시 이토 히로부미를 죽인 15개 이유 중 첫 번째로 국모 시해 사건을 든다.

스치다 처단 사건은 피 끓는 애국 청년의 처절한 절규였다. 조선인이 살아 있음을 내외에 과시한 의거였다. 나라의 왕비(명성황후)를 무참히 시해한 일본인에게 복수를 하지 않으면 이는 국가적 수치이고 민족 자존심에 먹칠을 하는 일이었다. 유교의 윤리관, 동학혁명의 영향, 조선인으로 태어난 자의 의무와 사명감이 백범을 행동하게 했다. 스승 고능선에게 배운 "절체절명의 시기엔 죽기를 무릅써야 한다. 그것이 사내대장부다(절벽에서 살려고 나뭇가지를 붙잡지 말고 차라리 놓아버려라)"라는 가르침이 살아 움직인 결과였다.

처단 이후 김구의 행동도 예사롭지가 않다. 금전엔 손을 대지 않고 살해 동기와 자기 이름, 주소까지 당당히 밝힌다. 집에 돌아갔을 때도 주위에선 피신을 권했으나 한사코 거부한다. 재판 과정을 통해 조정 대신들을 각성시키고, 일본인들을 질타하겠노라고 결심한다. 당시 치욕스런 시대 상황에서 의義를 위해 기꺼이 한 목숨 던질 각오를 한 김구의 사생관을 읽을 수 있다. 바로 '일사보국—死報國'(4장 1절 중 '고능선과의 대화' 참고)의 비장하고도 처절한 몸부림이다.

이 사건은 사흘 뒤인 3월 12일 평양 주재 일본 영사에게 보고된다. 일본 경찰은 3월 15일 사건 현장에 도착했으나 시체를 찾지 못하고 용의자와 목격자를 연행해 간다. 일제는 외무대신 이완용李完用, 내무대신 박정양朴定陽 등에게 조속한 범인 색출과 의법 조치를 강력히 요구한다. 해주부는 4월 19일 범인은 김창수라고 보고한다. 그러나 아관파천과 관찰사의 연이은 사퇴 등으로 정세가 뒤숭숭해 수사는 미뤄진다. 사건 발생 이후 석 달도 더 지난 6월 21일 새벽, 김구는 전격 체포돼 해주 감옥에서 첫 수감 생활을 하게 된다.

김구가 죽였다는 일본인 장교 스치다의 신분에 대해서는 논란의 여지가 없지 않다. 그가 육군 중위였음을 증명하는 소지품이 무엇인지는 《백범일지》에도 언급돼 있지 않고, 당시 사건을 수사한 일본 경찰은 그를 조선에 장사하러 온 상인이라고 보고했다. 하지만 명성황후 시해와 관련해 밝혀진 용의자만 하더라도 현역 군인뿐만 아니라 이른바 낭인浪人들, 전직 군인, 무직자, 교사, 잡화상, 신문기자 등 다양한 사람들이 있었으며, 김구는 일생 동안 스치다를 일본군 장교로 믿었다.

명성황후 시해 사건이 촉발한 을미의병은 단발령 철폐 이후 점차 힘이 약해져 그해 9월 무렵엔 해산 직전에 이르게 된다. 같은 해 4월 독립신문이 창간되고, 7월에는 서재필徐載弼 등이 주도하여 독립협회가 탄생한다.

　명성황후를 시해할 때 휘두른 '히젠토肥前刀'라는 칼이 후쿠오카의 구시다 신사櫛田神社에 보관돼 있다. 이런 사실을 모르고 이 신사를 방문해 참배하거나 소원을 빌며 기도하는 한국인들도 있다고 하니 생각해볼 일이다.

3 감옥 안에서 '대장'이 되다

Q 모진 고문과 병으로 간수에게 업혀 법정에 들어설 정도였음에도 명성황후를 시해한 일본과 나약한 조선 관리들을 통렬히 꾸짖었다. 가장 어려운 환경에서도 당당했는데 이런 힘은 어디에서 비롯됐는가?

A 해주 감옥에 갇혀 첫 신문을 받던 날(1896년 6월 27일, 21세), 감리 민영철閔泳喆이 내게 씌운 죄목은 세 가지였다. 첫째, 동학 농민 봉기 때 동산평의 일본인 미곡 탈취 사건. 둘째, 장연에서의 산포수 거사 사건. 셋째 치하포 사건. 나는 다리뼈가 허옇게 드러나는 모진 고문을 당하면서도 치하포 사건 연루만은 극구 부인했다. 서울로 이송돼 조정 고관들 앞에서 그들을 꾸짖으며 일본인 살해 동기를 밝히고 싶었기 때문이다. 내 왼쪽 다리 정강마루에 생긴 큰 흉터는 그때 받은 주리 틀기 고문으로 생긴 것이다.

7월 초에 나는 인천 감옥으로 이감됐다. 갑오경장 이후 외국인 관련 사건을 다루는 특별 재판소가 거기 생겼기 때문이다. 나보다 먼저 압송돼 갇혀 있던 이화보가 무척 반겼다. 내가 그의 무죄를 입증해주리라 기대했기 때문이다. 그에게서 왜경들이 내가 벽에 써 붙인 포고문을 떼어 감추고 나를 살인강도로 꾸며놓았다는 이야기를 들었다.

8월 마지막 날, 인천 감옥에서 첫 신문이 있었다. 장티푸스로 반은 죽은 목숨이었던 나는 간수 등에 업혀 경무청으로 들어갔다. 죽기 전에 왜놈 죽인 취지를 분명히 밝히기로 작심했다. 도적을 신문하는 살벌한 형구가 위압감을 주었다.

경무관 김윤정金潤晶이 물었다. "치하포에서 3월 9일에 일본인을 살해했느냐?"

물을 한잔 청해 마신 후 큰 소리로 말했다. "그날 내가 그곳에서 국모의 원수를 갚기 위해 왜구 한 명을 때려죽인 사실은 있소."

법정 안엔 돌연 무거운 침묵이 감돌았다. 내 옆 의자에 앉아 신문 과정을 지켜보던 일본 순사 와타나베渡邊가 주위가 갑자기 조용해지자 의아했는지 통역에게 까닭을 묻는 것 같았다. 때를 놓치지 않고 나는 "이놈!" 하고 호통을 치면서 죽을힘을 다해 외쳤다. "지금 이른바 만국공법萬國公法이나 국제공법國際公法 어디에 국가 간에 통상 화친 조약을 맺어놓고 그 나라 임금을 시해하라는 조문이 있더냐? 이 개 같은 왜놈아, 너희는 어찌하여 우리 국모를 시해했느냐? 내가 죽으면 귀신이 되어, 또 살면 온몸으로 네 임금을 죽이고 왜놈을 씨도 안 남기고 모조리 죽여버려 우리나라의 치욕을 씻으리라."

통렬히 꾸짖는 서슬에 겁을 먹었는지 와타나베는 "칙쇼우, 칙쇼우(蓄生: 본뜻은 '짐승'이지만 주로 '빌어먹을', '개새끼' 등의 의미로 쓰이는 일본어)!" 하면서 대청 뒤쪽으로 도망쳤다. 실내 분위기가 가라앉고 긴장이 고조되기 시작했다. 잠시 후 감리사 이재정이 법정으로 들어와 상석에 앉았다. 하급 관리들이 위에서 시키지도 않았는데 자진해서 찻물을 가져왔다. 목을 축인 나는 이재정에게 따지듯 물었다.

"나는 시골의 일개 천민이지만 백성의 의리로 국가가 치욕스런 일을 당하고 푸른 하늘 밝은 태양 아래 내 그림자조차 부끄러워 왜구 한 명을 죽였습니다. 그러나 아직 우리 동포가 왜인들의 왕을 죽여 복수했다는 말은 듣지 못했습니다. 지금 당신들은 몽백(蒙白: 국상을 당해 소복을 입고 백립을 쓰는 것. 당시 명성황후 시해 사건으로 국상 기간이었다)을 하고 있는데, 춘추대의(春秋大義:《춘추》에서 공자가 보여준 엄정한 비판 의식과 역사 인식을 이르는 말)에서 나라님의 원수를 갚기 전까지는 몽백을 아니한다는 구절도 읽어보지 못했습니까? 한갓 헛된 부귀영화와 국록을 도적질하는 더러운 마음으로 어찌 임금을 섬긴단 말입니까?"

이재정과 김윤정을 비롯한 수십 명 관리들의 얼굴이 내 말에 한순간에 달아올랐다. 이재정이 마치 하소연하듯 말했다. "창수 말을 들으니 충의와 용기가 실로 놀라워 내가 오히려 당혹스럽고 부끄럽기 짝이 없습니다."

김윤정은 내 병세가 심상치 않음을 보고 도로 하옥시키도록 명했다. 나를 업고 나간 간수는 자식이 걱정돼 그때까지 경무청 문 밖에 서 계시던 내 어머니를 보더니 이렇게 말했다. "어쩌면 이처럼 호랑이 같은 아들을 두셨습니까?"

감옥에서 나는 또 한바탕 소동을 일으켰다. 간수들이 나를 다시 도적 죄수들 방에 가두고 차꼬를 채우는 데 분개해 호통을 친 것이다. "전엔 내가 의사 표현을 하지 않아 나를 강도 취급하든 도둑놈 대우하든 입 다물고 있었다. 그러나 오늘 정당하게 내 뜻을 밝혔는데도 이따위로 홀대한단 말이냐? 땅에 금만 긋고 감옥이라 해도 나는 도망갈 사람이 아니다. 너희는 왜놈을 기쁘게 하려고 내게 이런 험한 대우를 하는 것이냐?"

내가 어찌나 요동을 쳤던지 나를 중심으로 네 명씩 좌우로 같은 차꼬에 발목을 넣고 있던 죄수들이 발모가지가 부러진다며 야단법석을 떨었다. 이 광경을 지켜본 김윤정이 간수를 꾸짖었다. "김창수는 다른 죄수들과는 다르고 중병이 들지 않았느냐? 얼른 좋은 방으로 옮겨 몸을 풀어주고 잘 보살펴드려라."

나는 감옥 안에서 '대장'이 됐다. 면회 오는 어머니 얼굴에도 화색이 돌기 시작했다. "얘야, 네가 신문 받고 나온 뒤 경무관이 보약 지어 먹이라고 150냥을 보냈단다. 주인 내외는 물론 사랑손님들도 나를 매우 존경스런 눈빛으로 대하면서, 옥중에 있는 아드님이 자시고 싶어 하면 무슨 음식이든 다 해준다고 하더라."

내 얼굴을 보려고 면회를 청하는 이들이 날이 갈수록 늘기 시작했다. 생판 모르는 사람들이었다. 수백 명의 관원들이 만나는 사람마다 붙잡고 "제물포가 개항하고 감리서가 문을 연 이래 처음 보는 희귀한 사건"이라며 입에 침이 마르도록 떠벌렸기 때문이다. 담당 관원에게 내 신문 날짜를 미리 알려달라는 청탁이 빗발친다는 이야기도 들렸다.

2차 신문일(1896년 9월 5일)에도 나는 간수 등에 업힌 채 경무청으로 갔다. 주변은 인파로 뒤덮였고, 청사 안엔 각 관청 관리와 항구 유력자들이 다 모여 있는 듯했다. 담장과 지붕 위까지, 경무청 뜰이 보이는 곳이라면 어디든 구경꾼들이 발 디딜 틈도 없이 올라가 있었다.

법정에서 내 곁으로 김윤정이 슬쩍 지나가며 나지막이 말을 흘렸다.

"오늘도 왜놈이 왔으니 기운껏 호령하십시오."

와타나베가 뒷방에 앉아 있었다. 나는 그를 매몰차게 꾸짖고 감옥으로 돌아왔다. 그후 내 의기를 사모한다면서 면회 오는 사람들 숫자가 더욱 많아졌다. 그들은 정성껏 차린 음식상을 들고 왔다. 몇 점 먹는 성의를 보이고는 음식을 남겨 죄수들에게 차례로 나누어주었다.

해주 감옥에 있을 때는 부모님 모두 감옥 근처로 오셨다. 수감자의 식사는 가족이 챙겨야 하던 시대였다. 어머니는 밥을 빌어다 먹이는 옥바라지를 하셨고, 아버지는 없는 살림에도 융통한 돈으로 하급 관리들을 구슬려 나를 풀어주려고 애쓰셨다. 그러나 사건이 하도 중대해 아무런 효과도 없었다.

해주에서 인천으로 감옥을 옮기자 부모님은 걱정이 더 깊어지셨다. 아버지는 옥바라지를 위해 고향 집과 살림살이를 처분하려고 일단 귀향하셨다. 이감 가는 나를 따라오신 어머니는 감리서 인근의 규모가 큰 물상객주(物商客主: 상인들에게 숙식을 제공하거나 물품을 흥정 붙이는 일을 주로 하던 사람) 집에서 식모살이를 하셨다. 감옥에 있는 아들에게 하루 세 끼를 가져다주는 조건으로 그 집에 들어가셨다.

가장 가슴 아픈 것은 내가 인천 감옥에서 탈출해 정처 없이 떠돌아다닐 때 해주에 계시던 부모님이 순검들에게 체포돼 아들을 대신해 모진 고초를 겪으셨던 일이다. 내가 수감됐던 인천 감옥에서 별의별 형벌을 당하시고 어머니는 풀려나셨지만, 아버지는 1년 가까이 갇혔다가 석방되셨다. 두 분은 텃골 집에 머물면서 생사조차 알 길 없는 자식을 기다리며 꿈자리만 사나워도 종일 음식을 입에 대지 못하셨다고 한다.

육신은 가두어도 정신은, 영혼은 가둘 수 없었다. 일제의 국권 침탈로 이미 속국이나 마찬가지가 된 나라에서 감옥은 백범에게 '감옥 안의 감옥'에 불과할 따름이었다. 아니, 오히려 김구는 감옥 안에서 나름대로 독립을 쟁취했다. 목숨에 연연하지 않았다. 죄수뿐만 아니라 간수, 뭇 백성들에게까지 공감대를 넓혀갔다. 어느 순간 백범은 감옥 안에서 '대장'이 돼 있었고, 그의 명성은 감옥 담장을 훌쩍 뛰어넘어 바깥세상 멀리까지 퍼져나가기 시작했다. 육신보다 정신이 먼저 탈옥해 있었다.

김구가 감옥 안에서 경외의 대상이 되기까지는 이화보의 역할도 작지 않았다. "김창수 장군님은 지혜와 용기를 겸비해 문으로든 무로든 당할 자가 없고, 하루 걸음으로 700리를 가며, 한 끼에 밥을 일곱 그릇이나 먹는다"고 틈만 나면 떠벌려댔다. 허풍이 섞인 말이지만, 어쩌면 이화보는 실제로 김구를 그런 사람으로 알고 또 믿었는지도 모른다.

국난國難에 임해 영웅이 등장하고 위기에 지도자가 나온다. 이 한 몸 나라 위해 던지기로 한 청년 지사 김창수(백범)는 어엿한 지도자로 영글어간다.

4 탈옥수 김창수

Q 일본 장교를 처단한 후 스스로 감옥에 들어간 것이나 다름없는데 결국 탈옥을 결심했다. 어떤 연유로, 어떤 방법으로 탈출을 감행했나?

A 감옥으로 날아온 김주경의 편지(4장 7절 참고)에 내 마음은 요동쳤고, 고민이 깊어졌다. 마음속으로 끊임없이 자문자답을 했다. "이렇게 옥에서 죽는 게 옳은 일인가? 당초 나는 왜놈에게 죽든, 내 충의를 몰라주는 조선 관리들에게 죄인으로 몰려 죽든 여한이 없다며 국모의 원수를 갚았다. 그런 내게 대군주(고종)께선 사형 집행 정지라는 은전을 베푸셨다(1장 2절 참고). 나를 죽여서는 안 될 놈으로 인정하신 것이다. 또 김주경은 전 재산을 들여 나를 석방시키려 애썼다. 김주경뿐인가. 몸값을 치르고서라도 나를 구하려 한 인천항 물상객주들과 이에 동조한 숱한 백성들 중에도 내 옥사를 원한 이는 아무도 없다. 결국 나를 죽이려고 기를 쓰는 자들은 왜구들뿐이다. 그렇다면 내가 옥에서 죽는 일은 그들을 즐겁게 할 뿐 무슨 의미가 있단 말인가."

그리하여 마침내 탈옥을 결단했다(1898년, 23세). 우선 나는 전부터 탈옥을 모의했던 조덕근曺德根에게 백동전 200냥을 준비시켰다. 면회 오신 아버지에게 부탁해 삼릉창(三稜槍: 창날 단면이 삼각형인 찌르기 전용 창) 한 자루를 몰래 반입해두었다. 무엇보다 중요한 것은 비밀 유지와 감시망이었다. 소년범인 장기수 김백석金白石과 비역(男色: 남자끼리의 동성애) 애인 관계인 황순용黃順用이란 자가 가장 마음에 걸렸다. 절도죄로 형기를 거의 다 마쳐 출소일이 가까운지라 관례에 따라 다른 죄수들을 감시하는 일을 맡고 있었다. 그를 내 편으로 만들어야 했다. 나는 황순용이 미소년 김백석에게 홀딱 빠져 있는 점을 역이용해 그가 제 발로 나를 찾아와 "제가 징역을 대신 살아도 좋으니 백석이만은 제발 살려주십시오, 탈옥시켜주십시오" 하고 애걸복걸하게 만들었다. 탈옥의 제일 큰 장애물이었던 자를 공범 겸 핵심 조력자로 만들어버린 것이다. 졸지에 이 거사의 가담자는 넷(조덕근, 양봉구, 김백석, 황순용)으로 늘어났다.

작업은 순조롭게 진행돼 드디어 탈옥을 결행하기로 한 날이 왔다. 나는 그날 저녁 평소처럼 밥상을 들고 오신 어머니에게 넌지시 귀띔을 해드렸다. "오늘 안으로 배를 빌려 타고 고향으로 가십시오. 집에 계시면서 제가 찾아갈 날을 기다리십시오."

어머니와 작별한 나는 그날 밤 당직을 설 간수를 불러 200냥을 건네면서 선심이라도 쓰듯이 말했다. "오늘 내가 죄수들에게 한 턱 낼 테니 150냥으로 쌀과 고기, 탁주를 사고, 나머지 50냥은 그대가 아편을 사서 밤새 실컷 즐기소."

아편쟁이 간수가 당번 서는 날을 거사일로 잡은 것이다. 죄수들이 허기진 창자를 밥과 고깃국과 술로 가득 채우자 장기자랑 대회가 펼쳐졌다. 당직 간수는 이미 제 방에서 아편에 취해 까무러져 있었다.

나는 기회를 보아 마루 밑으로 들어갔다. 바닥에 깔린 벽돌을 창끝으로 들춘 다음 미리 파놓았던 굴을 통해 감방 밖으로 나왔다.

담장을 넘을 줄사다리를 매어놓고 나니 잠시 고민스러워졌다. 두 개의 생각이 마음속 저울 추 양쪽 끝에 매달려 무게를 겨루며 오르락내리락했다. "혼자 쉽게 도망갈까, 아니면 약속대로 저들을 데려갈까."

결국 잠깐 갈등한 끝에 '죄인의 죄인'이 되지 않기로 했다. 심판관은 내 양심이었다. 나왔던 땅굴을 기어 다시 감방으로 돌아간 나는 천연덕스럽게 자리에 앉아 눈짓으로 조덕근과 나머지 세 사람을 하나씩 밖으로 내보냈다. 그러고는 맨 마지막에 나가 보니 먼저 나온 넷은 담벼락 아래 쪼그려 앉아 벌벌 떨기만 할 뿐 담을 넘을 엄두조차 못 내고 있었다. 나는 그들을 일으켜 한 명씩 담장 밖으로 넘겨 보냈다. 그러고는 내가 월담하려는 순간, 먼저 나간 자들이 그만 송판 마루를 지나가다가 삐걱삐걱 요란한 소리를 내고 말았다. 아뿔싸! 한밤중에 시끄러운 소음이 나자 경무청과 순검청에서 동시에 비상소집을 알리는 호루라기 소리가 밤의 적막을 가르며 귓속을 파고들었다.

옥문 밖에서 당황한 탈주범들의 분주한 발소리가 들렸다. 그러나 나는 아직 담장 밑에 서 있는 상태다. 시간은 급박한데 높은 담장(약 4미터)을 줄사다리를 타고 넘어갈 형편이 아니었다. 요행히 어둠 속에서 한 길가량 되는 바지랑대가 눈에 들어왔다. 나는 그것으로 땅바닥을 힘껏 짚으며 장대높이뛰기 선수처럼 몸을 솟구쳤다. 그러고는 바지랑대를 놓은 손으로 담 꼭대기를 잡고 담장 밑으로 몸을 날렸다. 급박하고 위험한 상황이었다.

나는 누구라도 나를 방해하면 처단할 결심으로 쇠창을 움켜쥔 채 정문으로 곧장 내달렸다. 다행히 정문을 지키던 파수꾼들도 비상소집 장소로 달려갔는지 아무도 내 앞을 막아서는 자가 없었다.

1898년 3월의 봄밤, 그렇게 탈옥에 성공했다. 일행은 다섯이었지만 담장을 넘는 순간부터 나 혼자였다. 그 편이 훨씬 안전하고 마음도 편했다. 밤안개 자욱한 모래사장을 하염없이 헤매다 동이 틀 무렵 주위를 살펴보니 고작 감리서 뒤편 용동 마루터기에 와 있었다. 저 앞에서 군도軍刀를 절그럭거리며 달려오는 순검 하나가 보였다. 나는 재빨리 길거리 상점 아궁이를 덮은 판자 밑으로 몸을 숨겼다. 허리춤에 찬 순검의 칼집이 흔들리며 내 코끝을 스칠 듯 지나갔다.

시흥을 거쳐 서울로 갈 작정으로 조심스레 길을 나섰다. 내 행색은 누가 봐도 도적놈 꼴이었다. 감옥에서 앓은 장티푸스로 머리털이 다 빠져 새로 난 짧은 머리카락 끝을 노끈으로 조여 맨 속칭 '솔잎상투'를 하고 있었다. 수건으로 동인 머리에 두루마기도 없는 바지저고리 바람이었다. 게다가 의복 여기저기에 얼룩덜룩 흙이 말라붙어 있어 남의 눈길을 끌기에 딱 좋았다.

인천항 5리 밖에 이르자 아침 해가 얼굴을 내밀었다. 바람결에 실려 오는 호루라기 소리에 움찔했다. 인근 산에도 희뜩희뜩 수색대의 모습이 보였다. 이런 행색으로는 계속 길을 가기가 불안했다. 그렇다고 산에 숨을 수도 없었다. 그래, 등잔 밑이 어둡다지 않은가. 나는 허술한 것이 오히려 실속 있다는 생각으로 차라리 큰길가에 숨기로 했다. '눈 가리고 아웅'이었지만, 이 방법은 결과적으로 통했다. 순검과 간수들이 아침저녁으로 떼를 지어 큰길을 지나갔지만 아무도 내가 몸을 숨긴 길가엔 눈길을 주지 않았다. 그들이 내 발부리 앞을 지나 저만치 등을 보이며 멀어져 갈 때쯤 나는 솔포기 아래에서 큰길로 나왔다. 서산 너머로 해가 지고 있었다. 시흥 방면 큰길가였다. 그후 풍찬노숙하며 숲길과 인적이 드문 시골길을 걸어 서울로 향했다.

 2년 가까이 우물 안 개구리처럼 좁은 감옥에만 갇혀 지내다 넓은 세상에 나와 푸른 하늘을 머리에 이고 맑은 공기 마시면서 발길 닿는 대로 활개 치며 가노라니 심신이 상쾌했다. 감옥에서 배운 시조와 타령이 입에서 절로 흘러나왔다.

 나룻배로 양화진을 건너자 서울이었다. 행선지를 서울로 잡은 이유는 탈옥을 도운 조덕근도 만날 겸 인천 감옥에서 연을 맺은 사람들 사는 모습이 궁금했기 때문이다. 우선 이 추레한 옷부터 바꿔 입어야 했다. 그래서 찾아간 첫 감방 동료가 남대문 근처에 사는 청지기였다. 백동전 위조범으로 1년 남짓 감옥에서 한솥밥을 먹은 사람인데 당시 징역을 함께 살았던 공범들까지 불러 모았다. 저마다 갓과 두루마기와 망건 등을 선물로 주어 나는 비로소 제대로 된 의관을 갖춰 입게 됐다.

 며칠 동안 청지기 패와 어울려 잘 먹고 잘 놀다가 기생서방 조덕근의 집을 찾아갔다. 조덕근의 큰마누라는 내 정체를 알고 꺼리는 빛이 역력했다. 행방을 수소문해볼 테니 내일 다시 오라는 거였다. 그러나 다음날 찾아갔을 때도 역시 모른다고 잡아떼는 모양새가 이미 조덕근과 말을 맞춘 눈치였다. 새삼 나 자신이 퍽도 어리석게 느껴져 쓴웃음이 나왔다.

 "나는 먼저 탈옥해 혼자 쉽게 달아나도 그만이었다. 허나 양심에 찔리고, 자기들 애걸하던 모습이 눈에 밟혀 호랑이 굴로 돌아가 약속을 지켰다. 그런데 지금 내가 빈손으로 찾아와 손을 벌리고 해라도 입힐까 봐 일부러 피하는구나. 이게 다 그 사람의 본모습이고 그릇인즉 어쩌랴. 깊이 꾸짖을 거리도 없도다." 이렇게 결론짓고 다시는 조덕근의 집에 가지 않았다. 나중에 들으니 조덕근은 탈옥한 지 열흘 만에 서울에서 붙잡혀 도로 인천 감옥에 갇혔는데 눈알 하나가 빠지고 다리가 부러진 모습이었다고 한다.

서울을 떠나 삼남 지방(충청도, 전라도, 경상도)으로 향했다. 탈옥수 처지라 고향 갈 엄두는 못 내겠고, 이참에 팔도강산 유람이나 하자 싶었다. 마음이 울적해 잘 받지도 않는 술을 낮밤 안 가리고 폭음하다 보니 서울에서 지인들이 추렴해준 한 짐이나 되던 노자는 금방 바닥나 버렸다.

인천 감옥에서 알게 된 벗들이 이번에도 도움을 주었다. 허다한 얘깃거리들이 있지만, 각설하고, 강경포江景浦에 사는 공종열孔鍾烈의 집에서 있었던 일은 잊을 수가 없다. 그는 강경포에서 물상객주를 하다가 금전 문제로 인한 살인 사건에 휘말려 몇 달간 감방 신세를 질 때 나와 친해진 사이였다.

공종열의 집은 매우 크고 넓었다. 그는 일곱 번째 대문을 열고 들어가야 나오는 자기 부인 방을 숙소로 내주었다. 나를 이처럼 특별 대우한 이유는 옥중 친구의 우정 때문이지만, 한편으론 포구가 인천항과 가까워 사랑채마다 경향 각지에서 드나드는 손님들이 많다 보니 혹시라도 내 신분이 탄로 날까 염려해서였다.

어느 날 밤, 나는 공 씨 집안의 살인 사건에 본의 아니게 연루되고 만다. 공종열의 부탁으로 형수와 간통한 공씨 집 하인을 냉엄하게 꾸짖고, 죽은 형수와 동침해 낳은 사생아를 데리고 그날 밤 안으로 강경포를 떠나라고 했다.

이튿날 아침, 나도 공종열의 집을 나와 다시 표류 방랑길에 나섰다. 집 안 형편이 어수선해 내 정체가 탄로 나는 것은 시간문제였기 때문이다. 그런데 마을 어귀에 사람들이 모여 웅성거리고 있는 게 아닌가. 지난 새벽 아기 울음소리가 요란하다가 어느 순간 그쳤는데 갯가에서 죽은 아기가 발견됐다는 거였다. 그 말을 듣는 순간 천지가 아득했다. 이 무슨 조화인가. 비극은 비극을 낳는다더니 공종열의 형수는 아이를 낳은 다음 죽었고, 젖먹이는 지난 밤 이렇게 갯가에 버려져 숨지고 말았다.

"오늘 내가 간접 살인을 하고 가는 길이구나. 어젯밤 그자가 나를 몹시 무서워하더니, 공종열의 협박을 곧 내 명령으로 알아듣고 제 자식을 강가에 버리고 도망쳤나 보구나. 아무 죄도 없는 어린 생명을 죽음에 이르게 했으니, 이 얼마나 씻을 수 없이 큰 죄악이란 말인가."

자책감이 밀려왔다. 사는 게 구구하고, 우울한 마음이 자꾸만 깊어졌다. 정처 없이 동가식서가숙 하다 보니 삼남 여정이 허무하고 길게만 느껴졌다.

김구의 탈옥 과정을 살펴보면 대담하고 치밀하다. 또 그가 얼마나 의리를 중시하는가를 알 수 있다. 감방 안의 감시자를 구워삶는다. 그의 약점과 희망 사항을 교묘히 이용해 오히려 조력

자로 만든다. 단독으로 탈옥하는 쉬운 길을 두고도 동료와의 약속을 지키느라 돌아가서 힘겹고 위험한 길을 택한다. 탈옥이라는 절박한 순간에도 '의리'와 '양심'을 버리지 않은 것이다.

탈주한 김구는 수색대를 멀리 피하거나 산에 숨기보다 일부러 그들의 발길과 시선 가까운 곳을 은신처로 택한다. 참으로 담대하고 지혜로운 역발상이요 행동이 아닐 수 없다. 수색대가 지나가며 두런두런 주고받는 말소리까지 들렸다니 정보는 덤으로 얻은 셈이다. 그중 누군가는 이렇게 말했다고 한다. "조덕근은 서울로 갔을 테고, 김창수는 어디로 갔을까? 창수는 아마 잡기 힘들 거야. 잘했어, 김창수! 속절없이 갇혀만 있으면 무얼 하겠는가?"

마치 김구를 의식해 일부러 들으라고 한 말 같다. 아니, 실제로 그랬을 수도 있겠다는 생각이 든다. 그들은 평소 김구를 의인으로 존경하고 흠모했기에 어쩌면 솔포기 밑에 숨은 그를 알고도 모른 척, 보고도 못 본 척 그냥 지나치지 않았을까?

5   모래 위로 떨군 머리카락과 눈물

Q   방랑길에 갑자기 머리를 깎고 마곡사의 승려가 됐다. 은둔인가, 출가인가? 마음에 품은 뜻이 컸을 텐데 이런 결정을 한 까닭은 무엇인가?

A   계룡산 갑사甲寺에서 공주 사람 이 서방을 만난 것은 사찰 부근 감나무에서 빨갛게 익은 홍시가 절로 떨어지던 늦가을 무렵(1898년, 23세)이었다. 그는 나이 마흔을 넘긴 선비였는데, 말끝에 나에게 길동무가 돼달라고 청했다. "노형, 여기서 100리쯤 더 가면 마곡사麻谷寺란 절이 있습니다. 이왕 세상 유람 나왔으니 나랑 같이 절구경이나 하지 않으렵니까?"

　마곡사? 절 이름이 무척 의미심장하게 들렸다. 어릴 적 《동국명현록東國明賢錄》이란 책에서 읽은, 마곡사 동자승이 죽을 끓이다가 가마솥에 빠져 죽은 이야기가 갑자기 떠올랐다. 나는 그 가마솥이 보고 싶어서 마곡사로 향했다. 이 서방은 홀아비로 서당 훈장 노릇을 했다는데 이제 다 작파하고 마곡사의 중이나 돼 여생을 편히 지내려 한다고 말했다. 내게도 은근히 권했는데 마음은 동했지만 섣불리 결정할 수는 없는 문제였다.

하루 종일 대화하며 걷다 보니 마곡사 남쪽 산마루에 서 있었다. 어느덧 해는 넘어가 황혼이 드리웠는데 온 산이 단풍으로 누릇누릇 불긋불긋 물들어 있었다. 가을바람은 길손의 마음을 애잔하게 어루만지고, 산 아래 마곡사를 자물쇠 채운 양 에워싼 저녁 안개는 마치 나처럼 온갖 풍진 속에서 오락가락하는 자의 더러운 발길을 거부하는 듯했다. 또 한편으론 안개를 헤치고 다가온 저녁 종소리가 귓전을 스치며 모든 번뇌에서 해탈해 불가에 입문하라고 권유하는 듯도 했다.

이 서방이 재차 내 의사를 물었다. "노형, 어찌시렵니까? 세상사 다 잊고 우리 중이나 됩시다."

"일단은 절에 들어가 생각해봅시다. 중이 되려는 자와 중을 만들려는 자가 서로 의견이 맞아야 할 것 아닙니까?"

이 서방과 나는 곧 몸을 일으켰다. 안개를 헤치며 마곡사로 향했다. 한 걸음씩 한 걸음씩, 혼탁한 세계에서 청량한 세계로, 지옥에서 극락으로, 세간世間에서 출세간(出世間: 속세를 벗어난 깨달음의 세계)으로 걸음을 옮겼다.

저녁상을 물리자 삭발한 지 40년이 넘었다는 백발 노승이 내 방으로 와 공손히 인사를 했다. 나는 짐짓 개성 태생으로 부모를 일찍 여의고 기댈 친척 하나 없어 외로이 강산 구경이나 다니고 있다며 신분을 속였다. 노스님은 은근히 자신의 상좌上佐가 돼주기를 청했다.

나는 겸손히 사양하며 말했다. "저는 본래 학식이 모자라고 재질도 둔합니다. 노사老師께 오히려 누가 될까 망설여집니다."

노승이 재차 권했다. "내 상좌가 되면 고명한 스승 밑에서 불학佛學

을 배워 장차 큰 강사講師가 될지도 모르니 부디 결심하고 머리를 깎으시오."

노스님은 하은당荷隱堂이었다.

하룻밤을 승방에서 묵고 나니 이 서방은 그새 삭발을 해 머리가 달걀같이 매끄럽고 반들반들해져 있었다. "뭘 망설입니까? 노형도 빨리 삭발하시지요. 노형이 어제 뵌 하은당은 이 절 갑부인 보경寶鏡 대사의 상좌입니다. 훗날 노형이 공부할 마음이 생겼을 때 학비 걱정을 할 일은 없을 겁니다. 하은당은 노형이 무척 마음에 드는지 날더러 속히 출가를 권하라 하시더군요."

나 역시 청정법계(淸淨法界: 맑고 깨끗한 불교의 세계, 또는 그런 절)에서 하룻밤을 지내고 나니 세상사 온갖 상념과 시름이 한순간에 식은 재가 되어버린 기분이었다. 더는 미룰 일이 아닌 것 같았다. 잠시 후 사제師弟 호덕삼扈德三이 나를 마곡천 냇가로 데려가 앉히더니 쏭알쏭알 삭발진언削髮眞言을 외었다. 그러고는 삭도(削刀: 승려의 머리털을 깎는 칼)로 내 상투를 잘랐다. 이미 결심한 일이건만 잘려나간 머리카락과 함께 굵은 눈물 몇 방울이 모래 위로 뚝뚝 떨어져 내렸다.

검은 장삼과 붉은 가사로 갈아입은 나는 법당 종소리를 들으며 대웅보전으로 들어갔다. 은사 하은당이 내 법명을 '원종圓宗'이라 지어 불전에 아뢰었다. 수계사授戒師 용담龍潭 화상은 경문을 낭독하고 오계(五戒: 살생, 도둑질, 음란한 짓, 거짓말, 술을 금하는 불가의 다섯 가지 계율)를 일러주었다. 팔자에도 없는 마곡사 중노릇이 시작됐다. 전날에는 나를 공대하던 하은당은 머리를 깎은 뒤부터는 태도가 돌변해 "애, 원종아!"라 부르며 "낯짝도 밉상이고 미련스러워 고명한 중이 되긴 글러먹

충남 공주에 있는 마곡사 전경(위)과 환국 이후 마곡사를 다시 찾은 김구(1946년 4월 22일). 탈옥수 김구는 혼탁한 세계에서 청량한 세계로, 지옥에서 극락으로, 세간에서 출세간으로 향하듯 산마루에서 안개를 헤치며 저 아래 마곡사로 걸음을 옮겼다. 훗날 다시 마곡사를 찾은 김구는 향나무를 심었는데, 지금도 꼿꼿이 서서 복원한 '백범당' 옆에서 관람객들을 맞고 있다. 사진 속 김구의 왼쪽에 앉은 이는 이시영이다.

었다. 어서 나가 장작도 패고 물도 길어 오너라" 하면서 온갖 궂은일을 시키셨다.

또 다른 세계를 경험하게 됐다. 도망자가 되어 유랑할 때도 내겐 알게 모르게 영웅심과 공명심이 남아 있었다. 평생 한이던 상놈의 껍질을 벗어 던지고 보란 듯이 양반이 되어 해묵은 원한을 갚겠다는 생각이 가슴에 가득했다. 그런데 중이 되고 보니 그런 허영과 야욕이야말로 부처 문중에선 털끝만큼도 용납이 안 될 사악한 생각일 따름이었다. 어쩌다 이런 별세계에까지 들어왔나 싶어 혼자 웃기도 하고 탄식도 했지만, 이왕 들어왔으니 순종하는 수밖엔 별 도리가 없었다.

하루는 물을 길어 어깨에 지고 오다 실수로 물통을 깨뜨렸다. 하은당이 어찌나 야단을 치시던지 보다 못한 보경당 스님이 혀를 차며 한탄하셨다. "전에도 남들은 다 좋게 보는 상좌들을 괜한 트집으로 못 견디게 굴어 죄다 내쫓더니만, 이번에 온 원종이 역시 잘 가르치고 올바로 이끌면 제 몫을 하겠거늘 또 저 야단이니 며칠이나 붙어 있을까."

하은당의 성화와 핀잔 때문은 아니었지만 보경당의 염려대로 나는 절 밥그릇 반년을 못 채우고 이듬해(1899년, 24세) 봄이 올 무렵 마곡사를 떠났다. 사찰을 은신처로 삼아 도법道法에만 일생을 바치기엔 마음의 불길이 너무 뜨거웠다. 무엇보다 탈옥 이후 한 해가 넘도록 생사조차 모르는 부모님 소식이 궁금했다. 그러나 은사들께는 "이왕 출가한 이상 중으로서 마땅히 배울 것은 배워야겠습니다. 금강산으로 들어가 경전을 깊이 공부해 일생 불자다운 불자로 살까 합니다"라는 말로 출타의 구실을 삼았다.

삼남 지방에서 겪은 별의별 경험들로 인해 백범은 속세를 쉽게 떠나지 않았을까. 앞서 얘기한 공종열 가家의 죽음, 평생의 한이었던 반상 차별이 이북보다 더 심한 남도의 현실, 전주 장날 고개를 먼저 넘은 덕분에 아슬아슬하게 죽음을 면한 일 등을 겪으며 김구는 "하룻밤 사이에 만 가지 생각이 다 재와 같이 헛됨"을 알고 삭발을 결행한다.

마곡사행은 《백범일지》 중 가장 표현이 뛰어나 문장이 마치 산수풍경을 어루만지는 듯하다. 앞의 글은 도진순 교수의 번역문을 최대한 살려 실은 것이다.

마곡사는 탈옥한 죄수가 쫓기는 몸을 숨기기엔 더없이 좋은 은신처였다. 원종 스님으로 지내는 동안 김구는 자신에게 버려야 할 것들이 많음을 깨닫는다.

마곡사의 하은당 말고도 김구의 인명록엔 한자까지 똑같은 노 한 사람의 하은당이 있다. 동학 접주 시절(1894년, 19세) 휘하 부대를 이끌고 주둔했던 패엽사의 주지 하은당荷隱堂이다. 백범은 도승으로 명망이 높던 그에게서 군사훈련을 시키던 틈틈이 도학을 들었다. 흔치 않은 법명인데, 이 또한 김구의 출가와 인연이 있었나 보다.

마곡사 시절 김구의 수계사였던 용담은 불가의 학식은 물론 유가의 학문에도 조예가 깊었다. 용담 스님으로 말미암아 김구는 불교의 이치와 진리에 어렴풋이나마 눈을 뜨게 된다. 용담이 김구에게 가르쳐준 '견월망지(見月忘指: 달을 보되 달을 가리키는 손가락은 잊어라)'의 오묘한 이치와 '마음(心)에 칼날(刀)을 품으라'는 뜻이 담긴 참을 인忍 자에 대한 해석은 백범의 가슴에 깊이 새겨져 시련과 역경이 닥칠 때마다 힘이 돼주었다.

후일담. 김구가 마곡사를 떠난 뒤 보경당과 하은당, 두 노스님은 석유통 속의 기름이 질이 좋은지 나쁜지를 알아보겠다며 불붙인 막대 끝을 석유통에 넣었다가 폭발하는 바람에 곁에 있던 포봉당抱鳳堂까지 졸지에 세 스님 모두 입적하고 말았다. 마곡사는 총회를 열어 사찰의 재산을 관리하고 법통을 이어갈 적임자는 오로지 원종 스님뿐이라 결정하고 여기저기 탐문하며 호덕삼 스님을 금강산까지 보냈다. 그러나 끝내 종적을 알 길이 없어 막대한 재산은 절의 공동 소유가 됐다고 한다.

이 책을 쓰던 지난여름, 백범의 체취와 숨결을 느껴보려고 마곡사를 찾았다.* 대광보전 전면 기둥의 주련(柱聯: 사찰이나 서원 또는 한옥의 기둥이나 벽에 장식으로 써 붙인 세로글씨)에 눈길이 갔다. 백범이 환국 후 마곡사를 다시 방문했을 때(1946년, 71세) 찍은 사진을 보면 색칠을 새로 한 듯 주련 글씨가 선명하지만 지금은 색이 바래 고아한 느낌이었다.

물러나와 세상일을 돌아보면(却來觀世間, 각래관세간)
모두가 마치 꿈속의 일만 같네(猶如夢中事, 유여몽중사)

3연과 4연 글귀는 김구가 마곡사를 처음 찾을 때 술회한 "세간에서

---

* 마곡사와 백범 이야기는 네이버 카페 '백범지기(cafe.naver.com/kimkoolove)'의 답사기 〈'백범의 길'을 따라 걸은 1박 2일〉(김형오 글) 참고.

출세간으로"란 표현과 겹친다. 떠난 지 47년 만에 방문했을 때 백범도 주련을 마주보며 "저 글귀는 과연 나를 두고 한 말이 아닌가" 하는 상념에 젖는다(1946년 4월).

김구가 기거했던 '심검당尋劍堂'은 지금은 '백범당'으로 복원돼 따로 배치되어 있다. 백범의 사진과 친필 휘호 등이 걸려 있고, 건물 옆에는 방문 기념으로 심었다는 향나무 한 그루가 서 있다.

'칼'은 백범에게 떼려야 뗄 수 없는 운명인가. 피 묻은 칼을 씻고자 찾아온 그를 '칼을 찾는 집尋劍堂'이 맞이한다. 물질의 칼이 아닌 마음의 칼을 찾으라는 뜻이리라. 현판 글씨가 마음의 칼을 찾는 이의 마음에 칼날처럼 서늘하게 다가왔을 것 같다.

6 　승복에 육식하며 염불 대신 시를 읊다

Q 마곡사를 떠나 반은 불가에, 반은 속세에 발을 걸친 걸시승 생활을 했다. 이때 겪었던 출가 생활이 훗날 삶에 도움이 되었는가?

A 정든 스님들과 작별하고 발길이 맨 먼저 향한 곳은 서울이었다. 무엇보다 부모님 안부가 궁금하고 염려가 됐지만, 도망자 신세여서 무턱대고 고향으로 가기엔 위험부담이 너무 컸다. 당시(1899년, 24세) 나라의 법은 승려의 서울 도성 출입을 금하고 있었다.

　나는 하릴없이 사대문 밖 이 절 저 절을 돌아다니다가 경상북도 풍기(지금의 영주)에서 온 혜정慧定이란 중을 만났다. 평양 구경을 갈 참이라던 혜정과 길동무가 돼 임진강을 건너 송도(개성의 옛 이름)를 둘러보고 해주 감영을 보러 갔다. 수양산首陽山 신광사神光寺 부근 북암北庵이란 암자에 머물면서 혜정에게 내 사정을 밝히고는 넌지시 부탁했다. "텃골 우리 집에 가 남모르게 내 부모님을 만나주십시오. 안부만 여쭙고 나는 잘 지낸다고 말씀드리되 내가 지금 어디 있는지는 알리지 마십시오."

혜정을 보내놓고 귀환을 기다리는데 4월 29일 저녁 무렵 그가 부모님과 함께 돌아왔다. "너를 따라가면 내 자식을 보지 않겠느냐"면서 막무가내로 혜정을 따라 나섰다는 거였다. 마침내 아들을 만났지만 돌중이 돼 있는 날 보시고는 부둥켜안고 기쁨과 슬픔이 뒤섞인 눈물을 흘리셨다. 내가 인천 감옥을 탈출한 뒤 부모님이 대신 잡혀가 징역을 사셨다는 말을 듣고 기가 막혀 가슴이 찢어지는 것 같았다.

북암에서 닷새를 쉰 다음 혜정과 나는 부모님을 모시고 평양으로 갔다. 관동貫洞 골목에 사는 선비 최재학崔在學을 통해 한 노인을 알게 되어 나는 뜻하지 않게 몇 달간 대보산大寶山 영천암靈泉庵의 방주(房主: 사찰 업무를 주관하는 스님) 노릇을 하게 됐다. 길고 아름다운 수염에 풍채가 위풍당당한 노인은 나중에 평안남도 개천 군수를 지낸 전효순全孝淳이었다.

최재학은 전효순에게 이런 말로 나를 추천했다. "마곡사에서 온 이 대사는 도리道理가 고상합니다. 영천암 방주 자리를 내어주시면 자제들과 외손자들의 공부에 매우 유익할 겁니다."

전효순이 말했다. "여부가 있겠습니까. 그렇잖아도 주지승이란 작자가 성행이 불량해 밤낮 술에 취해 돌아다녀 민망하기 짝이 없었습니다. 그러니 대사가 최 선생을 보좌해 내 자손들 공부를 도와주신다면 그 은혜 잊지 않으리다."

"좋게 봐주시니 감사합니다만, 소승의 성품과 행실이 그 주지 스님보다 더할지 덜할지 어찌 알겠습니까?"

겸손히 사양했지만, 결국은 임명장까지 받고 최재학을 따라 평양 서쪽에 있는 대보산 영천암으로 갔다. 거기서 부모님을 모시고 살며 아이들을 가르쳤다. 당장 의식주가 해결되는 데다 최재학 같은 학자와 같이 지내면 학식도 깊어질 터이므로 그만하면 만족스런 일이었다.

전효순은 하루가 멀다 하고 진수성찬을 차려 절로 보내왔다. 나는 날마다 산 아래 푸줏간에 가서 고기를 한 짐씩 지고 올라와 승복을 입은 채 대놓고 육식을 했다. 염불을 읊는 대신 시를 외웠다. 이따금 최재학과 평양성에 나가 시객詩客들과 어울려 율律을 짓는가 하면, 밤에는 소면을 파는 가게로 가서 고기국수를 예사로 사 먹었다. 불가에서 말하는 "손에는 돼지 머리를 든 채, 입으로는 거룩하게 경전을 왼다(手把猪頭 口誦聖經, 수파저두 구송성경)"라는 구절과 비슷한 꼴로 지냈으니, 평양에선 당시 이런 돌중들을 가리켜 시쳇말로 '걸시승乞詩僧'이라 불렀다.

하루는 술 마시며 시를 논하는 풍류 모임에 갔다가 시객들 수준이 낮고 나를 대하는 태도가 노골적으로 불손해 자청해서 이런 즉흥시를 지어 읊었다. 처음과 끝은 잊었고, 이런 구절만 기억난다.

유가가 천년을 전해왔다면 불가 또한 천년이요
(儒傳千歲佛千歲, 유전천세불천세)
내가 보통이라면 그대들 또한 보통이로다
(我亦一般君一般, 아역일반군일반)

좌중을 둘러보니 중놈이 오만방자하다며 불쾌해하는 빛이 역력했다. 때마침 최재학 일행이 도착해 내가 지은 글을 보고는 모두가 손뼉 치고 발을 구르면서 걸작이요 절창이라며 칭찬하는 바람에 산사山寺

남북 협상을 위해 삼팔선을 넘은 김구는 탈옥수로 쫓기던 1899년 당시 잠시 방주 노릇을 했던 대보산 영천암을 방문했다(1948년 4월 26일). 사진 왼쪽부터 김종항, 안신호, 김구, 김신, 김두봉의 비서(성명 미상)

가 들썩일 정도였다. 덕분에 나를 얕잡아보던 분위기는 자취도 없이 사라졌다. 내가 이날 지은 시는 평양 성내에 널리 퍼져 기생들 노래 가락으로 종종 술상에 올랐다고 한다. 이런 연유로 평양 사람들은 한때 나를 '걸시승 원종'으로 불렀다.

반승반속半僧半俗, 비승비속非僧非俗의 걸시승 시절 김구의 일탈에선 억눌린 울분과 왠지 모를 위악이 느껴진다. 《백범일지》의 매력인 솔직함이 살아 있는 대목이다.

김구는 서울을 떠나기 전에 서문 밖 봉원사奉元寺에 잠시 머문다. 마곡사 시절 사형師兄이었던 혜명慧明 스님을 만나기 위해서였다. 불과 며칠 머물렀지만 깊은 인상을 남겼는지, 백범은 세상을 떠나기 꼭 한 주일 전인 1949년 6월 19일에 다시 봉원사를 찾는다. 그날 봉원사 광복기념법전 앞에서 여러 스님과 함께 카메라 앞에 섰다. 성균관대 제2회 졸업식 기념사진(6월 22일)과 함께 속세에서 공식적으로 찍은 마지막 사진이다.

그런데 영천암까지 김구와 함께 갔던 혜정 스님은 어떻게 되었을까? 염불 대신 시를 읊으며 드러내놓고 고기를 먹는 김구를 혜정은 견디기 힘들었을 것이다. 김구의 불심이 갈수록 쇠약해지고 속된 마음만 나날이 커가는 것을 비관하고 안타까워하던 혜정은 몇 번이나 바랑을 싸 영천암을 떠나려다가 차마 헤어지지 못해 산자락에서 울며 다시 절로 돌아오기를 되풀이했다고 한다. 그러기를 한 달여 만에 백범이 마련해준 약간의 노잣돈을 들고 경상도로 떠난다.

김구의 영천암 방장 생활도 그리 오래가지는 않았다. 아버지가 다시는 아들의 삭발을 허락지 않아 장발長髮의 걸시승으로 소일하다 가을이 올 무렵(1899년 10월, 24세) 치마머리(머리털이 적은 남자가 상투를 짤 때 밑머리에 덧대어 감는 딴머리)로 상투를 틀고 승복 대신 평상복으로 갈아입은 다음 부모님을 모시고 해주 텃골로 돌아간다. 애초에 승려가 될 생각은 없었지만, 1년 남짓한 출가 생활 동안 깨친 불교 교리와 불경 지식은 평생 마음의 양식이 된다.

7   만날 사람은 어디서건 만난다

Q 많은 역경과 고난 속에서도 항상 도움의 손길이 찾아왔다. 심지어 일면식도 없던 사람이 선생을 구명하고자 전 재산을 탕진하기도 했다. 이들은 무엇을 위해 헌신했는가?

A 김주경은 치하포 사건(1896년, 21세)으로 수감된 나를 인천 감옥에서 구해내려고 무진 애를 쓰다가 그 많은 재산을 죄다 탕진하고 나중엔 도피 생활까지 한 사람이다. 일면식도 없던 사이인데 왜 살인강도 혐의를 쓴 사형수를 위해 모든 것을 바친 걸까?

김주경의 자는 경득卿得. 성격이 호방해 어릴 적부터 공부엔 관심이 없고 노름을 좋아하더니 결국 투전(鬪錢: 화투와 비슷한 노름. 영조 때부터 성행해 단속했지만 효과는 없었다)으로 거금을 손에 쥐었다. 이 돈으로 관청 하급 관리들을 매수해 수족처럼 부리는가 하면, 원근을 가리지 않고 용기와 지략을 갖춘 인재라면 자기 사람으로 만들었다. 상민이었지만 어찌나 권세가 센지 도적놈 하나쯤 가두거나 풀어주는 것은 일도 아닌 인물이었다.

김주경은 인천 감옥 우두머리 사령이었던 최덕만崔德萬에게서 나에 대한 이야기를 듣고는 호감을 품었다 한다. 최덕만은 김주경 집 하녀의 남편이었는데, 두 사람은 가끔 왕래도 하면서 친해진 사이였다. 내가 감리와 경무관을 호통 친 이야기며 교수형 직전 극적으로 살아난 사연 등을 덕만에게서 듣고 주경은 감탄과 존경을 금치 못하더란다. 덕만의 말로는 주경이 하루는 결연한 표정으로 이런 결심을 토로했다고 한다. "어찌 됐든 김창수를 반드시 살려내야 할 텐데, 지금 정부 고관들은 돈밖에 모르니 내 집 재산을 모두 처분해 서울로 가 창수의 석방을 위해 힘써볼 생각이네."

과연 열흘쯤 지나 김주경이 인천 감옥으로 나를 찾아왔다. 그러고는 내 어머니를 모시고 서울로 올라갔다. 나중에 들으니 김주경은 서울에서 나의 석방을 위해 많은 사람을 만나고 백방으로 애를 썼다고 한다. 법부대신 한규설韓圭卨을 찾아가선 이렇게 말했다. "대감이 김창수의 충의를 표창하고 조속히 방면해야 옳지 않습니까? 이런 사람을 살려내야 장차 충의지사가 많이 나옵니다. 폐하께 아뢰고 청하여 석방되도록 해주십시오."

한규설은 그의 뜻과 충정은 충분히 이해한다면서도 난색을 표했다. 분개한 김주경은 욕을 퍼붓고 나와 법부에 김창수 석방을 탄원하는 공식 청원서를 올렸다. 답변은 역시 부정적이었다. "사안이 중대하여 여기서 마음대로 할 수 있는 일이 아니다."

그후에도 거듭 해당 관청에 소장을 올렸지만 차일피일하기는 마찬가지였다. 그렇게 반년이 지나자 돈이 바닥나 버렸다. 김주경은 소송을 중단하고 강화도로 돌아가 내게 편지를 보내왔다. 오언절구의 시 한 수를 곁들인 서신이었다.

조롱을 벗어나야 진정 훌륭한 새요(脫籠眞好鳥, 탈롱진호조)

통발을 빠져나가야 예사 물고기가 아니다(拔扈豈常鱗, 발호기상린)

충이란 반드시 효에서 비롯되느니(求忠必於孝, 구충필어효)

그대여, 동구에서 자식 기다리는 어머니를 생각하소서

(請看倚閭人: 청간의려인)

 나는 곧바로 "그동안 나를 위해 한껏 마음 써주어 지극히 감사하나, 한때의 구차한 삶을 위해 생명보다 소중한 광명을 버릴 수는 없으니 너무 염려 말라"는 요지의 답신을 보냈다. 나중에 들려온 김주경의 소식은 더욱 안타깝고 암담했다. 가산을 모두 탕진하자 새로 동지를 모아 대양에서 해적질을 하려고 관에서 쓰는 배 한 척을 탈취했다. 그러나 강화군수가 이를 알아차려 도피한 후로는 행적이 묘연하다는 것이었다.

 인천 감옥을 탈출하고 맨 먼저 주경의 집에 가보고 싶었지만 감시망이 촘촘해 도망자 신분으로는 갈 수가 없었다. 그래서 탈옥 후 2년이 지난 1900년 2월(25세)에야 나는 이름을 김두래로 바꾸고 강화도 김주경의 집을 수소문해 찾아갔다. 주경은 집에 없었다. 소식도 행방도 묘연했다. 폭삭 망한 집에 주경의 셋째 동생 진경鎭卿이 식구들을 데리고 이사해 형수와 조카들까지 거두며 살고 있었다. 나는 이 집 사랑에 석 달 동안 묵으면서 신분을 숨긴 채 주경의 막역한 동지로 행세하며 훈장 노릇을 했다. 처음엔 김주경 형제의 아이들을 대상으로 가르침을 시작했는데, 나중엔 지인의 자식들까지 모여들어 세 칸 사랑이 30여 명의 아이들로 가득 찼다.

 거기 머물며 얻은 가장 큰 소득은 유완무柳完茂라는 의기남아와 동지들을 만난 것이다. 별칭이 인무仁茂인 완무는 양반인데도 김주경과는 반상의 신분을 초월해 우정이 두텁고 친교가 남달랐다. 유완무는 나를 구하려던 김주경이 도망자 신세가 되자, 직접 열세 명의 결사대를 꾸려 나를 살려낼 계획을 세웠다. 인천항 중요 지점에 밤중에 석유통을 지고 들어가 불을 지른 다음 소란해진 틈을 타 인천 감옥을 습격, 나를 구출한다는 작전이었다. 그리하여 거사를 앞두고 미리 지형지물을 숙지하고 정황을 탐문하기 위해 선발대를 인천으로 보냈는데, 나는 이미 사흘 전에 죄수 네 명을 데리고 탈옥한 뒤였다고 한다.

이런 내력과 함께 유완무가 나를 애타게 찾고 있다는 말을 듣고 고마운 마음도 전할 겸 강화에서 서울로 올라가 그를 만났다. 약간 작은 키에 가무잡잡한 얼굴의 선비풍 인상이었다. "'사나이가 어디서건 만나지 못하랴(男兒何處不相逢: 남아하처불상봉)'란 말이 오늘 창수 형을 빗대 한 말인가 보오", 나를 보고 그가 던진 첫 마디였다.

며칠이 지나자 유완무는 내게 노자와 편지 한 장을 쥐어주며 충청도 연산 이천경李天敏의 집으로 가게 했다. 한 달 뒤엔 이천경이 또 편지 한 장을 들려 나를 전라도 무주에서 인삼을 재배하는 이시발李時發에게 보냈다. 이시발 역시 똑같은 방식으로 경상도 지례(김천의 옛 지명)에 사는 성태영成泰英에게 보냈다. 성태영과 나는 풍류를 즐기면서 한 달 남짓 고금의 역사 등을 토론하며 많은 대화를 나누었다.

어느 날 유완무가 성태영의 집을 찾아왔다. 유완무는 그동안 나를 이리저리 돌린 연유를 설명했다. 이천경, 이시발, 성태영 모두 자기와 동지인데 관심을 둘 만한 인물이 나타나면 집집마다 돌려가며 됨됨이를 살핀 다음 결과를 종합해 그가 합당한 일을 할 수 있도록 도와주기로 약조를 했다는 것이었다. 그러면서 "당신은 아직 학식이 모자라니 서울로 유학을 보내고, 당신 부모님은 연산으로 모셔와 이천경이 집과 논밭 등을 제공해 양반의 신분으로 살게 해주겠다"고 말했다.

그사이 이름도 바꾸었다. 유완무와 성태영은 김창수란 이름이 아무래도 도피 생활에 불편할 거라면서 거북 구龜 자를 쓴 외자 이름과 더불어 연상이라는 자와, 연하라는 호를 지어주었다. 김창수에서 김구가 된 나는 부모님을 연산으로 모셔오기 위해 귀향길에 올랐다.

《수호지》에 나오는 양산박 호걸이나 홍길동, 임꺽정, 일지매, 장길산 같은 민간에 전해지는 의적을 연상시키는 김주경과 유완무는 조롱(감옥)에 갇힌 새(김구)를 꺼내주려고 밖에서 필사의 노력을 한다. 먼저 상민 출신 김주경이 김구를 합법적으로 석방시키려고 애쓴 반면, 양반 출신 유완무는 초법적 방법을 농원해서라도 김구를 구출하려 했다는 점이 특이하다. 더구나 김구를 만나본 적도 없는 사람들이다. 격동의 혼란기, 이들은 모두 구시대의 낡은 틀을 뜯어고치려 한 혁명적 풍운아였다고나 할까. 그러나 조롱이 요지부동인지라 남은 방법은 하나, 새가 조롱을 박차고 나가는 것뿐이다. 결국 김구는 스스로 탈옥을 결행한다.

김주경이 편지에 곁들인 오언절구가 의미심장하게 읽힌다. 조롱을 박차고 나가는 새, 통발을 걷어차고 나가는 물고기, 충忠보다 앞세워야 하는 효孝, 동네 어귀에 세운 문閭에 기대어 자식을 기다리는 어머니……. 모든 정황이 '탈옥'을 부추긴다. "충보다 우선하는 덕목이 효

의인 김주경을 잊지 못해 강화도 그의 옛 집을 찾은 김구(1946년 11월 19일). 길가에 줄 지어 선 아이들이 김구를 맞고 있다. 이날 합일학교에서 연설을 한 김구는 인천 무의도를 방문했다.

니 감옥을 박차고 나와 어머니 품으로 돌아가라"는 뜻으로 풀이된다. 백범 또한 그런 암시를 받았으리라.

김구 구명 운동은 김주경이 일을 꾸미기 이전에 백범이 교수형을 당하게 됐다는 소문이 퍼진 날에도 즉흥적, 집단적으로 일어났다. 사형 집행이 예정돼 있던 그날, 인천항 객주 서른두 명이 긴급회의를 열고 김구를 살리기 위해 통지문을 돌린 것이다. 되도록 많은 군중이 형장으로 나와 돈을 갹출하고 모자란 액수는 객주들이 충당해 몸값을 지불하고서라도 김구를 살리자는 내용이었다.

김주경의 말로末路는 비참하고 처연했다. 파산한 이후 강화를 떠나 행상을 하며 모은 거액의 비자금을 몸에 지니고 다니다 황해도 연안에서 객사하고, 동생 진경도 객지에서 죽어 집안이 풍비박산됐다고 유완무가 전해왔다. 김구는 이 의인을 끝내 잊지 못해 환국 이후(1946년, 71세)에도 김주경의 강화 옛 집을 찾아가는가 하면 유족을 탐문해 그의 딸과 친척 등을 만나지만, 백범이 글을 가르쳤던 주경의 아들 윤태潤泰는 이북에 가 있어 상봉이 불발된다. 김구 석방 운동을 펼치던 김주경의 주선으로 백범의 부모(김순영, 곽낙원)가 법부에 올린 두 통의 청원서(1898년 2월)는 현재 서울대 규장각에 보존돼 있다.

김구와 유완무가 처음 만나 주고받은 '용두사미龍頭蛇尾' 문답이 재미있고 의미심장하다. 김구는 자신을 지나치게 칭찬하며 환대하는 유완무에게 이렇게 말한다. "세상엔 조그만 일이 크게 부풀려져 엉뚱하게 퍼지는 침소봉대針小棒大가 많습니다. 저에 관한 평판은 용의 머리이나 실물은 뱀의 꼬리일 수도 있습니다. 소문과 달리 하찮고 졸렬하니 낙심하게 될 것을 미리 염두에 두십시오."

그러자 유완무가 빙그레 웃으며 받는다. "뱀의 꼬리를 붙잡고 올라가면 용의 머리를 보겠지요."

유완무가 약속한 일들, 김구를 서울로 유학 보내고 부모를 연산에 모시는 일은 결국 성사되지 못했다. 소용돌이치던 시국이라 여의치 않았던 것이다.

김주경과 유완무를 비롯, 김구를 구출하려 한 사람들은《백범일지》가 아니라면 이름조차 남지 않았을 의인들이다. 김구는 이들을 10여 쪽에 걸쳐 기술하며 이름을 수십 번 언급한다. 백범에게 가장 중요한 것은 역시 '사람'이었다.

5장

고뇌와 갈등의
청년기

1 새것과 옛것의 충돌

Q 몇 년 간의 도피 유랑 생활을 거치며 많은 일을 겪었다. 세상 경험을 쌓고 견문을 넓히면서 사상이나 세계관은 예전과 어떻게 달라졌는가?

A 고능선 선생을 뵌 지도 꽤나 오랜 세월이 흘렀다. 나는 부모님을 모시려고 귀향하던 길에 해주 비동飛洞을 지나다 고선생 댁에 들렀다(1900년 11월, 25세). 얼마나 그리던 얼굴인가. 4~5년 만에 스승을 마주하니 지난 일들이 주마등처럼 스쳤다.

이윽고 선생이 말문을 여셨다. "왜놈 죽인 자네 의거 소식 듣고 내가 평소 기대했던 자네답다 싶었네. 탄복을 금치 못했지. 유의암(柳毅菴: 유인석) 선생께 말씀드렸더니 선생이 저술한 《소의신편昭義新編》 속편에 '김창수는 의기남아'라고 기려놓았더군. 지금 의암은 공자 성상聖像을 모셔 사람들의 숭모하는 마음을 드높이면서 한편으론 무사武士들을 소집해 훈련 중이라네. 그러니 자네도 속히 선생께 가서 장래의 큰 계획을 선생과 함께 도모함이 어떻겠는가?"

나는 그사이에 깨달은 바를 보고드렸다. 또 선생이 힘주어 가르치시던 "중국을 높이 받들고 서양 오랑캐를 물리치자(尊中華 攘夷狄: 존중화 양이적)"는 주장도 덮어놓고 따를 게 아니라 상황에 따라 달리 생각해 볼 문제임을 말씀드렸다. "어떤 나라건 그 나라 사람들이 자기 나라를 다스리는 큰 줄기를 보고서 행실이 오랑캐 같으면 오랑캐로, 사람 같으면 사람으로 대우하면 될 것입니다. 얼굴은 사람이나 행실은 금수禽獸인 우리나라 탐관오리들이야말로 사실은 오랑캐인 거지요. 또 지금은 임금 스스로 벼슬 값을 매겨 관직을 팔고 있으니, 이런 오랑캐 임금과 내 나라 오랑캐들조차 배척하지 못하면서 남의 나라 오랑캐를 어찌 배척할 수 있겠습니까? 저 대양 건너 나라들은 공자와 맹자 그림자도 못 보았지만 국가 제도며 문명은 공맹孔孟의 법도 이상으로 발달해 있습니다. 제 짧은 소견으론 오랑캐한테서도 오히려 배울 것이 많고, 공맹한테서도 도리어 버릴 게 있다고 생각합니다."

"자네, 개화꾼과 많이 상종했나? 내가 만나본 몇몇 개화꾼도 자네랑 같은 말을 하더군."

"그렇다면 선생님이 보시는 국가의 장래 대계는 어떠한지요?"

"선왕先王의 법과 도가 아닌 것은 구태여 따져 말할 필요도 없네. 자칫하면 피발좌임(被髮左衽: 머리를 풀고 옷깃을 왼쪽으로 여민다는 뜻으로, 미개한 나라의 풍습을 일컫는 말)의 오랑캐가 될 터이니."

"피발좌임이라 하시니 드리는 말씀입니다만, 머리털은 피에서 나오고 피는 음식이 소화된 정수精髓이니 음식을 먹지 않으면 머리털도 자라날 수 없습니다. 설사 머리를 천 길이나 길러 매우 크고 멋진 상투를 올린들 왜놈이나 양놈들이 그걸 무서워하지 않으면 무슨 소용이 있겠습니까? 탐관오리와 토호들이 우리 백성이 아니라 왜와 서양을 압박한다면 천하를 호령하게 될 것입니다. 하지만 그네들은 다만 내 백성의 고혈膏血을 빨아다가 왜놈과 양놈들에게 바치며 아첨할 따름입니다. 이래서야 나라가 망하고야 말겠지요. 세계 여러 문명국가의 교육제도를 배워 학교를 세우고, 자녀들을 가르쳐 건전한 2세 국민으로 길러내야 합니다. 아울러 애국지사들을 규합해 온 국민으로 하여금 나라를 잃는 고통과 나라가 발전하는 복락이 무엇인지, 실상을 제대로 알게 해야 망해가는 나라를 구할 수 있다고 제자는 감히 생각합니다."

"박영효(朴泳孝, 1861~1939, 갑신정변을 주도한 한말의 급진 개화파 정치가)와 서광범(徐光範, 1859~1897, 조선 말기 개화파 정치가) 같은 역적들이 주장하던 말을 자네한테서 듣게 될 줄이야! 만고천하에 끝없이 존속하는 나라, 끝없이 사는 사람은 없는 법이라네. 우리나라도 망할 운명이 돼버린 것을 어쩌겠는가. 망하는 나라를 망하지 않게 하는 도道를 구한다는 핑계로 왜놈에게도 배우고 양놈에게도 배우다가 나라도 못 구하고 절의節義까지 배반한 채 죽어 지하에 간다면 선왕과 선현을 무슨 면목으로 대하겠는가 말일세."

대화를 나누다 보니 자연 신구新舊의 충돌이 생겼다. 역시 고 선생은 심지가 굳었다. 집안에서 서양 물건이라곤 당성냥 한 개비 쓰지 않고 사시는 선생이 한편으론 고상해 보였다.

스무 살(1895년)에 사제의 연을 맺고 치하포 사건(21세)과 탈옥(23세)으로 삼남 일대를 떠돌다 25세(1900년)에 스승을 다시 만났으니 감회가 어찌 새롭지 않았겠는가. 5년 동안 백범은 생사

의 갈림길을 넘나들며 인생과 세상의 새로운 지평을 열게 된다. 그러나 존경하는 스승은 요지부동이다. 단발령과 의병 거사 문제로 고능선이 안태훈에게 절교를 선언하던 5년 전만 해도 김구는 스승과 생각이 일치했다. 그러나 이제 스승 고능선과도 큰 사상의 간극이 생겼음을 절감하게 된다. 새로 유입된 신지식과 신문물이 기존의 전통과 불화를 빚은 것은 시대의 숙명이기도 했다.

'신구의 충돌'이 있던 그날, 김구는 고 선생과 하룻밤을 함께 지내고 이튿날 하직 인사를 드렸다. 그것이 이승에서의 마지막 인사일 줄은 미처 몰랐다. 고 선생이 충청도 제천 어느 일갓집에서 객사했다는 소식을 나중에야 전해 들었던 것이다. 그 사실이 못내 마음에 걸렸던지 백범은 일지에 탄식 어린 비가를 적어놓고 있다.

> 다시는 이 세상에서 그처럼 나를 사랑하시던 위엄 어린 얼굴 뵐 수가 없고, 참되고 거룩한 사랑 두 번 다시 받지 못하게 됐으니, 아아, 참으로 슬프고 가슴 아프도다!

백범의 사상과 세계관은 상해 망명 생활을 거치면서 변화와 발전을 거듭한다.《백범일지》하권에 따르면 1930년대 초반 김구는 이런 생각을 했다.

> 우리 민족의 비운은 시대사상의 산물이다. 국리민복을 도외시하고, 주희朱熹 학설 같은 강고한 이론을 주창해 사색당파가 생겨 수백 년 동안 다투기만 했다. 오늘날도 청년들은 늙은이들을 노후老朽니 봉건 잔재니

하며 비판하는데, 일견 수긍할 부분도 있지만 그들 또한 문제가 적지 않다. 주자의 방귀를 '향기롭다'고 하던 자들을 비웃던 입과 혀로, 이제 레닌의 방귀는 '달콤하다'고 하고 있으니, 청년들이여, 정신 차릴지어다. 나는 결코 주자학설의 신봉자도, 마르크스와 레닌주의의 배척자도 아니다. 이 나라의 특성과 우리 백성의 수준에 맞는 주의와 제도를 연구하고 실행하려 머리를 쓰는 자가 정녕 있는가? 만약 없다면 이보다 더 슬픈 일도 없으리라.

백범처럼 맑고 넓고 열린 가슴에는 낡은 봉건적 사고와 편협한 볼셰비즘(Bolshevism: 러시아 사회민주노동당의 급진파인 볼셰비키의 정치사상 및 이론)이 수용될 수 없었다. 그가 자유민주주의 사상을 좀 더 일찍 접했더라면 얼마나 좋았을까.

2   파혼, 파혼, 파혼…

Q 평생의 스승 고능선 선생의 손녀와 약혼했고 이외에도 몇 차례 혼담이 오갔지만 매번 결실을 맺지 못했다. 결혼에 이르기까지 왜 그리 우여곡절이 많았는가?

A 청국 기행에서 돌아오니(1895년 말, 20세) 나는 약혼남이 돼 있었다. 고능선 선생의 장남 원명 부부가 콜레라를 앓다 죽었고, 고 선생과 우리 부모님은 원명의 맏딸, 곧 선생의 맏손녀와 나를 짝 지워주기로 한 상태였다. 내력은 대강 이러하다.

내가 청나라로 떠난 뒤 고 선생은 자주 찾아와 내 됨됨이를 물으셨고, 부모님은 어릴 적 식칼 사건을 비롯해 엿, 떡, 물감 사건 등을 숨김없이 말씀드렸다. 선생은 장남 내외를 잃고 상심이 크셨던지 어느 날 사돈을 맺자고 청하셨다. 부모님은 "선생 집안에 욕이 될까 두렵다" 하셨지만, 선생은 "창수는 범상虎相이라 장차 범의 냄새도 풍기고 범의 소리도 질러 세상을 놀라게 할 인물"이라고 추켜세우면서 강권하다시피 해 그날로 약혼이 성사됐다는 거였다.

나는 내심 어깨가 무거웠지만 선생 댁 규수의 자태며 성품, 가정교육을 익히 봐온 터라 마음이 뿌듯했다. 무엇보다 내가 가장 존경하는 스승이 상놈에 밉상인 나를 그렇게나 높이 평가했다는 사실이 감격스러웠다. 그후 선생 댁에 가면 규수는 할아버지 밥상에 내 숟가락을 같이 놓고 가끔 동석을 하기도 했다. 그러면 설레고 기뻤다. 예닐곱 살 먹은 규수의 여동생 역시 나를 '아저씨'라 부르며 안아달라, 업어달라, 스스럼없이 굴었다.

한데 예기치 않았던 일이 벌어졌다. 부모님께서 양반 가문 며느리를 맞을 준비로 분주하던 어느 날, 고능선 선생이 낙심한 얼굴로 나를 찾아왔다. "이런 변고가 또 있나. 어제 김 아무개金致景란 자가 나를 찾아와서는 칼을 내어놓고 하는 말이 가관이었다네. '김창수는 일찍이 내 딸과 정혼한 사이니, 당신 손녀는 첩이라면 모를까 정실로 보낸다면 이 칼로 생사를 가리겠다' 하지 않는가. 나는 자네가 종전에 약혼 사실은 있으나 파혼한 줄로만 알고 혼인을 맺자 했는데, 이 일을 어쩌면 좋겠는가?"

고 선생은 눈물 흘리며 탄식하셨다. 결국 혼사는 없던 일이 되고 말았다. 그후 고 선생은 해주 비동으로, 우리는 본향 텃골로 세간살이를 옮겨 이사를 했다.

부친상(1901년 1월 28일, 26세)을 치르는 동안 아무데도 가지 않고 숙부(김준영)의 농사를 도왔더니 숙부는 기특했던지 200냥을 주면서 이웃 어느 상민의 딸에게 청혼하라 하셨다. 나는 사양했다. 상놈의 딸은 고사하고 정승의 딸이라도 재물을 따지는 결혼은 죽어도 안 하겠다고 다짐한 터였다. 크게 노해 낫을 들고 달려드는 숙부를 어머니가 막으셨고, 나는 도망쳤다.

스물일곱 살(1902년) 정월, 먼 친척 할머니에게 세배를 갔다가 혼사 걱정을 하시는 할머니께 결혼 조건을 말씀드렸다. "첫째, 재산을 따지지 말 것. 둘째, 학식을 갖출 것. 셋째, 직접 만나 서로 마음이 맞는지 알아볼 것. 이 셋을 만족시킬 여자라면 아내로 맞으렵니다."

할머니는 첫째와 둘째 조건엔 고개를 끄덕였지만 셋째 조건에는 심히 난색을 보였다.

"어디 혼처는 있습니까?"

그리하여 나는 할머니를 따라 내 신붓감으로 봐둔 처녀가 산다는 오두막집으로 가게 됐다. 처녀의 이름은 여옥如玉. 가만가만 걸어 들어와 자기 모친 뒤에 앉은 여옥에게 나는 여자 나이 스물 이전에 공부를 해야 하는 이유와 부친상 중인 내 상황을 설명해준 다음 단도직입적으로 물었다. "처자는 나와 혼인할 마음이 있습니까? 또 탈상할 때까지 혼례를 미루고 내게 학문을 배울 생각이 있습니까?"

내 귀엔 여옥의 말소리가 들리지 않았지만, 할머니와 그녀의 모친 말로는 처자가 "그리하겠다"고 대답했다고 한다.

어머니와 숙부에게 약혼 사실을 알리고 나는 선생이 되어 '신부 수업'에 들어갔다. '여성용 국어 독본' 같은 책자를 만들고 지필묵을 준비해 틈만 나면 처가에 가 미혼의 아내를 가르쳤다.

탈상할 날이 다가오자 어머니는 혼례 준비로 바빠지셨다. 그런데 이게 웬일인가. 계묘년(1903년, 28세) 정초에 먼 일가 댁으로 세배를 갔던 나는 여옥의 병세가 위중하다는 급보를 받고 처가로 달려갔다. 여옥은 지독한 만성 감기를 앓아 병색이 완연한 얼굴인데도 나를 매우 반겼다. 그러나 외딴 산중에서 변변히 약도 못 써보고 내가 달려간 지 사홀 만에 죽고 말았다. 내 손으로 염습해 여옥을 남산에 묻고 무덤 앞에서 영원히 이별해야 했다. 한데 그걸로 끝이 아니었다.

독립운동만큼이나 힘든 것이 결혼이었다. 청나라 여행을 떠난 사이에 어른들끼리 정혼한 스승의 맏손녀, 스물일곱에 약혼한 여옥, 도산 안창호의 여동생 신호(5장 3절 참고), 백범은 이들과 기구한 사연으로 헤어진다. 관상학에 몰두해 있던 시절, 자신의 얼굴 어디에도 좋은 상은 없고 흉하고 천한 상뿐이었던 씁쓸한 기억을 떠올렸을 법도 하다. 하지만 김구를 손녀사위로 삼으려던 고능선은 그의 관상을 '호랑이의 상'으로 높이 평가한다. 짧은 인중, 넓은 이마, 활달한 걸음걸이에서 장차 세상을 향해 포효할 범상치 않은 기운을 읽은 것이다.

김구가 고능선의 맏손녀와 파혼에까지 이르게 된 내막은 이러하다. 김구 나이 네댓 살 때 부친은 한 술집에서 함지박 장수 김치경을 만나 그에게 여덟아홉 살 난 딸이 있다 하자 술김에 청혼하고 사주단자까지 보낸다. 그후 김치경의 딸은 종종 김구 집에 놀러 왔고, 김구는 동네 아이들로부터 "함지박 장수 사위야, 네 색시 얼굴 곱더냐?"라고 놀림을 받곤 했다. 그럴 때마다 김구는 심사가 매우 불쾌했다. 어머니를 졸라 아이를 돌려보낸 적도 있었다. 그러나 파혼은 안 한 상태에서 청일전쟁(1894년, 19세)이 일어났다.

당시는 민심이 동요해 자식들 결혼을 재촉하던 때라서 김구의 부모도 혼례를 서둘렀다. 그러나 동학 접주였던 김구가 한사코 거부해 혼약을 깨기로 합의했다. 그랬는데 김치경이 뒤늦게 김구가 고 선생 손녀사위가 된다는 소문을 듣고 돈푼깨나 뜯어내려고 혼사를 훼방놓은 것이다. 김치경은 그때 이미 딸을 이웃 마을에 시집보내기로 하고 돈까지 받은 상태였다고 한다.

고능선도 백범의 의사와는 전혀 무관하게 진행된 이 터무니없는 정혼의 전후 사정을 모르지 않았을 것이다. 그런데도 탄식의 눈물까지 흘려가며 혼사를 포기하는 태도는 다소 뜻밖이다. 일점일획도 그르침이 없는 꼿꼿한 성리학자로서 사실의 진위를 떠나 세인들의 입방아에 오르내리는 일을 용납할 수 없었을 것이다. 일생의 교우 안태훈(안중근 의사 부친)이 훗날의 더 큰 일을 위해서라면 시대 흐름에 맞춰 머리를 깎을 수도 있다고 하자 단 한마디로 절교한 그가 아니던가.

3 서른한 살에 열여덟 살 소녀를 신부로 맞다

Q 흠모했던 신여성 안신호와도 헤어지고 서른이 넘어서야 비로소 백년가약을 맺었다. 재산을 따지지 않고 학식을 갖추고 서로 마음이 맞는 여인을 아내로 맞겠다고 했는데 당시 최준례는 그런 여성이었나?

A 여옥을 잃은 그해(1903년, 28세) 여름, 도산 안창호(島山 安昌浩, 1878~1938)의 여동생 신호信浩와 맺은 혼약도 이이없는 이유로 물거품이 돼버렸다. 안신호라는 신여성을 내게 소개한 사람은 최광옥(崔光玉, 1879~1911)이었다. 당시 평양 숭실학당(지금의 숭실대학교) 학생으로 교육과 애국 열정으로 세간에 명성이 자자했던 청년이다. 당시 나는 예수교가 주최하는 사범師範 강습을 받기 위해 평양에 가 있었는데 최광옥과는 가깝게 지내며 장래를 의논하던 사이였다. 하루는 그가 결혼 여부를 묻기에 과거 몇 차례의 쓰라린 실패담을 대략 들려주었더니 대뜸 안신호 양과 약혼할 것을 권유했다. "신호는 안창호의 누이동생으로 정신여학교를 우수한 성적으로 졸업한 20대 재원인데 활달하고 명랑하며, 빛나는 별 같은 신여성"이라는 것이었다.

나는 일단 직접 대면해 서로 뜻이 통하고 생각이 맞으면 결혼하기로 했다. 맞선 장소는 안창호의 장인 이석관李錫寬의 집이었다.

안신호와 헤어져 숙소로 돌아온 내게 뒤따라온 최광옥이 신호를 만나본 소감과 의향을 물었다.

"짧은 대화였지만 서로 뜻과 생각이 맞는 것 같더군요."

"신호 역시도 그렇게 말하더군요. 두 사람 마음이 똑같으니 그렇다면 아예 내일 약혼까지 하고 나서 고향으로 돌아가면 어떻겠습니까? 신호도 동의한 바입니다."

속전속결이고 어머니에게 알리지도 못한 상태였지만 나는 그러마고 했다. 그만큼 신호가 마음에 들었기 때문이다. 그러나 어찌 예상이나 했으랴. 하룻밤 사이에 상황은 극적으로 돌변해 있었다. 날이 밝자마자 최광옥이 달려와 뜻밖의 소식을 전했다. "신호가 어제 저녁 편지 한 통을 받고 고민으로 밤을 새웠다는군요. 오라버니 도산이 미국으로 건너갈 때 상해를 경유했는데 그때 상해의 한 중학교에 다니던 양주삼梁柱三이란 청년에게 신호와 결혼해달라고 했다는 겁니다. 양주삼 군은 졸업 이후로 결정을 미루었고요. 그런데 신호가 어제 형을 만나고 돌아가니 양 군으로부터 '이제 학업을 마쳤으니 결혼 여부를 통보해달라'는 편지가 와 있더라는 겁니다. 양손에 떡을 들고 고민 중인 신호가 어떤 결론을 내릴지 확답을 듣고 떠나는 편이 좋겠습니다."

당혹스러웠지만 일단 기다려보기로 했다. 아침밥을 먹고 나자 최광옥이 다시 와 안신호의 결심을 말해주었다. "신호는 도의상 형이나 양주삼이나 누구를 고르고 누구를 버릴 처지가 못 돼 양쪽을 다 버릴 수밖에 없다고 하더군요. 그래서 이미 청혼은 받았지만 몸이 허약해 망설였던, 어릴 적부터 한 동네에서 같이 자란 김성택金聖澤을 배우자로 택하고 양군과 김형 두 사람은 거절하기로 마음먹었답니다."

돌이킬 수도 어쩔 수도 없는 일이었지만, 나는 내심 섭섭함과 아쉬움을 감출 길이 없었다. 흠모의 정이 여운처럼 오래도록 머문 여인이었다.

시간이 지나 안신호는 나를 찾아와 이렇게 말했다. "이제부터 당신을 오라버님으로 섬기겠습니다. 미안합니다. 내 사정을 헤아려 너무 섭섭하게는 생각지 마세요."

그후 3년이 흘렀다. 서른한 살 때(1906년) 마침내 나보다 열세 살 아래인 열여덟 살 신부와 백년가약을 맺었다. 황해도 신천 사평동에 사는 최준례崔遵禮라는 기독교 교회 학생이었는데 이 결혼 역시 순탄치 않았다.

준례는 서울 태생으로 젊어서 과부가 된 김 부인의 두 딸 중 막내였나. 김 부인은 제중원(濟衆院: 세브란스 병원의 전신)에서 일하다가 큰딸을 이 병원 의사였던 신창희申昌熙에게 시집보냈다. 그후 맏사위가 신천에서 병원을 내자 여덟 살이던 막내딸 준례를 데려와 그때부터 사위의 집에 얹혀살고 있었다.

나는 교회 장로(신천군 사평동 교회 초대 장로 양성칙)의 중매로 준례를 만나 혼약을 맺었는데, 돌연 교회에 평지풍파가 일어났다. 오래전에 이미 김 부인이 딸 준례를 이웃 동네 청년 강성모姜聖謨에게 주기로 한 상태였기 때문이다. 그러나 준례는 혼인의 자유를 주장하며 나와 결혼할 뜻을 굽히지 않았다. 교회 목사와 선교사까지 나서서 강성모와의 결혼을 권했지만 준례는 요지부동이었다. 그러자 강성모는 고발을 했다.

내게도 이 혼사를 포기하라고 종용하는 이들이 많았다. 하지만 나 역시 본인의 의사와 자유를 무시한 부모의 일방적 허혼은 인정할 수 없었다. 모든 반대를 무릅쓰고 우리는 곧바로 행동에 들어갔다. 준례를 사직동 내 집으로 데려와 약혼식을 치른 다음 서울에 있는 경신학교로 유학을 보내버린 것이다.

결국 나와 준례는 교회에 반항한 죄로 책벌을 받았다. 나는 교회가 구식 조혼早婚을 용인하고 개인의 자유를 무시하는 것은 잘못된 일이고 사회 악풍을 조장하는 행위라며 항변했다. 결국 군예빈(君芮彬, Edwin W. Koons,1880~1947)* 목사가 책벌을 풀고 혼례서를 만들어주어 비로소 우리는 정식 혼인 부부가 될 수 있었다.

안신호는 성품이 쾌활하고 결단력이 빠른 당대 보기 드문 여성이었다. 해방 이후 북한에 남아 진남포 기독교여맹위원장으로 활동했고 1948년 4월, 남북연석회의에 참석한 김구를 수십 년 만에 다시 만나 평양 여러 곳을 수행했다. 그때 김구가 잠시 주지를 지냈던 대보산 영천암(4장 6절 참고)과 도산이 한동안 머물렀던 송태골 별장을 찾아 찍은 흑백사진 속의 백범과 안신호를 보고 있으면 왠지 가슴이 아릿하고 애잔해진다. 김구의 비서로 북행을 수행했던 선우진

---

* 서울 경신학교 교장(26년간 봉직)을 지낸 미국인 선교사(목사)로 새문안교회에서 4년간 시무했다. 고학생과 지방 학생을 배려하고, 일본의 침략 전쟁에는 적극 반대했다. 대일본 심리전 활동도 벌였다.

평양 방문 길에 45년 만에 극적으로 재회한 안신호와 대보산 송태산장을 찾은 김구(1948년 4월 26일). 사진 왼쪽부터 안신호, 김신, 안성결, 김구, 안치호(안창호의 형)

은 회고록에서 두 사람의 재회 순간을 이렇게 회상했다.

4월 21일로 기억한다. 점심 전에 안신호 여사가 호텔로 백범 선생을 찾아왔다. 45년 만의 재회였다. 두 분은 반갑게 인사를 나누었다. 안 여사는 흰 치마저고리 차림에 교회 다니는 사람들이 흔히 들고 다니는 검정 가방을 든 모습이었다. 머리도 희끗희끗했다. 젊은 날 인연이 될 뻔했던 두 분이 백발이 되어 다시 만난 것이다. 그 심정이 어떠했을까. 더군다나 한 분은 남쪽에, 또 한 분은 북쪽에 적을 두고 있는 상태인지라 언제 또 다시 만날지 모를 상황이었다. 안 여사는 이후로도 호텔에 자주 들러 선생의 말벗도 되고 잔시중도 들어주었다. 목사였던 남편과 사별한 여사는 뜻밖에도 말끝마다 김일성을 추켜세우는 열성 당원이 돼 있었다. 교회에서 선생은 찬송가를 부르지 않았지만, 안 여사는 목청을 돋우어 열심히 노래를 불렀다. 나란히 앉은 두 분의 모습이 다정스레 보였다.

_선우진, 《백범 선생과 함께한 나날들》

 김구의 아내 최준례(1889~1924)가 10대 소녀 시절부터 자유 결혼을 꿈꾸었을 뿐 아니라 실천했다는 사실이 경이롭고 신선하다. 여성의 성향이나 의사는 고려 대상이 아니고 혼사에 전혀 반영이 안 되던 시대에, 그것도 어머니가 이미 오래전에 다른 청년을 예비 사위로 못 박아 놓은 상황에서 말이다. 김구 또한 당시 조혼으로 인한 갖가지 폐해를 절감하고 있던 터라 이 신여성을 동정하고 그녀의 입장에 깊이 공감했다. 둘은 한마음이 되어 관습의 벽을 훌쩍 뛰어넘는다. 여러 차례 가슴 아픈 경험을 뒤로하고 마침내 천생연분, 필생의 동지를 만나게 된 것이다.
 고능선 손녀딸과 파혼한 이후 네 번째 만에, 함지박 장수 김치경의 딸까지 포함하면 다섯 번째 만에 성사된 결혼이었다. 그러나 백범의 일생에서 가장 안락했던 최준례와 함께 차린 장련읍 사직동 생활은 그리 오래가지 않았다. 거처를 제공하는 등 후원을 아끼지 않았던 오인형吳寅炯 진사(1873~?, 5장 4절 참고)가 사업에 실패한 후 일찍 사망해 김구는 가족과 함께 안악으로 이사해야 했기 때문이다.

4   기독교인이 되어 교육 열정을 불태우다

Q 기독교에 귀의한 후 신교육 운동에 뛰어들었다. 1905년 을사늑약이 체결된 후 물리적 투쟁보다 교육기관을 세우고 운영하는 일에 더욱 매진한 이유는 무엇인가?

A 아버지의 삼년상을 마친 1903년 2월(28세), 전도사였던 우종서의 권유로 기독교에 귀의했다. 약혼녀 여옥이 죽은 지 두 달 만이다. 그때부터 손에 성경책을 들고 보내는 시간이 많아졌다.

 평안도는 물론 그즈음 황해도에 불어닥친 신교육 풍조 역시 예수교의 영향을 많이 받았다. 문에 빗장을 걸어 잠근 채 자기를 지키기에만 급급하던 사람들이 예수교에 투신함으로써 서양 선교사들을 통해 바깥세상에 눈이 뜨이자 신문화 발전을 도모하게 된 것이다. 예수교를 믿는 이들은 대부분 중류 계급 이하여서 실제로 학문을 배우진 못했지만, 선교사들의 어눌한 반벙어리 말이라도 들어 신앙심과 함께 애국심까지 갖게 됐다. 당시 애국 사상을 지닌 이들 중 대다수는 예수교 신자들이었다. 나 역시 예수교를 믿으면서 신교육 운동에 뛰어들어 직접 교단에 서게 되었다.

신교육은 1903년 장련읍 사직동에서 시작했다. 그해 2월 사직동으로 이사한 나는 오인형 진사의 배려로 먹고살 걱정이 없게 되자 큰사랑에 학교를 열었다. 오씨 집안 자손을 중심으로 신교육에 뜻을 둔 이들의 자녀를 모아 방 중간에 세운 병풍으로 남녀의 자리를 구별해 앉혔다. 신교육과 기독교 선교를 병행했다. 1년도 안 되어 교세가 크게 일어나 장련공립소학교가 된다. 강사가 칠판 앞에 서서 산술, 역사, 지리 등 신학문을 가르친 곳은 황해도에선 장련학교가 유일했다.

을사년(1905년, 30세) 11월 17일, 이른바 신조약(을사늑약)이 체결됐다. 며칠 후(11월 20일) 장지연張志淵은 황성신문에 사설〈시일야방성대곡是日也放聲大哭〉(오늘 목 놓아 통곡하노라라는 뜻)을 발표해 통탄했으며, 재야 학자들까지 나서서 전국에서 의병을 일으켰다. 기독교계에서도 구국 기도회만으론 부족하다는 여론이 일었다. 행동이 필요한 시기였다. 진남포鎭南浦 에프위스 청년회(Epworth League: 미국 클리블랜드에서 창립된 감리교 청년 단체) 총무였던 나는 지역 대표로 본부격인 서울 상동(尙洞: 지금의 중구 남창동) 교회에 파견됐다. 각 도 청년회 대표가 모여 겉으로는 교회 사업을 토의한다는 핑계를 댔지만, 속으로는 애국 운동을 모의하고 결행하는 자리를 마련한 것이다. 먼저 의병을 일으킨 재야 학자들이 구사상 쪽이라면, 우리 예수교인들은 신사상 쪽이라 할 수 있겠다.

논의 결과 상소上疎 투쟁을 벌이기로 의견을 모았다. 대한문 앞과 종로에서 연설하다가 일본 순사대와 육박전을 벌였다. 칼을 휘두르고 총을 쏘는 그들에게 우리는 기왓장과 벽돌로 맞섰다.

11월 30일 민영환(閔泳煥, 1861~1905)* 공의 할복자살 소식을 듣고

에프워스 청년회 본부가 있던 서울 상동교회(중구 남창동). 신민회 사건으로 인한 고문 후유증으로 숨진 전덕기 담임목사가 이 교회를 민족운동의 요람으로 키워냈다.

몇몇 동지들과 빈소를 찾아 조문했다. 오는 길에 종로 네거리 군중집회에서 자결을 시도한 의정부 참찬 이상설(李相卨, 1870~1917)[**]이 피로

---

[*] 을사늑약이 체결되자 조약에 찬동한 5적의 처형 및 조약 파기를 요구하는 상소를 올렸으나 효과가 없자 국민과 각국 공사에게 유서를 남기고 자결했다. 호는 계정(桂庭), 시호는 충정(忠正)이다.

[**] 을사늑약 상소운동을 주도하다 1906년 북간도로 망명했다. 1907년 고종의 특사로 헤이그에 갔으나 뜻을 못 이루자 해외를 무대로 활동했다. 1915년 상해에서 신한혁명당을 조직했다. 호는 보재(溥齋)이다.

얼룩진 옷차림에 맨상투 바람으로 인력거에 실려 가는 모습도 보았다.

당초 상동교회 회의에선 대여섯 명씩 조를 짜 앞선 조가 처형당하더라도 뒤를 이어 계속 상소를 올리며 치열하게 싸우기로 결의했지만, 이내 계획을 바꾸었다. 아직 민중의 의식이 빈약하고 각오가 부족해 투쟁보다 더 급하게 할 일이 있다고 판단했기 때문이다. 그리하여 모였던 동지들은 각자의 위치로 흩어져 신교육을 전파하며 애국 사상을 불어넣는 일에 매진키로 했다. 나 역시 그런 과업을 안고 황해도로 발길을 돌렸다.

나는 황해도 여러 학교에서 교단에 섰다. 장련의 광진학교(1906년, 31세), 신천의 서명의숙(1906년), 안악의 양산학교(1907년), 재령의 보강학교(1909년, 34세) 등이다. 교육 사업이 불모지나 다름없던 시대였다. 학교를 세워도 학생 모집이 쉽지 않았다. 자녀를 학교에 보내라 하면 머리 깎는 것이 문제라며 꺼리는 부모들이 많았다. 내가 아무리 "교육은 단발이 목적이 아니다. 인재를 길러 장차 완전한 국가의 일원이 되게 함으로써 약한 내 나라를 부강하게 하고 어둠에서 광명을 되찾게 하려는 것이다"라고 설득해도 그들은 천주학이나 하라는 소리인 줄 알고 대화 자체를 기피하기 일쑤였다.

나는 학령기 아동을 둔 집들을 일일이 방문해 머리를 깎지 않겠다는 조건으로 애걸하다시피 아이들을 데려왔다. 그런데 또 문제가 생겼다. 위생 관념이 없다 보니 아이들 머리에 온통 이와 서캐가 득실거렸다. 나는 참빗과 얼레빗으로 하루에도 몇 시간씩 아이들 머리를 빗겼다. 그러나 학생 수가 늘자 도저히 감당이 되질 않았다. 수업 시간보다 머리 빗질에 뺏기는 시간이 더 많을 지경이었다. 다시 학부모들을 찾아다니며 어렵사리 승낙을 얻은 다음 내가 이발사가 되어 아이들 머리를 짧게 깎아주는 수밖에 달리 해결책이 없었다.

  1908년(33세) 나는 김홍량, 최광옥 등과 힘을 합쳐 해서교육총회를 조직하고 학무총감을 맡았다. 황해도 각 지역을 돌며 교육기관을 세우고 운영하는 일에 주력했다. 폐병을 심하게 앓던 최광옥은 강연 도중 피를 토하며 쓰러져 죽고 말았다(1911년). 실력 있고 열성적이었던 청년지사의 죽음에 모두가 애석해했다. 나에게는 신여성 안신호를 소개해주기도 한 막역한 동지라서 더욱 안타깝고 슬픔이 깊었다.

  1910년(35세) 경술국치로 나라는 결국 병탄되고 말았다. 인심은 매우 흉흉해졌다. 원로대신과 관리들 중 자결하는 자가 속출하고, 교육계의 배일사상은 정점으로 치달았다. 그러나 아직도 합병이 무엇인지, 망국이 무엇인지조차 모르는 백성들도 많았다. 사랑하는 자식을 잃으면 슬퍼하면서도 어느 순간 자식이 살아 돌아올 것만 같은 생각이 든다던가. 나라는 망했지만 국민이 일치단결하고 분발하면 국권 회복인들 못할까 싶었다. 그러려면 교육이 답이었다. 세계 문명국가의 교육 제도를 본받아 학교를 세우고, 교육을 통해 후세의 애국심을 드높여 광복을 되찾는 길밖에 다른 방법이 없었다. 나는 마음을 다잡고 교육 사업에 더욱더 몰입하고 매진하기로 결심했다. 그것이 구국운동의 첫 걸음이라고 믿었다. 일찍이 고종 황제께서도 학교 설립을 촉구하고 장려하는 흥학조칙興學詔勅을 두 차례(1904년 5월, 1906년 3월)나 반포하지 않았던가.

> 나는 그리스도인인 고로 거짓 없는 내 양심은 내 죽음을 초월하고 나라를 사랑했습니다. 내가 만일 어떤 자의 총에 맞아 죽는다면 그것은 한 알의 밀알이 땅에 떨어져 많은 열매를 맺듯 이 나라에 많은 애국자를 일으킬 것입니다. 눈물과 피로 우리들이 갈망하는 조선을 하나님의 나라로 세워봅시다.

요한복음 12장 24절을 인용해 백범이 기독교 잡지 《활천活泉》(230호, 1946년)에 선서 혹은 유언처럼 남긴 글이다. 피와 눈물을 섞어 쓴 것 같은 이 엄숙한 맹세 그대로, 백범은 그리스도인으로서 죽음을 초월한 나라 사랑의 길을 걸었다. 자신의 최후를 예감이라도 한 걸까? 정말로 총에 맞아 한 알의 밀알로 땅에 떨어졌다.

20세기 초, 교회는 신문화와 접촉할 수 있는 거의 유일한 기관이었다. 집회도 교회 중심으로 이루어졌다. 1885년부터 1910년까지 설립된 전국 683개 교회 중 서북 지방(평안, 황해) 교회가 362개로 절반이 넘었다. 이곳은 1898년 기준, 교인 수가 전체의 79.3퍼센트(5,950명)에 이르는 한국 개신교의 요람이었다(손세일, 《이승만과 김구》, 제2권 64쪽에서 재인용). 김구는 기존 질서의 타파를 선도하는 기독교에 입문하면서 많은 선각자들을 만나게 된다. 평생의 동지인 석오石吾 이동녕(李東寧: 1869~1940)과도 상동교회에서 처음 인연을 맺었다(8장 6절 참고).

백범은 종교 편력이 다채롭고 넓었다. 동학(천도교)을 거쳐 유교와 불교를 순례하고 기독교에 이르렀다. 신앙의 자유가 확보된 자유의 나라, 민족문화국가를 세우는 꿈을 꾸었다.

을사늑약(1905년)을 계기로 항일민족운동은 의병 투쟁과 국민 계몽, 두 갈래로 전개된다. 계몽운동가들은 학교 설립을 자주 독립과 국권 회복의 길이라 믿었다. 1906년 63개에 불과했던 정부 인가 사립학교는 1910년 7월엔 2,237개로 늘어났다. 미인가, 미신고 학교까지 합하면 5천 개에 이를 정도였다. 김구가 교육에 종사하던 무렵 황해도 안악군은 신교육의 요람이자 신문화 운동의 개척지였다. 젊은이들이 열렬히 호응하는 가운데 사범 강습회를 세 차례나 열 만큼 앞서가는 교육 도시였다. 도산 안창호는 "우리 삼천리강토 열세 개 도마다 안악과 같은 고을이 하나씩만 생겨도 이 나라 문명은 10년 안에 일본을 따라잡게 될 것"이라고 극찬했다. 김구가 주야로 가르치며 재직했던 양산학교는 안창호의 평양 대성학교, 이승훈李昇薰의 정주 오산학교와 더불어 서북의 3대 명문 사립 중학교였다. 김구는 안악을 기반으로 황해도 전체 교육계의 지도자로 발돋움한다.

  그러나 기존 학문 입장에선 신교육이 도전이고 위협이었다. 서당은 학교의 등장이 반가울 리 없었다. 김구가 재령의 보강학교 교장으로 재직할 때 일이다. 신축 중이던 교사校舍에서 잇따라 원인 모를 불이 났다. 사람들은 '도깨비불鬼火'로 믿었지만, 김구가 밤마다 보초를 세운 결과 학생들을 학교에 빼앗겨 앙심을 품은 서당 훈장의 짓으로 드러났다. 또다시 불을 지르려다 들킨 것이다. 김구는 그를 경찰서로 보내는 대신 조용히 마을을 떠나도록 일렀다.

  장련은 상해 임시정부에 참여한 많은 청년을 배출했고, 해방 후 북한에서 김구의 지지 기반이었던 한국독립당 지부가 조직된 곳이다. 김구의 헌신과 열정이 기독교인들을 중심으로 장련의 분위기를 바꿔

놓은 것이다.

　백범은 평생 교육에 목말라했다. 정규 교육을 받지 못했기에 늘 배움을 갈구했다(3장 1절 참고). 나라가 힘이 약한 것도 교육 때문이고, 나라의 내일 또한 교육에 달려 있다고 굳게 믿었다. 누구보다 교육입국에 열정을 쏟았으며 미래의 주역인 청년들에게 희망을 걸었다.

5   뽕나무가 씌워준 감투

Q 관리도 양반도 아니면서 나라에서 할당한 뽕나무 묘목을 가져오는 중요한 일을 맡았다. 그런데 결국 묘목 수천 그루를 가져가지 않겠노라 거절한 이유는 무엇인가?

A 황해도 장련에서 기독교 전도와 신교육 사업에 열중할 때 (1903년, 28세) 일이다. 장련 군수 윤구영尹龜榮이 나를 불러 정부에서 양잠업을 상려하려고 뽕나무 묘목을 해주로 내려보냈으니 우리 군에 할당된 묘목을 가져오라고 했다. 이 일은 이권이 걸려 있어 장련군 토착 양반들도 서로 자기가 하겠다고 다투는 업무인데, 군수는 수리(首吏: 지방 관아 여섯 아전 가운데 우두머리인 이방아전) 정창극鄭昌極의 추천으로 특별히 내게 이 임무를 맡긴 것이다. 나는 민생과 관련된 매우 중요한 일이라 여겨 기꺼이 승낙했다.

  정창극은 출장비로 200냥을 주면서 "해주에 가면 관찰부에 뽕나무 묘목 운반 책임자인 농상공부 주사들이 파견 나와 있을 겁니다. 그들을 초청해 연회나 열어주고 부족한 금액은 정산해줄 터이니 출장에서 돌아와 청구하십시오" 했다. 그는 말을 타든 가마를 타든 좋을 대로 하라 했지만, 나는 나랏돈을 아끼려고 해주까지 걸어서 갔다.

해주에 도착해 관찰부로 갔더니 농부農部에서 특파된 주사가 장련군 몫이라며 뽕나무 묘목 수천 그루를 내주었다. 일일이 살펴보니 죄다 말라 비틀어져 쓸 만한 묘목이라곤 하나도 없었다. 나는 주사에게 가져가지 않겠노라고 단호히 말했다. 주사는 발끈 성을 내며 "상부 명령 불복종" 운운해가며 나를 협박했다. 나도 화가 치밀어 분개한 목소리로 꾸짖었다. "주사 양반은 서울에 살아선지 장련이 산골인 줄도 모르나 봅니다. 장련에도 땔나무라면 차고 넘쳐 다른 군에 손 내밀 일이 없건만, 하물며 먼 서울까지 손을 벌려 땔감을 구하러 왔겠습니까? 당신이 조정에서 뽕나무 묘목을 가져온 사명은 잘 관리해 싱싱한 상태로 나눠주고 심게 하는 것이거늘, 이처럼 묘목을 말라죽게 해놓고는 무조건 가져가라고만 위협하니 책임 소재를 분명히 따져 물어야겠습니다."

내가 관찰사에게 이 사유를 보고하고 그냥 돌아가겠노라고 엄포를 놓자 주사는 풀이 죽어 나를 누그러뜨리려고 애썼다. 장련으로 갈 묘목은 내가 직접 싱싱한 것으로만 고르되 숫자만 맞춰 달라고 사정했다. 나는 모두 살아 있는 묘목으로만 골라 물을 뿌려주는 등 관리에 신경써가며 말이 끄는 수레에 묘목을 가득 싣고 장련으로 돌아왔다. 정창극에게는 쓰고 남은 여비 130여 냥을 되돌려주었다. 그는 짚신 한 켤레에 얼마, 냉면 한 그릇에 얼마 하는 식으로 자질구레한 지출 내역까지 꼼꼼히 적힌 장부를 보면서 감탄을 금치 못했다.

"다른 사람이 다녀왔더라면 허위로라도 최소한 몇 백 냥은 더 청구했을 겁니다. 우리나라 관리들이 다 김 선생 같다면야 백성이 고통스러울 일이 뭐가 있겠습니까."

정창극은 비록 일개 수리지만 매우 검박해 누더기 옷을 입고 관에서 책정한 금액 말고는 단 한 푼도 횡령하거나 착복하는 일이 없어 군수도 그의 눈이 무서워 감히 탐학(貪虐: 탐욕스럽고 포학한 행위)을 하지 못했다. 직급의 높고 낮음을 떠나 양반의 위세를 빌려 오랑캐나 도적같이 백성을 착취하고 괴롭히는 탐관오리들이 넘쳐나던 시대였다. 정창극이야말로 드물고 귀한 존재였다.

며칠이 지나 서울의 농부에서 내게 뽕나무 묘목 관리를 맡긴다는 종상위원種桑委員 임명장이 내려왔다. 이 소문이 나자 그것도 벼슬이라고 내가 지나가면 담뱃대를 감추며 경의를 표하는 이들이 종종 눈에 띄기 시작했다.

백범의 정의로운 자세와 반짝이는 기지가 돋보이는 장면이다. 용기와 지혜로 난관을 극복해나가는 과정은 곧 김구의 일생이며, 지도자가 가야 할 길이기도 하다.

나랏돈을 아끼려고 걸어서 출장을 가고 남은 여비를 국고에 반납했다는 이 이야기는 조선시대 청백리들의 일화와 함께 이순신 장군의 청렴 강직한 성품을 떠올리게 한다. 이순신이 전라좌수영 소속 지역인 '발포(鉢浦: 전남 고흥군 도화면)'에서 '수군만호'로 재직할 때 일이다. 직속상관인 전라좌수사 성박이 심부름꾼을 보내왔다. 관청 뜰에 있는 잘 자란 오동나무를 베어 거문고를 만들겠다는 거였다. 이순신은 단호히 거부한다. "관아의 오동나무는 나라 것이니 가지 하나라도 함부로 베어 사사로이 쓸 수 없다"고 일갈하면서.

위기의 순간일수록 빛나는 백범의 리더십은 여러 예화들이 증명한다. 1945년 7월의 어느 날, 종남산 훈련장에서 점심 식사 도중 예기치 않았던 폭음이 터졌다. 사실은 훈련병들의 담력을 알아보기 위해 미군이 미리 장치해둔 폭약을 터뜨린 것이었다. 훈련병들은 혼비백산했고, 광복군 총사령관 지청천 장군마저 놀라 식기를 떨어뜨릴 정도였다. 다만 김구만이 태연하게 "이게 무슨 소린고?" 한마디 했을 뿐이었다. 장준하는 이 목격담을 전하며 회고록에 "김구 선생의 태연자약한 담력에 자못 감탄이 나오지 않을 수 없었다. 산 같은 의지력과 신념과 침착한 성품을 지닌 큰 그릇의 인물"이라고 적어놓았다.

1896년 3월 초(음력 1월, 21세)의 빙산 사건 역시 백범의 용기와 임기응변을 보여주는 사례다. 배를 타고 치하포로 향하던 김구는 10여 명의 승선객과 함께 강물 위를 떠다니던 빙산 무리에 포위되고 말았다. 배는 빙산에 떠밀려 진남포 하류까지 내려갔다가 조수를 따라 다시 상류로 오르락내리락했다. 사람들은 겁에 질려 어쩔 줄 몰라 했다. 추위와 배고픔이 밀려왔다.

"모두가 한꺼번에 힘을 모아 빙산을 밀어내고 길을 냅시다!"

김구가 앞장서자 불안에 떨던 사람들도 힘을 모으기 시작했다. 여럿이서 각각 장대를 들고 제일 큰 빙산을 힘껏 밀어냈다. 김구는 빙산 위에 뛰어올라 주변의 다른 빙산들을 장대로 밀쳐냈다. 그 빙산들이 떠밀리며 다른 작은 빙산들을 덩달아 밀쳐냈다. 그렇게 분투한 끝에 다행히 한 줄기 살 길이 트였다. 치하포 5리 밖 강기슭에 배를 대고 뭍으로 올라오니 서산으로 희미하게 달이 지고 있었다. 백범의 운명을 바꾼 치하포 사건이 일어나기 몇 시간 전이다.

6 노름을 몰아내고 마름을 내쫓으며

Q 누구나 가기 꺼리는 노름과 사기, 나태와 폭력이 판치는 농장의 관리인으로 자청해 간다. 그렇게 열악한 환경을 타개할 방책은 무엇이었나?

A 1915년, 나는 4년 8개월간의 감옥 생활을 마치고 가출옥했다(40세). 이후 하릴없이 아내 준례가 교편을 잡고 있던 안신학교에서 비공식으로 아이들을 가르치다 가을걷이 철이면 안악의 유지였던 김용진(金庸震, 1884~1937) 동지의 농장에 가서 일손을 거들며 소작인들의 추수를 살피고 감독했다(김용진은 안명근 사건 때도 함께 투옥됐으며 백범 가족을 도왔다). 이 일은 적성에 맞았고 읍내 생활은 싫증이 났다. 그래서 용진에게 이참에 아예 농감(農監: 지주를 대신해 소작인을 지도 감독하고 소작료를 거두는 사람) 노릇을 제대로 해볼 테니 동산평 농장으로 보내달라고 자청했다. 용진을 비롯한 동지들은 깜짝 놀라며 만류했다. 여러 모로 열악하고 풍토병까지 있는, 환경이 아주 열악한 농장이었기 때문이다.

나는 이렇게 말했다. "거기가 가장 성가시고 말썽 많은 데라는 걸 난들 왜 모르겠나. 내 몇 년간 동산평 소작인들의 악습과 적폐를 자세히 지켜보았으니 거기 가서 농촌 개량에나 취미를 붙이며 살까 하네."

김씨 가문에서 실수로 비싸게 사들인 동산평 농장은 예로부터 악명이 높았다. 농감과 소작인이 협잡해 수확량을 속여 가로채는가 하면, 베어낸 벼를 나르거나 타작할 때도 은근슬쩍 빼내는 양이 많아 수확량 자체가 미미했다. 게다가 마름이란 자가 소작인들에게 도박을 부추겨 빚을 지게 해 추수가 끝나면 소작인 몫의 곡물을 탈취하기 일쑤였다. 만약 노름판에 끼기를 거부하면 다시 농경지를 얻기가 어려웠다. 심지어는 아버지나 형이 도박을 할 때면 자식이나 동생이 망보는 일도 자주 있었다. 그런 비뚤어진 풍기를 바로잡고 싶은 열망이 나를 동산평으로 이끌었다.

정사년(1917년, 42세) 2월, 가족과 함께 동산평으로 이주한 나는 맨먼저 어머니에게 "내가 없을 때라도 소작인이 가져오는 뇌물을 절대로 받지 마시라"고 단단히 주의를 드렸다. 그래도 뇌물성 물품을 들고 오는 이들이 있어 나는 아예 소작인 준수 규칙을 몇 조목 만들어 공표해버렸다.

- 도박하는 자에겐 소작권을 주지 않는다.
- 학령 아동을 학교에 보내면 양질의 논 두 마지기씩을 얹어준다.
- 학령 아동이 있는데도 입학을 안 시키면 소작지 중 좋은 논 두 마지기를 회수한다.
- 근실하게 일해 작황이 좋으면 소작인에게 가을걷이 후 곡물을 추가로 준다.

그런 다음 동산평에 소학교를 설립하여 교사 한 명을 초빙하고 학생 20여 명을 모아 개학했다. 나도 틈틈이 아이들을 가르쳤다. 이제 토지를 소작하려면 학부형이 아니면 말 붙이기도 어려워졌다. 당연히 저항도 거셌다. 오랫동안 이 농장 마름으로 있으면서 부당한 착취를 일삼아온 노형극盧亨極의 형제 대여섯 명이 극렬히 반발했다. 그들 형제의 소작권을 회수해 학부형들에게 분배하려 했으나 최상급 땅인데도 노가 형제의 위세가 어찌나 대단한지 경작하겠다고 나서는 자가 아무도 없었다. 나는 내 소작지를 학부형들에게 대신 배분한 다음, 노가들로부터 반환받은 농지는 내가 직접 경작하기로 마음먹었다.

노가 형제들은 내 집에 불을 지르겠다는 등 위협의 수위를 높여갔다. 급기야 이 알력 다툼은 캄캄한 밤에 폭력으로 번졌다. 나보다 몇 살이나 어린 노형극이 내 왼쪽 팔을 물고 늘어지며 저수지로 끌고 가 물속에 빠뜨리려 했다. 나는 '눈에는 눈, 이에는 이'식으로 맞섰다. 있는 힘을 다해 노가 놈의 오른쪽 팔을 이빨로 더 세게 물어뜯자 놈은 비명을 지르며 내 팔에서 입을 떼었다. 반전의 기회를 놓치지 않았다. "형극이 한 놈으로는 내 적수가 못 되니 숨어 있지 말고 모두 나와라!" 내 기세에 엉거주춤한 그들은 "어느 날이고 바람 잘 부는 날 보자"며 뒤로 발을 뺐다. 나는 겹겹이 둘러서 싸움 구경하던 자들에게까지 다 들리도록 큰 소리로 말했다. "내 집에 화재가 나면 저놈들 짓이니, 여러분은 그때 입증하시오."

날이 밝자 김용진이 의사를 데리고 달려왔다. 내 상처 부위를 치료하고, 당장 법적인 소송 절차를 밟기 시작했다. 노가 형제들이 몰려와 머리를 조아리며 사죄했다. 다시는 이따위 행위를 하지 않겠다는 서약을 받고 소송을 취하했다.

나는 더욱 엄격하게 규칙을 밀어붙였다. 새벽같이 일어나 소작인 집을 돌며 늦잠 자는 자들을 깨워 일하게 했다. 지저분한 집 안을 청소시키고, 땔감을 해오거나 장작을 패게 하고, 짚신 삼기와 돗자리 짜기 등을 장려하며 의식을 바꾸려 했다. 소작인들의 성실성과 나태함을 점검하는 근무일지를 작성해 부지런한 자는 후한 상을 주되 게으른 자는 경작권을 빼앗겠다고 예고했다.

그러자 급격한 변화가 일어났다. 종전에는 추수를 해도 타작마당에 모여든 채권자들이 노름빚 대신 곡물을 죄다 가져가 빈손으로 집에 돌아가는 소작인들이 태반이었다. 하지만 이제는 곡식 부대를 집으로 가져가 쌓아두게 되니 맨 먼저 농가 아낙네들이 고마워하며 나를 우러르고 떠받들었다. 도박의 악습도 뿌리째 뽑혀나갔다.

백범의 출감 이후 시국 상황은 점점 더 암울하고 열악해져만 갔다. 우국의 충정으로 울분을 삼키던 애국지사들은 은신 혹은 망명, 두 개의 선택지 중 하나를 골라야 하던 시대였다. 신민회(新民會, 6장 1절 참고) 가담자들이 모두 옥고를 치른 이후 비밀결사 활동은 더 이상 여의치가 않았다. 게다가 전과자에 요주의 인물로 낙인찍힌 김구는 감시의 눈길이 촘촘해져 손발도 자유롭지 못했다. 그리하여 동산평 농장의 농감 생활을 택한다. 동산평은 김구가 동학군 시절 구월산 패엽사로 이동하다 일본군 벼 150석을 빼앗은 곳이기도 하다. 농촌 사업, 농민계몽운동으로 눈길을 돌려 교육과 사회를 연계하는 활동을 한 것이다.

　김구는 오랫동안 소작인들 위에 군림하며 등골을 빼먹던 마름을 축출하고, 마을의 고질병이었던 도박을 금지한다. 규율을 엄수하고, 당근과 채찍을 적절히 병행한다. 궁핍하고 불행했던 마을에 '희망'을 선사한다. 폭력에 굴하지 않고, '이에는 이'로 맞선다. 용기와 솔선수범이 세상을 변화시키는 것이다.

　이처럼 치열하게 활동했던 동산평 마을 공동묘지에 돌도 안 지난 셋째 딸을 묻고, 폐병을 오래 앓다 숨진 처형과 장모마저 묻어야 했다. 다음해 11월 장남 인도 여기서 태어났다. 망명의 길을 가기 전까지 (1919년 3월) 김구 역시 이곳에 머물렀다. 동산평은 백범에게 이래저래 잊을 수 없는 땅이 됐다.

6장

세상 밖의 감옥,
감옥 안의 세상

1   신민회 활동과 안명근 안악 사건

Q 신민회 활동을 하던 중 과격한 계획을 도모한 안명근이 체포되면서 선생도 투옥된다. 일제는 이 '안악 사건'을 빌미로 신민회와 애국지사들을 어떻게 탄압했는가?

A 1910년(35세), 중국으로 망명한 안창호의 뒤를 이어 양기탁(梁起鐸, 1871~1938, 대한매일신보를 창간한 신민회의 중심인물)이 서울 자택에서 극비리에 신민회新民會 회의를 열었다. 나도 참석한 이 회의에선 주로 이런 내용들을 논의했다. 지금 왜가 서울에 설립한 통감부를 통해 전국을 통치하니 우리도 도독부를 비밀리에 서울에 설치해 전국을 다스린다, 만주로 이민해 독립군 기지를 창설하고 무관학교를 세워 거기서 길러낸 장교로 광복 전쟁을 일으킨다, 이를 위한 준비 작업으로 이동녕을 파송해 토지를 매입하고 가옥을 건축하게 하며 나머지 참석 회원들은 지방별로 대표자를 뽑아 자금 마련에 주력한다…….

그해 11월 20일, 나는 황해도 대표로 뽑혀 15만 원의 모금액을 할당받고 안악으로 돌아와 본격적인 활동에 들어갔다. 김홍량金鴻亮과 협의해 토지 및 가산을 팔기 시작했다. 이웃 군 지역 동지들에게도 신민회의 장래 방침을 은밀히 알려 계획을 차근차근 진행해나갔다.

어느 날, 안명근이 연락도 없이 불쑥 한밤중에 양산학교로 찾아왔다. 그는 황해도 각 군 지역 부호들을 여럿 만나본 결과 하나같이 독립운동 자금을 지원한다 해놓고 정작 추렴은 미적거리므로 안악읍의 몇몇 부호를 총기로 위협해 자금을 내놓게 하고 다른 지방에도 영향이 미치게 할 계획이라고 밝혔다. 안명근이 내게 응원과 지도를 요청하기에 구체적인 향후 방침을 물었더니 답변 내용이 성급하고 과격했다.

"황해도 일대 부호들에게서 거둔 금전으로 동지를 모으고 일단 전신 전화를 단절하는 겁니다. 그런 다음 각 군마다 산재한 왜구는 저마다 해당 군에서 도살하라는 명령을 발포하면, 왜병 지원 부대가 도착하기 전에 적어도 닷새가량은 자유 천지가 될 테니 더 나아갈 능력은 없다 해도 지금 당장의 분은 풀 수 있지 않겠습니까?"

"여순 감옥에서 사형 당한 안중근 의사의 순국을 생각하면 안 형의 마음 충분히 이해합니다. 게다가 안 형은 혈족이라서 더욱 피가 끓어올라 이 같은 계획을 착안해낸 듯하나, 문제는 해서(海西: 황해도) 일대에 5일간의 자유 천지가 조성된다 한들 금전보다 중요한 것이 동지의 결속인데, 동지는 몇 사람이나 확보한 겁니까?"

"절실한 동지가 내게도 몇 십 명은 있습니다만, 김 형이 내 계획에 동의하고 동조한다면 인력은 어렵지 않게 모일 거라고 봅니다."

나는 안명근의 손을 붙잡고 국가의 독립은 순간의 한풀이로 가능하지 않으니 이 계획을 버리라고 간곡히 만류했다. 장차 대전쟁을 성공적으로 치르려면 인재 양성은 필수이고, 일시적 격발로는 닷새는커녕

1911년 '105인 사건'으로 머리에 용수(죄수의 얼굴을 보지 못하도록 머리에 씌우는 둥근 통 같은 기구)를 뒤집어쓴 채 재판정으로 끌려가고 있는 애국지사. 신민회는 이로써 사실상 해체된다.

사흘도 기약하기 어려운 게 현실이니, 분기를 억누르고 청년들을 북쪽 지대로 데려가 군사훈련을 시키는 것이 시급한 과업이리고 설득했다. 안명근 역시 내 뜻에 수긍한다 했지만, 자기 생각과는 거리가 멀어서인지 만족스럽지 못한 표정으로 나와 헤어졌다. 그러고 나서 불과 며칠 후 신문에서 불행한 소식을 읽게 됐다. 안명근은 사리원에서 왜경에게 체포돼 서울로 압송됐고, 신천과 재령 등지에서도 이 사건에 연루된 혐의로 애국지사 여러 명이 붙잡혀 갔다는 기사였다. 얼마 후 나 역시 안명근의 공범으로 전격 체포됐다.

 "우리 대한인은 내외를 막론하고 통일 연합으로써 그 진로를 정하고, 독립 자유로써 그 목적을 세움이니……."

 1907년 봄 비밀리에 결성된 신민회 취지문이다. 백범이 말한 대로 신민회는 국내에서는 애국계몽운동을 펼치고, 만주에서는 무장 독립 투쟁을 벌이기로 했다. 안창호의 평양 대성학교 설립(1908년 9월), 이승훈의 정주 오산학교 설립(1907년 12월)을 비롯한 교육 계몽 활동과 양기탁의 대한매일신보 설립(1904년 7월) 같은 언론 홍보 활동을 신민회 회원이 주도했다.

 신민회 자금으로 황해도에서 김구가 조달하기로 한 15만 원*은 서울, 경기(20만 원) 다음으로 큰 액수이고 평남, 평북과 같은 금액이다.

 신민회 황해 지역을 책임진 김구는 안명근과 만나지만, 독립운동의 시기와 방법의 차이를 인식하고 헤어진다. 그러나 일제는 이들을 한 올가미에 억지로 옮아맨다. 김구는 실상 안명근이 안악에서 독립운동 자금을 확보할 방도를 모의하던 날, 서울 양기탁의 집에 있었다. 같은 시각에 500여 리나 떨어진 서울과 안악 두 곳에 있기란 불가능한 일이다. 그러나 일제는 양산학교 교지기 아들인 열세 살 소년을 회유하고 협박해 그날 양산학교에서 안명근과 함께 있는 김구를 보았다고 위증을 하게 했다. 김구는 졸지에 500리를 축지법이나 순간 이동으로 왕래한 도인 혹은 마법사가 되고 만 셈이다.

 선고일은 1911년 7월 22일이었다. 역시나, 판결도 구형을 그대로

---

* 한국은행경제통계시스템에 따르면, 당시 돈 15만 원(1910년 1월 기준)의 현재(2018년 1월 기준) 화폐 가치는 쌀값으로 환산하면 약 30억 원, 생산자 물가지수로 환산하면 10억 5천만 원가량 된다.

따랐다. 강도죄를 뒤집어씌워 안명근에겐 종신 징역, 김구에겐 15년 형을 언도했다. "황해도에 큰 세력을 갖고 있으면서 항상 제국(일본)의 세력을 배척해야 한다는 사상 보급을 고취하는 자"라는 판결문에 당시 김구를 보던 일제의 시각이 함축돼 있다. 안명근과 나눈 대화에서 보듯, 백범은 우선은 인재 양성과 교육 강화만이 나라를 찾는 길이라는 신념을 품었다.

일제는 병탄을 공고화하고 저항의 불씨를 꺼뜨리기 위해 안명근 사건, 일명 '안악 사건'을 빌미 삼아 160여 명의 애국지사들을 체포했다. 일제가 처음 일으킨 대규모 탄압 사건이다. 뒤이어 1910년 12월 27일 압록강 철교 개통식에 참석하려던 데라우치 마사타케寺內正毅 총독을 암살하려 했다며 사건을 조작해 무려 600여 명의 인사들을 검거해 이중 105명에게 유죄 판결을 내린다. 이른바 '105인 사건'이다. 일제는 이승만과 김구가 이 사건에 깊이 관여했다고 보아 판결문에 김구 이름을 스물일곱 번이나 언급한다. 우남과 백범이 한국 현대사의 중심부로 진입하는 신호탄이라고도 할 수 있겠다. 105인 사건은 취조 도중 신민회의 실체가 드러나 '신민회 사건'이라고도 불린다. 공화정을 표방하며 실력 양성과 독립 전쟁을 수행했던 비밀결사 신민회는 이로써 사실상 해체된다.

20년 가까운 세월이 흐른 뒤 백범은 망명지에서 홀로 틈틈이 안악 사건 때 체포된 애국지사 쉰아홉 명의 이름을 기억해내 한 글자 한 글자 한자漢字로 일지에 적어나갔다. 그중 열여덟 명이 안악 사람이다. 기록이 정확할 뿐 아니라 동지들 이름 위에 애국 혼을 씌워주려는 김구의 정성이 지극해 《백범일지》는 더욱 소중한 책이 되었다.

2   속옷까지 벗고서 맞겠노라

Q 끈질긴 신문과 모진 고문을 당하며 인간으로서 나약함을 느꼈을 텐데 어떻게 견뎌냈는가? 투옥 이전과 이후 생각이 바뀐 것이 있다면 무엇인가?

A 신해년(1911년, 36세) 정월, 나는 전격 체포됐다. 안명근 사건에 연루됐다는 혐의였다. 나뿐만이 아니었다. 안명근을 필두로 황해도 일대에서 애국자로 꼽히던 지식층과 유지들은 거의 다 잡혀와 있었다. 우리는 사리원을 거쳐 서울로 이송됐다. 신석충申錫忠 진사는 기차가 재령강 철교를 건널 때 차창 밖으로 몸을 던져 생을 버렸고, 한필호韓弼浩 의사는 모진 고문 끝에 순국했다.

서울의 감옥이며 구치소, 경찰서 유치장들은 이미 보안사범들로 가득해 더는 수용할 공간이 없었다. 나는 창고를 개조한 벌집 같은 감방에 수감됐다. 한 방에 둘 이상은 가두기 힘든 매우 비좁은 방이었다. 나는 "드센 바람에 억센 풀을 알고, 나라가 어지러울 때 참된 신하를 안다"는 옛말과 고능선 선생의 가르침인 사육신, 삼학사의 추상같은 절개를 떠올리며 어떤 고문에도 절대로 무릎 꿇지 않으리라고 각오를 단단히 다졌다.

 끈질긴 신문과 모진 고문이 이어졌다. 그들은 다짜고짜 내 손발을 묶어 천장에 달아맸다. 얼굴과 온몸에 찬물을 뒤집어쓴 느낌이 남았을 뿐 전에 무슨 일이 있었는지 캄캄했다. 정신을 차리자 안명근과 어떤 관계냐고 캐물었다. "아는 사이일 뿐 같이 일한 적은 없다"고 했더니 다시 천장에 매달고는 셋이서 돌아가며 몽둥이찜질을 해댔다. 나는 또 까무러쳤다.

 가혹한 고문을 못 이기거나 감언이설에 넘어가 해서는 안 될 말을 하는 이들이 생겨나기 시작했다. 내 혀끝에 사람 목숨이 달려 있음을 한시도 잊지 말자고 거듭 다짐했다. 그러나 실언하고 말았다. 혹독한 고문으로 잠시 정신이 혼미해져 엉겁결에 내 집에 공부하러 와 있던 최중호崔重鎬란 아이 이름을 말해버린 것이다. 어린것이 나 때문에 경을 치겠구나 싶어 혀를 깨물고 싶은 심정이었다. 창밖을 보니 벌써 언제 잡혀왔는지 반쯤 죽은 모습으로 왜놈에게 끌려 지나가고 있는 중호의 얼굴이 보였다.

 감옥은 도살장을 방불케 했다. 소, 돼지를 때려잡을 때나 날 법한 소리들이 밤낮을 가리지 않고 그칠 날이 없었다. 고문을 받다 숨지는 일도 일어났다. 왜놈이 자백을 짜내기 위해 쓰는 신문 수법엔 대략 세 가지가 있다.

 첫째, 악랄한 고문이다. 채찍을 휘두르고 몽둥이로 난타하기, 온몸을 묶어 천장에 매단 다음 질식하면 찬물을 끼얹어 숨을 되살려놓기, 시뻘겋게 달군 쇠막대기로 전신을 사정없이 지져대기, 콧구멍에 찬물 들이붓기 등등.

둘째, 굶기기다. 음식량을 절반으로 줄인다. 자백을 안 하거나 반항기를 보이면 사식 반입을 일절 금지한다.

셋째, 온화한 얼굴과 달콤한 말로 구슬리기다. 좋은 음식을 배불리 먹이고 극진히 공경하며 점잖게 대우한다. 그러면 살벌한 육체 고문과 창자 고문까지 견뎌냈던 사람도 그만 무너지고 마는 경우를 종종 보았다.

나 역시 첫째, 둘째, 셋째 순으로 참아내기가 힘들었다. 셋째 수법에 잠시나마 감정이 동요하기도 했다.

신체 고문은 거듭되다 보면 저항력이 생긴다. 나는 스승 고능선 선생에게 들은, 박태보(朴泰輔, 1654~89년, 인현왕후 폐위를 반대하다 모진 고문을 받고 귀양길에 사망한 숙종 때의 간관諫官)가 단근질 당할 때 "쇠가 식었으니 다시 달궈 오라"고 했다는 일화를 떠올리는 것만으로도 웬만한 고통쯤은 이겨낼 수 있었다. 일부러 호기도 부렸다. 겉옷만 벗긴 채 천장에 달아매고 채찍질할 때 "속옷을 입어선지 아프지가 않구나. 차라리 속옷까지 벗고 맞겠다"며 알몸으로 채찍을 받아냈다. 그러다 보니 살점이 떨어져 나가거나 갈라져 온전한 살가죽을 찾기 어려웠다.

더욱 슬프고 우울한 것은 그 꼴을 당하고도 누가 사식을 먹으면 고깃국 냄새가 코로 스며들어와 미칠 듯이 먹고 싶어진다는 사실이었다. 그럴 때면 남을 해코지할 무슨 말이라도 해서 사식을 받아먹을까, 하는 생각마저 들었다. 이 무슨 비겁하고 추악한 생각이란 말인가. 이러다가 인간의 본성은 사라지고 짐승의 본능만 남게 될 것 같아 스스로를 한탄하고 질책한 적이 여러 번이었다.

원수는 외나무다리에서 만난다던가. 하루는 신문실에 끌려갔다가 전혀 예기치 않았던 인간과 마주쳤다. 17년 전 인천 경무청에서 내 벽력같은 호통에 놀라 뒷문으로 도망쳤던 와타나베가 수염을 길게 늘어뜨리고 약간 노쇠한 얼굴로 총감부 기밀과장 제복을 입은 채 내 앞에 마주앉는 것이 아닌가. 그는 내가 누군지를 전혀 모르는 눈치였다.

"나는 가슴에 엑스레이를 설치하고 있다. 네 행적과 비밀을 모두 훤히 알고 있으니 터럭만큼이라도 감추거나 숨겼다가는 맞아 죽을 줄 알아라."

나는 안중근 의거(1909년, 34세) 관련 혐의자로 해주 검사국에서 신문 당할 때 내 앞에 놓여 있던 '김구金龜'란 제목의 책자가 생각났다. 지역별로 사찰과 탐문을 통해 수집한 나에 대한 정보를 모아놓은 책자였다. 틀림없이 내가 치하포에서 왜놈을 죽인 일, 교수형 당일에 집행이 정지된 사연, 인천옥을 탈출해 도주한 사실 등이 기재돼 있으련만 와타나베는 책자를 아예 못 보았는지, 혹은 보았으되 핵심 사건은 누락돼 있어 알지 못하는지 나를 전혀 모르는 사람저럼 내했다.

나는 말했다. "나는 이제껏 구석진 곳에 숨은 적도 없고, 말 한마디 행동 하나하나를 죄다 드러내놓고 산 사람이오. 비밀 따위는 있을 리 없습니다."

와타나베는 내 신상을 묻다가 내가 현직 양산학교 교장이란 사실을 확인하고는 벌컥 화를 냈다. "종교니 교육이니 하는 건 죄다 허울이다. 이면에 숨긴 불순한 음모를 내가 낱낱이 알고 있다. 서간도에 무관학교를 세워 독립 전사를 양성하려 하고, 안명근과 공모해 총독을 모살하려 하고, 자금 마련을 위해 부자들 금전을 강탈하려 한 사실을 빤히 아는데 네놈이 감히 끝까지 숨기려 하느냐?"

이로써 내 가슴을 비춘다는 그의 엑스레이는 고장 났거나 아예 처음부터 없었음이 명백해졌다. 와타나베는 나를 다시 유치장으로 들여보냈다.

나의 국모보수 사건은 세상이 다 아는 공공연한 사실이다. 경찰서장부마다 붉은 줄이 그어진 요주의 인물인 만큼 해주 검사국에 비치된 책자에도 분명 스치다 살해 사실이 기록돼 있을 테고, 게다가 이번엔 총감부 경시가 안악에 출장 조사까지 다녀왔다니 내 인생은 여기서 마감되겠구나, 생각했었다. 그러나 이제는 내가 치하포 사건 및 인천 감옥 탈옥 사건의 주인공 김창수와 동일 인물임을 와타나베가 전혀 모른다는 것이 확실해졌다.

투옥 이전과 투옥 이후 나의 생각은 확연히 바뀌었다. 감옥에 오기 전엔 삿된 마음(邪心)이 생길 때마다 양심을 기준 삼아 나를 먼저 자책한 뒤에야 감히 다른 사람의 그릇됨을 탓하는 것이 습관이 돼 있었다. 그러나 불과 반년 만에 큰 변화가 일어났다. 육체로는 복역을 해도 정신만은 일본인을 짐승처럼 여기며 죽는 날까지 쾌활하게 살기로 마음먹었다. 또 가혹한 고문과 경무총감의 유혹, 와타나베의 공갈 협박이 허위임을 간파한 뒤로는 태산처럼 커 보이던 일제가 겨자씨만큼 작아 보였다. 국권 상실은 일시적 국운 쇠퇴의 결과일 뿐, 일본은 조선을 영구 통치할 자격이 없다는 것이 불 보듯 확연한 사실로 여겨졌다.

백범은 신문을 받을 때마다 지옥을 경험했다. 매번 정신을 잃었다가 깨어난 뒤에야 유치장으로 끌려 들어갔다. 그래

도 죽을힘을 다해 목청껏 외치곤 했다. "내 목숨은 빼앗을 수 있어도 내 정신만은 빼앗지 못하리라!"

간수들이 제지하고 윽박질렀지만, 김구의 부르짖음은 감옥을 우렁차게 울리며 좌절한 동지들의 신념을 다시 일으키는 지렛대가 돼주었다. 그런 김구도 고깃국 냄새엔 코가 먼저 반응했다. 온유한 낯빛과 공손한 말투에 마음이 흔들린 적도 있었다. 그러나 자신을 꾸짖고 마음을 다잡았다. 이 사건 날조의 주역인 경무총감 아카시明石가 "순 일본인만으로 조선을 통치하려는 게 아니오. 당신처럼 덕망 있고 충직한 조선인도 식민지 백성임을 인정만 하면 정치에 참여시키려 하니 순응하고 솔직히 털어놓으시오"라며 회유했을 때도, 김구는 단호하게 "당신이 나를 그렇게 봤다면 지금까지 내가 한 진술을 그대로 인정하라"고 항변했다.

안명근 사건과 신민회 사건을 겪으면서 일제에 협력하거나 독립운동에서 발을 빼는 이들이 생겨났다. 그런 반면 조국을 능지고 침략군의 수족이 된 조선인 밀정의 가슴에도 일말의 양심과 실낱같은 애국심은 남아 있었다. 와타나베가 가슴에 장착했다고 큰소리친 엑스레이는 당시로선 최첨단이고 요즘으로 치면 빅데이터나 인공지능 같은 가공할 기기다. 김구는 일촉즉발의 위기를 넘겼고 이제 두려움이 자신감으로 바뀐다. "국가는 망했으나 인민은 망하지 않았다"라고 생각하게 된다. 평소 한인 정탐(밀정)들을 경멸하고 비난해왔는데, 그들이 소상히 알고 있는 김구의 아킬레스건, 치명적인 과거사를 와타나베에게 끝까지 밀고하지 않았기 때문이다. 그들 중엔 백범의 제자였다가 일제의 형사가 된 자, 같은 학교 동료였던 자도 있었다.

김구는 상해에 수립된 대한민국 임시정부의 경무국장이던 1920년, 경무국에서 입수한 정보 자료를 보고서야 자신이 안명근 사건 연루 혐의로 투옥됐을 때 일본인 교도관들이 치하포 사건과 인천 감옥 탈옥 사건을 문제 삼지 않은 까닭을 알게 된다. 자료에 따르면 일제는 김구가 두 사건의 장본인 김창수와 동일인이란 사실을 사건 발생 24년이 지나 백범이 상해로 망명한 다음에야 파악했다. 알 만한 사람은 누구나 다 알고 있던 '비밀 아닌 비밀'을 왜 일제는 그토록 오랫동안 별개의 사건으로 인식했던 걸까. 일제에 포섭된 한국인 정탐 누구도 일러바치지 않았기 때문이다. 역시 피는 물보다 진한 것인가. 백범의 일거수일투족을 기록한 정보집 '김구'에도 그 사실이 오래도록 누락돼 있었다.

지금 생각해도 기이하고, 당사자인 백범을 위해서도 천만다행이었다. 김구는 "이것 하나만 봐도 우리 민족은 애국심과 동포애로 장래에 족히 독립의 행복을 누릴 수 있으리라 예견했다"고 훗날《백범일지》를 통해 술회하고 있다.

3 완전히 딴판인 두 번의 인천 감옥 생활

Q 감옥을 도서관이자 학교라고 칭하며 신서적을 읽고 까막눈 죄수들을 가르쳤다. 감옥에서 어떤 변화를 겪었나? 또 감옥을 어떻게 변화시켰나?

A "지옥을 만드는 방법은 간단하다. 가까이 있는 사람을 미워하면 된다. 천국을 만드는 방법도 간단하다. 가까이 있는 사람을 사랑하면 된다. 모든 일이 가까이에서 시작된다."

혹독한 고문 끝에 감옥에 갔다. 물론 감옥에 갔다고 해서 육체적 고문과 정신적 고통이 끝나진 않는다. 그러나 감옥은 또 다른 세상이었다. 치하포 사건으로 해주 감옥을 거쳐 수감된 인천 감옥(1896년 7월~1898년 3월, 21~23세)은 내게 도서관이고 학교였다. 아버지가 넣어주신 《대학》을 날마다 읽고 또 외웠다. 신문화 유입이 빠른 항구 도시답게 어떤 이는 내게 신서적 읽기를 권유했다.

"문 굳게 닫아걸고 한사코 자기 것만 지키려 드는 옛 지식, 낡은 사상만으론 나라를 구할 수 없습니다. 세계 여러 나라의 정치·경제·산업·문화·교육·도덕은 어떤지 연구해보고, 내 것보다 좋은 남의 것이 있으면 수입해 우리 것으로 만들어야지요. 그리하여 이 나라와 백성의 살림살이가 나아지게 하는 것이 시대의 과제요, 영웅이 할 일입니다. 한갓 배외사상만으론 멸망해가는 이 나라를 구하지 못합니다. 창수처럼 의기 있는 대장부는 마땅히 신지식을 배우고 받아들여 장차 국가를 위해 큰일을 해야 합니다."

이렇게 역설하며 《세계역사·지지地誌》 등 중국에서 발간된 외국 서적과 국한문 번역서를 권한 이도 있었다. 손에서 책을 놓을 새 없이 탐독하고 나니 어렴풋이 이런 생각이 들었다. 의리는 유학자들에게 배우되, 문화와 제도 일체는 세계 각국에서 선별 채택해 적용하면 국가에 이롭겠구나! 신서적을 접함으로써 청계동에서 고능선 선생만을 숭배하고 의지하며 척왜척양斥倭斥洋을 부르짖던 내 의식에 변화가 일어났다.

당시 수감돼 있던 죄수들 중 열에 아홉은 까막눈이었다. 그들을 앞혀놓고 글자를 가르치기 시작했다. 개중에는 뒷날 요긴하게 쓸 마음으로 열심인 이도 있었지만, 그저 나에게 좋은 음식 얻어먹으려고 배우는 시늉만 하는 자들도 많았다.

어느 날 신문(독립신문 1898년 2월 15일자)에서 내가 주인공인 기사를 읽게 됐다. 거기엔 치하포 사건을 간추린 다음 감옥 순검의 말을 인용해 "김창수가 들어온 뒤로 인천옥은 감옥이 아니라 학교가 됐다"고 보도돼 있었다.

이치에 닿지 않는 억울하고 원통한 송사가 다반사이던 시대였다. 그런 이들을 위해 감옥에서 대서代書를 해주었다. 내가 억울한 사연을 소상히 듣고 난 다음 써준 소장으로 소송에서 이긴 경우도 더러 있었

"김창수가 들어온 뒤로 인천 감옥은 감옥이 아니라 학교가 됐다"고 보도한 1898년 2월 15일자 독립신문 기사.

다. 돈 한 푼 받지 않고 성심성의껏 소장을 써주었더니 "김창수의 손을 거친 소장은 십중팔구 승소한다"고 와전이 돼 죄수는 물론이고 송사에 휘말린 관리들 소장까지 대신 써준 적도 있었다.

수인 머릿수가 많다 보니 감방은 콩나물시루 같았다. 맨 끝 사람이 머리를 동쪽으로 두면 다음 사람은 머리를 서쪽으로 어긋나게 둔 채 벽 저쪽 끝까지 순서에 따라 모로 누워 자야 했다. 가슴이 답답해 선잠에서 깨어나면 서로 합의해 동쪽과 서쪽을 바꿔 돌아누웠다. 자다 보면 상대방 발이 내 입을 틀어막는 일은 부지기수였고, 가슴뼈를 다쳐 죽는 노쇠한 죄수도 여럿 보았다.

사계절 중 여름과 겨울이 가장 고통스러웠다. 한여름엔 수인들이 흘리는 땀과 내쉬는 날숨에서 수증기가 피어올라 서로 얼굴도 분간 못할 지경이었다. 겨울철도 죽을 맛이기는 매한가지였다. 스무 명이 수용되는 방에 넉 장이 배분되는 이불로는 몸의 반도 가리기 힘들어 태반이 심한 동상에 걸렸다. 손가락, 발가락을 잘라내야 하는 경우도 예사였다. 나 역시 발과 귀가 얼어붙어 겨울마다 동상에 시달렸다. 간수들은 걸핏하면 여름에는 감방 문을 닫아버리고, 겨울에는 활짝 여는 식으로 심술을 부리곤 했다.

안명근 사건으로 옥살이를 하던 1914년(39세), 출소일을 1년여 앞두고 서대문에서 인천으로 또 한 번 감옥을 옮기게 됐다. 나를 껄끄러워하던 교도관이 고된 노역으로 악명 높은, 한창 축항 공사가 진행되는 현장으로 나를 보내버린 것이다. 누가 상상이나 했으랴. 무술년(1898년, 23세) 3월의 봄밤, 인천 감옥을 깨뜨리고 도주했던 김창수가 김구

김구가 두 차례에 걸쳐 수감 생활을 했던 인천 감리서. 16년 만에 다시 온 이곳은 건물의 용도가 많이 달라져 있었다. 그러나 더욱 딴판인 것은 김구를 기다리고 있는 아주 혹독한 강제 노역이었다.

가 되어 16년 만에, 그것도 유일한 '국사범 강도'로 수십 명의 죄수들과 굴비 두름처럼 철사로 허리를 묶여 여기 다시 오게 될 줄이야. 만감이 교차했다. 옛날에 내가 글 읽던 방과 산책하던 뜰은 그대로였지만 와타나베를 통렬히 꾸짖던 경무청은 매춘부들 검역소로, 감리사 집무실은 창고로 바뀌어 있었다. 감옥 뒷담 너머 마루턱에서 옥에 갇힌 불효자식 얼굴이라도 볼 수 있을까, 날마다 우두커니 서서 담장 안을 물끄러미 내려다보시던 부모님 모습이 눈에 어른거려 콧등이 시큰하고 가슴이 미어졌다.

시대가 바뀌고 세상이 변한 만큼 지금의 30대 후반 김구가 옛날의

20대 초반 김창수임을 알아볼 자는 설마 없을 거라고 생각했다. 그러나 오산이었다. 웬 사람이 한동안 나를 뚫어져라 쳐다보더니 곁으로 성큼 다가앉으며 "혹시, 당신, 김창수 아니오?" 한다. 내 이름까지 정확히 기억하고 있는 이 사람은 16년 전 절도죄로 10년형을 받고 나와 같이 감방살이하던 문종칠文種七이란 자였다. 그가 조금 두렵고 부담스러웠지만 짐짓 반갑게 인사를 했다. 치하포 사건부터 인천 감옥 탈옥까지 내 약점을 낱낱이 알고 있는 자가 지금 내 앞에 있는 것이다. 그런 쪽으로 눈치가 훤한 문종칠이 만약 내 과거사를 고자질이라도 한다면 낭패가 아닐 수 없었다. 이제 1년만 더 참으면 나간다는 희망으로 하루하루를 버텨왔는데, 종칠이 입만 벙긋하는 날이면 내 육신의 구속 연장은 둘째 치고 눈이 빠지게 출소만 기다려온 늙으신 어머니와 처자식은 또 어쩌란 말인가.

다행히 문종칠은 잔여 형기가 길지 않았다. 반년 뒤면 출감한다. 길은 하나다. 그에게 잘 보이는 수밖에 없다. 고된 노역으로 초주검이 된 몸이지만 그의 비위를 맞추며 최대한 친절하게 대했다. 어머니가 힘들게 마련해주신 사식을 헌납하고 감옥에서 나오는 밥까지 나는 굶더라도 그에게 먹였다. 그래서 문종칠이 형기를 채우고 나갈 때는 마치 내가 출옥하는 양 기쁘고 시원했다.

치하포 사건으로 20대 초반(21~23세)에 겪는 첫 수감 생활을 백범은 단련과 성장의 시간으로 삼는다. 범상치 않은 카리스마로 죄수와 간수들 모두 함부로 대하지 못하는 존재가 된다. 사

색과 독서, 새로운 학문을 통해 자기 세계를 넓히고 키워나간다. 항구도시인 인천의 감옥에서 의식의 개항을 맞는다. 김구는 감옥을 까막눈을 틔우는 학교로, 억울한 이들을 위한 대서소로 만들었다. 때로는 불의를 바로잡는 해결사 역할도 자처했다. 또 틈틈이 죄수들과 어울려 유흥도 즐겼다. 시나 풍월을 더러 읊조렸을 뿐 창가나 타령 한마디 할 줄 몰랐던 김구도 감옥에서 죄수에게 이를 배우게 된다.

죄 짓고는 못 산다 했던가. 서대문 형무소에서 인천 감옥으로 이감됐을 때 16년 전 김창수의 정체를 알고 있는 옛 감방 동료 문종칠을 다시 만날 줄이야 상상이나 했겠는가. 이거야말로 산 넘어 또 산이었다. 얼마나 노역이 힘들었던지, 자살까지 생각했던 곳이다(1장 1절 참고). 그러나 형기가 이제 1년 정도밖에 남지 않았고, 무엇보다 감옥 밖에서 기다리는 노모와 어린 처자가 있었기에 어떻게든 살기로 마음먹은 김구는 문종칠의 비위를 맞추기로 한다.

《백범일시》는 이처럼 스스로 '굴신屈身'하는 모습도 그대로 드러내 보인다. 역사는 우연과 필연의 연속이라 했던가. 형기가 많이 남은 서대문 형무소에서 이런 자를 만났더라면 김구의 인생은 완전히 달라졌을 것이다.

김구는 감방에서 수인들의 생활을 지켜보며 생각에 잠긴다. 그가 보기에 속박과 학대가 심할수록 수인들의 심성은 악화되고 수치심도 날로 무뎌졌다. 죄 지은 이야기를 자랑 삼아 떠벌리고, 저 혼자만 아는 죄까지도 뻔뻔스럽게 털어놓았다. 횡령이나 사기죄로 들어온 자가 감옥 안에서 절도나 강도질을 배워 출옥 후 더 무거운 형을 받아 다시 투옥되는 경우도 종종 목격했다. 감옥이 작은 죄인을 큰 죄인으로 만든 것이다.

감옥을 제 집처럼 드나들었던 문종칠의 넋두리가 김구의 귓전을 때렸다. "자본 없이 할 만한 장사가 거지와 도적밖에 뭐 있습니까? 당신도 여기서야 온갖 꿈을 다 꾸겠지만 사회에 나가만 보시오. 도적질로 징역 산 놈을 누가 인간으로나 여긴답디까?"

백범은 이런 현실을 개탄하며, 이상적인 구상을 하기에 이른다. "훗날 우리나라가 독립한다면 인품과 자질을 갖춘 이를 간수로 채용해 죄인도 국민의 한 구성원으로 보아 선한 마음으로 지도하고, 사회에서도 전과자라 멸시하지 말고 학생처럼 대우할 때 비로소 감옥을 설치한 의미와 가치가 있으리라."

4 꽉 막힌 공간에서 탁 트인 세상을 꿈꾸며

Q 감옥은 별의별 유형의 사람이 모인 인간 전시장 같은 곳이다. 많은 사람들을 만났을 텐데 그중에 특히 별같이 빛나는 사람이 있었나?

A 혹독한 고문을 당하고 징역 15년을 선고받은 나는 56호라는 죄수 번호표를 붙이고 서대문 감옥으로 이감됐다(1911년 7월, 36세). 여기서 1914년 여름, 인천 감옥으로 갈 때까지 생활한다.

식사 때마다 간수는 수인들에게 경례를 시키며 훈화했다. "천황께서 너희 죄인을 불쌍히 여겨 주시는 밥이니, 머리 숙여 천황께 예를 올리고 감사의 뜻을 표하라."

그런데 이상했다. "경례!"라고 할 때마다 수인들이 입속말로 뭐라 뭐라 중얼거리는 게 아닌가. 낯을 익힌 수인들에게 물어보니 대답은 똑같았다. "일본 법전에 천황이나 황후가 죽으면 대사면을 내린다는 조항이 있습니다. 그래서 머리를 숙이고 하느님께 '메이지(明治: 일본 천황을 가리킨다)란 놈을 즉사시켜주소서' 하고 기도하는 거랍니다." 그래서 나도 '노는 입에 염불'한다고, 매번 식판을 앞에 놓고 간절히 일본 왕

즉사 기도를 드리곤 했다.

감옥은 별의별 유형의 인간 군상이 섞여 각양각색의 체취를 풍기며 본성을 적나라하게 드러내는 곳이다. 나는 숱한 인격, 숱한 개성들과 만나고 부대꼈다. 전에는 몰랐던 동지들의 새로운 면모도 보게 됐다.

대한제국 기병 부위(副尉: 참위보다 높고 정위보다 낮은 위관 계급)였던 강기동(姜基東, 1884~1911)은 1907년 군대가 강제 해산되자 의병을 모아 항쟁하다 체포된 뒤 위장 전향하여 헌병 보조원이 됐다. 하루는 의병 수십 명이 잡혀 들어왔는데 옛 동지들이었고 곧 총살 당할 운명이었다. 강기동은 야간 당직 시간을 틈타 감옥 문을 열고 수감된 의병들을 모두 내보냈다. 그러고는 총기까지 탈취해 무장시킨 다음 그들과 함께 탈옥해 의병 투쟁을 계속하다가 1911년 2월, 원산에서 다시 체포돼 경무총감부에서 나와 같이 취조를 받았다. 그는 결국 사형 선고를 받고 형장의 이슬로 사라졌다.

김좌진(金佐鎭, 1889~1930)은 몇몇 동지와 북간도에 군관학교를 세울 자금을 모으다가 강도죄로 체포돼 2년 반 동안 징역을 살았다. 감옥에서 겪은 바로 그는 침착하고 심지가 굳은 용감한 청년이었다. 1920년 10월에 일으킨 청산리 전투의 영웅이다.

용모부터 험상궂은 고정화高貞化 동지는 간수나 관리들을 괴롭히기로 악명이 높았다. 일부러 모래를 섞은 밥이나, 이, 벼룩, 빈대를 싼 종이를 전옥(典獄: 우두머리 교도관)에게 들이밀며 처우 개선을 외쳤다. 덕분에 우리는 돌이 덜 섞인 밥과 소독된 죄수복을 입을 수 있었다.

양산학교 교사였던 도인권都仁權은 독실한 예수교 신자였다. 불상 앞에서 (수인들의 의무였던) 일본 왕을 위한 배례를 거부하며 격렬히 저항했다. 정연한 논리로 신앙의 자유를 관철했다. 골치가 아파진 교도관들은 가출옥을 권유했지만, 도인권이 무죄 판결을 내리지 않는 한 나갈 수 없다고 버티자 별 수 없이 만기 출소를 시켜야 했다.

스무 살 청년 이종근李種根은 의병장 이진룡李震龍의 집안 동생인데 일본어를 잘해 러일전쟁(1904년) 때 왜장 아카시의 통역을 맡았다가 헌병 보조원이 됐다. 이진룡이 종근의 죄를 물어 사형을 집행하려 하자 종근은 "이제라도 형님을 따라 의병이 되어 그간의 죄를 씻겠다"고 맹세했다. 그러고는 이진룡을 따라나서 마지막 순간까지 그의 곁을 지키다 왜에게 사로잡혔는데, 아카시에게 청원해 5년 징역으로 감형 받았다. 종근은 자기를 56호(백범의 수인 번호) 방에 넣어달라고 간수에게 부탁해 2년 남짓 내게서 글을 배우다 나보다 먼저 가출옥했다. 그후 러시아 여자와 결혼해 아내를 데리고 안악까지 와서 내 어머니에게 인사를 드렸다고 한다. 나도 상해 임시정부 시절, 그들 부부를 몇 치례 본 적이 있다.

하루는 오래 떨어져 지낸 최명식崔明植 동지와 같은 방을 쓰려고 그와 짜고 옴(疥瘡: 옴 진드기가 피부에 기생해 일으키는 전염병) 환자로 위장했다. 방법은 간단했다. 철사 끝을 뾰족하게 갈아 손가락 사이를 콕콕 찌르면 피부가 볼록볼록 솟아오르면서 맑은 진물이 흘러나온다. 나와 명식은 이런 수법으로 옴 질환자 전용 방에 격리됐다. 그러나 밤 깊은 줄 모르고 울적한 회포를 대화로 풀다가 간수에게 발각돼 곤봉으로 난타를 당했다. 왼쪽 귀의 연골을 심하게 맞아 내 귀는 짝짝이가 되고 말았다.

이 서대문 감옥(1911년 7월~1914년)에서 나는 이승만 박사의 손때와

'안악 사건'이란 올가미에 매여 복역했던 서대문 형무소를 당시 함께 고생했던 동지들과 찾은 김구 (1946년 1월 23일). 사진 왼쪽 위부터 시계 방향으로 감익룡, 최익형, 이승길, 우덕순, 도인권, 김구, 김홍량

흔적이 묻어 있는 '감옥서監獄署'란 도장이 찍힌 서적들을 만났다. 이 박사는 동지들과 함께 투옥됐을 때, 서양인 친구들 도움을 받아 옥중에 도서실을 설치하고 국내외 진귀한 서적들을 구해 비치했다. 나는 강제 노동을 쉬는 날이면 《광학류편廣學類編》(죄수들이 가장 많이 빌려 읽은 박물지), 《태서신사泰西新史》(영국인 로버트 매켄지의 유럽 역사서 《The 19th Century: A History》의 국문 번역본) 등 이 박사의 체취와 숨결이 느껴지는 책자들을 반입해 들여다보았다. 《태서신사》는 첫 번째 투옥된 인천 감옥에서 간수의 권유로 읽고 위정척사파에서 개화파로 사상을 전환할 만

큼 큰 영향을 받은 책이다. 나는 이런 책을 읽으며 아직 만나본 적 없는 이 박사 얼굴을 상상했고 왠지 모르게 반갑고 기꺼운 마음이 들었다.

김좌진은 1930년 박상실朴尚實의 흉탄에 맞아 순국한다. 그리고 1947년 1월 16일, 추모식에서 추도사를 맡은 백범은 어린애처럼 목 놓아 울어 장내를 눈물바다로 만들었다. "당신도 총에 맞고 나도 총에 맞았는데, 왜 나 혼자 살아서 오늘날 이 꼴을 본단 말이오"라는 추도사 속에 당시 시국을 개탄하는 김구의 울분이 녹아 있다.

도인권의 심지 굳은 행동에 김구는 감탄하고 흠모한다. "온 산의 마른나무 가운데서 홀로 푸른 잎사귀(滿山枯木一葉靑, 만산고목일엽청)"라며 기개를 높이 평가한다. 도인권만큼 용기 없는 자신을《백범일지》에서 책망하기도 한다.

김구보다 네 살 아래인 최명식은 신민회 활동을 함께한 동지였다. 그는 안명근 사건으로 체포돼 가혹한 고문을 못 이겨 무고했던 일을 자책하며 자신의 호를 '마음을 삼가고 비운다'는 의미에서 '긍허兢虛'라 지었다.

김구는 활빈당 두목 김 진사를 통해 들은 도적 세계의 의리와 조직의 수법을 장황하다 싶을 정도로 길게 기록(도진순,《정본 백범일지》기준 10쪽 분량)해놓았다. 결론적으로 비밀결사 애국 단체인 신민회의 조직과 훈련이 "아주 유치하다는 사실을 깨닫고 부끄러움을 금할 수 없었다"라고 했다. 두 아들에게 유서 형식으로 쓴 글 치고는 조금 뜨악한 느낌이 들지만, 그만큼 백범은 구국 단체의 실효성에 관심을 기울이고 역점을 두었다. 실제로 감옥에서 만난 김 진사에게 배운 수법을 나중에 임시정부 경무국 경호원들에게 가르쳐 실전에서 활용하게 한다.

이승만은 박영효의 고종 폐위 쿠데타 음모 사건에 연루됐다는 혐의를 받았다. 수감 기간은 1899년 1월부터 1904년 8월까지 5년 7개월. 우남은 서대문 감옥에서 19세기를 건너 20세기로 갔다. 김구는 감옥에서 이승만의 자취를 더듬으며 일면식도 없는 그를 존경하게 된다. 이 내용이 담긴 《백범일지》 상권을 쓸 무렵(1928~1929) 이승만은 탄핵을 당해 임정을 떠났고, 김구는 정부수반인 국무령으로 있었다. 상해에 거주하던 대다수 한인들이 이승만을 비판적으로 생각하던 시절에 김구는 이렇게 썼다. 그만큼 솔직 담대했던 것이다(1947년 한글판 《백범일지》엔 이 대목이 빠져 있다). 학자들은 김구를 "정치적으로 순진했고, 이승만에 비해 정권 장악 의지가 약했다"고 평가한다. 아무튼 백범과 우남, 두 거목의 관계가 해방 이후 대한민국 역사의 명암을 가른 것은 부인할 수 없는 사실이다(이 내용은 다음에 낼 책에 상세히 쓸 계획이다).

일본 왕 급사를 간절히 기원한 기도의 약발이 먹힌 걸까. 공사장에 나가 있던 어느 날, 김구는 기다리고 또 기다리던 기쁜 소식을 듣는다. 일왕 메이지의 사망과 함께 대사면이 선포된 것이다. 김구는 15년에서 7년으로 감형됐다. 경사는 겹친다던가. 메이지의 부인 또한 사망해 김구의 형은 5년 남짓으로 줄어든다. 이미 복역한 3년여를 제하면 남은 형기는 2년, 하지만 실제로는 1915년 8월에 가석방됐다. 체포일은 1911년 1월이었으니 복역 기간은 약 4년 8개월인 셈이다.

5 그때 만약 그의 권총을 빼앗지 않았더라면

Q 동양척식주식회사에 폭탄을 던진 나석주 의사, 이완용을 습격해 중상을 입힌 이재명 의사와는 어떤 인연으로 만나게 됐나?

A 나석주(羅錫疇: 1892~1926)와 이재명(李在明: 1887~1910)은 공교롭게도 비슷한 시기에 같은 마을에서 나와 연을 맺었다. 석주보다 재명이 다섯 살 위고, 재명보다 내가 열한 살 위다. 당시 나는 황해도 재령의 보강학교 교장으로 있었는데, 시차는 약간 있지만 1909년 인근 마을 여물평餘物坪에서 두 사람을 만났다.

나석주, 열여덟 살 피 끓는 청년으로 나날이 기울어가는 나라 형세를 한탄하다 마을의 남녀 아이 여덟아홉 명을 배에 태우고 중국 밀항을 시도했다. 일제의 속박을 벗어나 철망 밖에서 아이들을 교육해보려는 열망에서였다. 그러나 장련 오리포梧里浦를 지나다 왜경에게 발각돼 몇 달 동안 옥고를 치러야 했다. 출옥 후 겉으로는 농사도 짓고 장사도 하는 것처럼 행세했지만, 속으로는 독립사상을 고취시키며 직간접으로 교육에 힘을 썼다. 그리하여 마을 청년들의 신망을 받는 중심인물로 우뚝 섰다. 나도 종종 여물평을 오가면서 석주와 마주쳤다.

그후 웅대한 뜻을 품고 상해에 온 나석주는 임정 경무국 경호원으로, 의열단원으로 맹렬히 활동했다. 자신의 옷을 저당 잡혀 내 생일상을 차려주었던 그는(2장 4절 참고) 이듬해(1926년) 12월, 참으로 장한 일을 해냈다. 무기를 품고 서울에 잠입해 착취와 수탈의 대명사였던 동양척식주식회사에 폭탄을 던진 것이다. 그는 일본인 일곱 명을 권총으로 사살한 뒤 장렬한 자살로 짧은 생을 굵게 마감했다.

이재명 의사와 얽힌 일은 두고두고 아쉽고 못내 후회가 된다. 내가 처음 만났을 때 그는 사람들에게 난봉꾼쯤으로 오해를 받고 있었다. 상황이 그럴 만도 했다. 나는 신민회 핵심으로 교육 사업에 종사하고 있던 계원桂園 노백린(盧伯麟,1875~1926년, 상해 임시정부 군무총장을 지낸 독립운동가) 등과 만나고 있었는데 밖에서 와자지껄 떠드는 소리가 들렸다. 진초학교 교장 김정홍金正洪이 소동의 내막을 말해주었다. "우리 학교 오인성吳仁星 선생 남편인 이재명이란 청년이 오 선생을 권총으로 위협해 놀란 오 선생이 이웃집에 숨어버렸답니다. 이 군은 또 동네 어귀에서 방아쇠를 당겨가며 나라를 팔아먹은 놈들은 모조리 쏘아 죽이겠다고 소리소리 질러댄다는군요."

무슨 사정이 있겠지 싶어 노백린과 상의해 이재명을 불렀다. 잠시 후 눈썹 언저리에 분기가 묻어 있는 청년이 안으로 들어왔다. 그는 우리가 묻는 말에 기탄없이 답을 했다. 자기는 어린 시절 하와이로 건너가 공부하다가 섬나라 왜놈들에게 조국을 빼앗기게 됐다는 소식을 듣고 귀국했다. 아내가 구차하게 안일한 삶에 빠져 남편의 의기와 충정을 이해 못해 부부간에 다툼이 생겼다. 이완용을 비롯한 매국노 몇 놈

나석주 의사가 폭탄을 투척한 동양척식주식회사(을지로 외환은행 자리). 당시 이곳은 일제의 조선 수탈의 심장부와도 같았다. 나석주의 의거는 일제의 간담을 서늘케 하고, 조선의 독립을 향한 확고한 의지를 널리 전파한 쾌거였다. 김구는 자신보다 열여섯 살 어린 나석주를 '제자이자 동지'라고 불렀다.

을 처단하려고 지금 준비 중이다……. 그러면서 단도 한 자루, 권총 한 정, 이완용 등의 사진 몇 장을 품에서 내어 보였다.

노백린과 내 눈엔 이재명이 그저 시세의 격변기를 맞아 헛된 열정에 사로잡힌 혈기 넘치는 젊은이로만 보일 뿐이었다. 노백린이 재명의 손을 잡고 간곡하게 말했다. "나라 일에 비분강개하는 자네의 뜻은 참으로 가상하네. 그러나 큰일을 도모하는 대장부가 총기로 아내를 위협하고, 권총을 쏘아 동네를 소란케 하는 것은 의지가 확고하지 못한 표징으로만 비친다네. 그러니 지금은 일단 칼과 총을 내게 맡기게나. 훗날 의지가 확고해지면 그때 이걸 찾아가 자네의 충의를 실행함이 어떻겠는가?"

　재명은 잠시 망설이다가 총과 칼을 노백린에게 넘겼지만 마지못해 하는 기색이 역력했다. 그와 작별하고 사리원역에서 기차가 막 출발하려 할 때였다. 재명이 갑자기 나타나 노백린에게 총검을 다시 돌려달라고 하지 않는가. 백린이 웃으면서 "나중에 서울 와서 찾아가게나"라고 말하는 사이 기차는 플랫폼을 떠나버렸다.

　자신이 세운 양산학교에서 공부했으며 임시정부 경무국장 시절엔 경호원으로 일한 나석주를 김구는 "제자이자 동지"라 불렀다. 나이는 열여섯 살 차이가 난다. "국내 동포의 잠자는 민족혼을 일깨울 횃불이 필요하다"는 심산心山 김창숙(金昌淑, 1879~1962, 유림 출신 독립운동가이자 정치인)에게 나석주를 추천한 이도 김구였다. 나석주는 북경에 머물던 1919년 7월 28일, 상해의 백범에게 편지를 보낸다. "큰일을 하고자 하니 목적을 이룰 수 있도록 기회를 달라"는 내용으로 미루어 거사를 준비하는 중이었음을 짐작할 수 있다. 나석주 의사의 의거는 국내 동포들의 독립 의지를 북돋우고, 대한민국 임시정부의 위상을 높이고, 대한 남아의 기개를 세상에 떨친 쾌거였다.

　사리원역에서 김구와 헤어지고 한 달쯤 지나 이재명은 동지 몇 명과 함께 서울에서 군밤 장수로 가장하고 기회를 노리다가 인력거에 탄 이완용을 습격, 칼로 찔러 중상을 입히고 체포됐다(1909년 12월 22일). 신문은 이재명에 대해 "용모가 화려하고 눈에 영채가 있다"고 보도했다.

　김구는 깜짝 놀랐다. "아, 그가 정말로 이리도 빨리 결행할 줄이야!

이재명 의사(위)와 을사오적 중 한 명인 이완용. 이재명은 이완용을 덮쳐 옆구리와 어깨 등을 세 차례 찔러 중상을 입혔으나 안타깝게도 죽이지는 못했다. 이재명은 현장에서 체포되어 사형을 선고받았으나 재판장을 꾸짖는 등 마지막까지 당당했다.

그때 만약 노백린과 내가 부질없는 억측과 간섭으로 그의 권총을 빼앗지 않았더라면, 아니 나중에라도 그가 반환을 요구했을 때 돌려주었더라면 국적 이완용의 숨통을 확실히 끊어버려 매국노가 나라를 팔아먹는 마지막 도장을 못 찍게 할 수도 있었으련만……!" 한탄과 후회가 가슴 가득 밀려왔다.

이재명은 1909년 1월 순종 황제의 평안도 순시 때 이토 히로부미가 동행한다는 사실을 알고 그를 처단하려 했으나 안창호의 만류로 뜻을 접어야 했다. 도산은 이토가 순종 곁에 바짝 붙어 있어 자칫 황제가 화를 입을까봐 저격을 말린 것이다. 몇 달 뒤(10월 26일) 안중근이 이토를 암살했다는 소식을 전해들은 이재명은 이완용을 비롯한 을사오적으로 표적을 바꾼다. 사형을 선고받고도 "나의 생명을 빼앗지만 국가를 위한 나의 충성된 혼과 의로운 혼백은 감히 빼앗지 못할 것이다. 한 번 죽음은 아깝지 아니하거니와 생전에 이루지 못한 한恨을 기어이 설욕 신장하리라"고 재판장을 통렬히 꾸짖었다.

6   만세 함성 속에서 고요히 망명선을 타다

Q 3·1 만세운동이 일어났을 때 동참하지 않고 평소처럼 안악의 농장 일을 보았던 까닭은 무엇인가?

A 기미년(1919년, 44세) 3월 1일, 빼앗긴 들에 불어온 봄바람처럼, 누구도 막을 수 없는 밀물처럼 겨레의 함성이 천지를 뒤흔들었다. 서울 탑골공원에서 독립을 외치는 만세 소리가 청천벽력같이 울려 퍼셨다. 독립신인시가 각 지방으로 배포되자 대한독립 만세 소리와 태극기의 물결은 요원의 불길처럼 번지며 삼천리강산을 삽시간에 뒤덮었다.

  3·1운동의 파장은 크고도 거셌다. 본국 13도의 각 대도시는 물론이고 산간벽지나 궁벽한 항구 마을에서도 독립 만세 소리가 그치지 않았다. 해외 동포들도 이 거대한 물결에 동참했다. 원인은 크게 두 가지다.

  첫째, 우리 민족이 '경술국치'의 진짜 의미를 비로소 깨달았기 때문이다. 병탄 후 일제가 안악 사건과 105인 사건을 잇달아 조작하고 무자비한 탄압을 자행하자 비로소 실상을 깨닫고 망국민의 비애와 절망이 폭발하기 일보 직전에 이르렀다. 3·1운동은 이처럼 격한 감정에

도화선으로 작용했다.

둘째, 제1차 세계대전이 끝나고 열린 파리강화회의에서 윌슨 미국 대통령이 제창한 민족자결주의의 여파였다. 이 두 가지 요인이 독립 만세운동을 불러일으켰다.

나는 안악의 동산평 농장에서 3·1운동을 맞았다. 안악군에선 3월 8일 이후 만세 함성이 한 달 남짓 그치지 않고 지축을 흔들었다. 더 큰 폭발을 앞둔 화산처럼 거대한 기운이 꿈틀거렸다. 동산평 농장이 있던 산천면은 상대적으로 조용했다. 청년들은 내게 만세운동의 선창을 부탁했지만, 응하지 않았다.

안명근 사건(1910년 12월) 이후 안악은 일제의 집중 감시를 받았다. 게다가 시국이 시국인지라 내 동정을 살피고 엿보는 헌병들의 눈길도 더 잦아지고 촘촘해졌다. 내가 은밀히 준비 중인 계획을 성사시키려면 만세운동엔 아무런 관심도 없는 척 애써 태연을 가장하고 말 한마디, 몸짓 하나까지 조심해야 했다. 그래서 평소와 다름없이 지내며 동산평 농감 일을 보았다.

청년들을 만세 시위장인 안악읍으로 돌려보낸 다음 날(3월 29일) 아침, 나는 소작인들을 제방으로 모이게 하여 지팡이를 짚고 둑 수리를 지휘 감독했다. 점심때쯤 헌병들도 안심했는지 철수했다. 감시가 느슨해진 틈을 타 소작인들에게 잠시 이웃 마을에 다녀온다며 일 마무리를 맡기고는 안악읍으로 곧장 가 김용진 동지를 만났다. 용진은 내게 중국 상해로 망명하라며 300원을 쥐여주었다. 나는 지체 없이 안악을 떠나 사리원에서 하룻밤 묵고 다음 날 아침 경의선 기차에 올랐다. 열차 안에서도 온통 만세운동 이야기로 들끓었다.

"아직 왜가 물러가지만 않았을 뿐 독립은 이미 된 거나 다름없습니다. 이처럼 온 백성이 떨쳐 일어나 만세를 외치면 적들은 반드시 쫓겨 나고야 맙니다."

이처럼 확신에 찬 목소리에 배고픔도 잊고 신의주에서 기차를 내렸다. 목재상으로 위장해, 개찰구에 지켜선 왜경의 검문검색을 의외로 쉽게 통과하고 압록강을 건넜다. 그로부터 일주일 뒤 변성명하고 좁쌀 장수로 위장한 채 이륭양행怡隆洋行* 소속 기선을 타고 상해로 출발했다.

안악을 벗어난 3월 29일은 환갑잔치를 사양하신 어머니 생신이 지난 지 사흘째 되던 날이었다. 백일 남짓 된 첫 아들 인의 얼굴도 못 보고, 아내와 작별 인사도 미처 나누지 못한 채였다. 그렇게 소리 소문도 없이 조용히 상해로 떠난 내가 27년, 실로 오랜 세월이 흐른 뒤에야 귀국할 줄은 생각도 못했다.

1918년 일본이 우리 쌀에 대한 수탈을 강화해 농촌이 황폐해지고, 그해 10월엔 인플루엔자가 창궐해 14만 명이 넘게 목숨을 잃었다. 민심이 흉흉할 때 해를 넘기면서 고종이 승하했다.

김구는 셋째 딸마저 태어난 지 1년도 안 돼 숨지는 슬픔 속에서 농촌계몽운동에 힘을 쏟으려 가장 조건이 열악한 동산평 농장으로 자원

---

* 아일랜드 출신 영국인 조지 쇼(Jeorge Show)가 운영한 선박 회사. 외국인 신분을 이용해 임시정부의 통신과 인력·물자 수송 등을 적극 도왔다.

1919년 3월 1일, 빼앗긴 들에 불어온 봄바람처럼 "대한독립만세!"를 외치는 겨레의 함성이 온 천지를 깨우며 삼천리강산을 뒤덮었다. 당시의 모습이 담긴 적십자의 팸플릿에는 이렇게 적혀 있다. "조선인들이 공원에서 '만세'를 외치고 있다. 모두 빈손이며 아무도 무기를 들지 않았다." (사진 출처: East Asian Library, University of Southern California)

해 옮겨 갔고(1917년 2월. 5장 6절 참고) 여기서 3·1운동을 맞는다. 황해도는 만세운동이 가장 줄기차게 계속된 곳이다. 김구가 머물던 안악은 안명근 사건 등으로 일제가 집중 감시하는 지역이어서 가장 늦게, 기독교인들을 중심으로 만세운동이 일어난다. 독립만세운동에 앞장서 달라는 청년들의 요청을 거절하고 짐짓 무심한 태도를 보이자 왜경의 감시가 소홀해졌고 기회를 노리던 김구는 다음 날 안악을 떠난다. 하여 죽는 날까지 다시는 고향땅을 밟지 못한다.

3·1운동은 미국 윌슨 대통령이 1차대전이 끝나고 전후 처리를 위해 공표한 선언(1918년 1월 미국 의회 연설)과 다음해 1월 베르사유 궁에서

열린 파리강화회의에서 확인된 14개조 평화 원칙의 핵심인 민족자결주의에 고무되고 자극을 받아 일어난 전 민족적 일대 독립운동이다. 그러나 일반 대중은 세계적 흐름에 호응했다기보다 일본의 폭압에 항거하고 독립을 성취하기 위해 만세운동을 펼쳤다. 백범 역시 민족자결주의에 관심을 보이기보다는 교육과 계몽에 주력하던 상태였다.

  윌슨의 민족자결주의는 1차대전 패전국인 오스트리아-헝가리 제국과 오스만 투르크가 지배하고 있던 동유럽과 발칸반도에 자리 잡은 여러 민족들의 독립을 희망하는 메시지였다. 한국은 아시아에서 윌슨의 민족자결 원칙에 가장 크게 고무 받은 나라였고, 3·1운동은 같은 해 중국의 5·4운동에도 영향을 미친다.

7장

자유를 위한 헌신
: 혁명가의 길(1)

1 임시정부의 문지기를 자청하다

Q 임시정부가 탄생한 뒤 왜 청사의 문지기가 되겠노라 청원했는가?

A 나흘 만에 무사히 포동浦東 항에 도착했다(1919년 4월, 44세). 같이 내린 동지는 모두 열다섯 명이었다. 당시 상해에 모인 이들 중 내가 아는 인물은 이동녕 선생을 비롯해 이광수李光洙, 김홍서金弘敍, 서병호徐丙浩, 김보연金甫淵 등 다섯이었다. 이밖에도 구미·일본·러시아 등지에서 온 사람들, 유학생을 포함한 한인 동포 500여 명이 상해에 살고 있었다. 이들은 출신지며 나이, 학벌, 신분, 계층을 떠나 항일과 독립이란 공통분모로 뭉쳐 있었다.

지역별로 대표를 뽑아 임시의정원을 구성한 다음 임시 헌법을 제정·공포하고(4월 11일), 파리에서 활동 중이던 김규식金奎植을 파리강화회의 임정 대표로 임명했다. 내각을 대표하는 국무총리로 이승만을 임명하고, 내무·외무·군무·재무·법무·교통 등의 부서를 조직했다. 안창호가 미주에서 건너와 내무총장으로 취임했으며(5월 25일 상해 도착, 6월 28일 취임), 다른 각 부 총장들은 외지에서 미처 도착을 못해 차장들이 직무대리로 국무회의를 진행했다. 나는 내무위원으로 피선됐다(4월 22일). 한편 임시정부가 틀을 잡아갈 무렵, 서울에서도 비밀리에 각 도 대표자들이 모여 별도 정부(대조선공화국, 세칭 한성정부)를 설립하고 이승만을 집정관 총재(대통령)로 추대했다. 그러나 서울에선 활동이 여의치 않자 사전 동의도 없이 상해로 무대를 옮겨 한 도시에 성격이 비슷한 두 개의 정부가 생겨나고 말았다. 이에 양측 주요 인사들은 몇 차례 논의 끝에 임시정부 헌법을 만장일치로 개정하고(9월 6일) 이승만을 대통령으로 임명했다.

임시정부가 수립되자 나는 내무총장 안창호에게 나를 청사 문지기로 써달라고 청원했다. 이유는 연전 본국에서 교육 사업을 할 때 내 실력과 수준이 어느 정도인가 알아보려고 순사 채용 과목을 혼자 시험 쳐본 결과 내 점수론 합격이 어려움을 절감했고, 또 문지기보다 높은 자리는 허영을 탐해 실무에 소홀할 우려가 있다고 보았기 때문이다.

내가 별호를 백범으로 고친 연유까지 설명하며 설득하자 안 동지는 흔쾌히 국무회의에 올리겠노라고 말했다. 그랬는데 하룻밤 사이에 내용이 바뀌었다. 도산이 홀연 내게 경무국장 임명장을 내민 것이다. 그때는 각 부서 차장이 총장 직권을 대리했는데, 청년 차장들이 연장자인 내가 여닫는 문을 드나들기가 아무래도 겸연쩍고 거북스럽지 않겠느냐는 거였다. 하기야 도산보다도 내가 두 살 많긴 했지만, 나로선 생각지도 않은 문제였다.

"뜻은 고맙지만 나는 일개 순사 자격에도 못 미치는 사람입니다. 경무국장 자리는 감당하기 벅찹니다."

"겸손의 말씀, 자격은 충분합니다. 지금 같은 혁명기엔 정신을 보고 인재를 쓰는 법입니다. 오랜 감옥 생활로 왜놈들 실정을 잘 아는 백범만한 적임자가 또 누가 있겠습니까? 자꾸 사양한다면 백범이 청년 차장들의 부하가 되기 싫어서 그런다는 오해를 받기 십상입니다. 임명장까지 나왔으니 거절 마시고 공무를 수행해주십시오."

나는 더는 뿌리치기 어려워 부득이 응낙하고 직무를 시작했다.

 광복 이후 처음 맞는 1946년 3·1절 경축사에서 김구는 3·1운동의 의의를 이렇게 요약한다.

> 인류 혁명사에 빛나는 3·1운동의 위대한 의의는 통일성에 있습니다. 지역의 동서와 계급의 상하가 없었고, 종교와 사상을 비롯한 모든 국한된 입장과 태도를 버리고 오로지 나라와 겨레의 독립과 자유를 찾자는 불덩어리 같은 일념에서 이 운동을 일관했다는 점을 세계에 자랑할 수 있습니다. 3·1운동을 통하여 임시정부라는 영도 기관을 탄생시켰고, 또 이 임시정부는 이역만리에서 파란곡절을 겪으면서도 3·1운동에 참여한 선열들의 독립정신을 계승하며 수난의 길을 꾸준히 걸어왔던 것입니다.

3·1운동 직후 만주 서간도의 독립지사들은 '군정부軍政府'란 조직을 만들어 석주石洲 이상룡李相龍을 대표로 추대했다. 하지만 그해 4월 11일 상해에서 대한민국 임시정부가 출범하자 석주는 "한 민족에게 어찌 두 정부가 있겠는가"라면서 군정부를 군정서軍政署로 낮춰 개편한다.

광복 이후 처음 맞는 독립선언 기념식에서 경축사를 하고 있는 김구(1946년 3월 1일, 서울 보신각). 이날 김구는 "3·1운동의 위대한 의의는 그 통일성에 있다"고 역설했다.

독립정부 수문장은 김구가 오래전부터 품어온 순수한 열망이었다. 서대문 감옥에서 마당을 쓸거나 유리창을 닦을 때면 늘 이런 기도를 바쳤다고 한다. "우리도 언젠가 독립된 정부를 건설하거든, 하나님, 저로 하여금 그 집의 뜰도 쓸고 창호도 닦는 일을 해본 연후에 죽게 하는 행운을 내리소서." 김구의 기도는 이루어졌다.

1919년 4월 10일 상해의 프랑스 조계에 있는 김신부로金神父路에서 임시의정원 첫 제헌의회가 열렸다. 4월 11일엔 국호(대한민국)와 임시 헌장(민주공화제)을 채택해 공포했다. 9월 6일 임시헌법개정안이 만장일치로 통과됨으로써 임시정부는 근대적 국민국가의 헌법 체계를 갖추게 됐다. 9월 11일 이승만을 대통령으로 하는 새 내각이 출범했다. 그러나 순수 대통령제가 아닌 내각제 요소가 많이 반영됐고, 이동휘가 국무총리가 된다. 3·1운동 후 8개월 만인 11월 3일이다.

임시정부의 문지기를 자청한 백범. 경무국장으로 발탁되고 요직을 두루 거치며 잠깐 공백기도 있었지만 마음으로는 한 순간, 한 발짝도 임시정부를 떠나거나 벗어난 적이 없다. 김구의 역사가 곧 대한민국 임시정부의 역사였다.

2 경무국장은 무엇을 하는 자리인가

Q 14년에 이르는 상해 임시정부 시절, 기억에 남는 사건이나 인물을 든다면?

A 임시정부 초기 4년 동안 경무국장 직을 수행했다. 신문관, 검사, 판사뿐만 아니라 형 집행관까지 맡았다. 밀정이냐 아니냐의 판단은 매우 어렵고 위험이 도사린 일이었다. 게다가 수감 시설도 마땅찮이 범법자에 대한 치벌이 회유나 훈방, 아니면 사형이던 때였다.

프랑스 조계에서 더부살이하던 임정 경무국의 핵심 임무는 밀정 단속, 일제의 정탐 활동 방지, 상해 거주 한인들의 부역 여부 정찰, 일제의 침투 방향 탐지 등이었다. 나는 정사복 경호원 20여 명과 함께 이 일을 수행했다. 밀정들의 준동으로 임정 회의는 주로 심야에 열렸고, 요인들은 일주일이 멀다 하고 숙소를 옮겨야 했다.

한번은 의열단원 오성륜(吳成倫) 등이 다나카 기이치(田中義一: 육군 대장과 내각 총리를 지낸 일본 정치인)에게 던진 폭탄이 불발해 오성륜이 다시 권총을 발사했다가 여행 중이던 미국 여성을 숨지게 한 사건이 일어났다. 대대적인 수색이 시작되고, 프랑스 조계 한인 사회엔 비상이 걸렸다. 하루는 아침 일찍 왜경들이 내 침실로 들이닥쳤다. 그중엔 나와 친분이 깊은 프랑스 경찰관 서대납西大納도 있었다. 체포장에 적힌 이름이 일본어로 돼 있어 나인 줄 모르고 온 것이다. 그런데 와 보니 잘 알고 지내는 친구가 아닌가. 서대납은 내게 수갑을 채우려는 왜경들을 제지한 뒤 나를 프랑스 조계 경찰서로 데려갔다. 그곳 유치장엔 원세훈元世勳 등 다섯 사람이 이미 구금돼 있었다. 왜경은 나를 신문하려 했지만 프랑스 경찰은 허락하지 않았다. 일본 영사의 신병 인도 요청을 묵살하고 되레 수감된 다섯 명이 내 동지임을 밝히자 모두 석방했다.

여러 해 동안 나는 프랑스 경찰국에서 한인 범죄자를 체포하면 임시정부 배심관 자격으로 그들을 신문하고 처리했다. 내가 보증을 서면 현행범이 아니면 즉각 풀어주었다. 그러자 왜경은 정탐꾼을 시켜 나를 프랑스 조계 밖으로 유인한 다음 잡아가려고 벼르고 있었다. 그래서 나는 프랑스 조계를 한 발짝도 벗어나지 않았다. 아, 거기 머물렀던 14년 동안 기이한 사건들이 얼마나 많았던가. 이제는 대부분 연월일시마저 잊어버렸다.

고등 정탐꾼 선우갑鮮于甲을 신문한 일이 있다. 죽을죄를 지었으니 처형을 달게 받겠다고 했다. "살려줄 테니 큰 공을 세워 속죄하겠는가?" 물었다. 그러겠다고 맹세하기에 석방했더니, 상해에서 정탐한 중요 문건을 바치겠다고 말했다. 과연 선우갑은 왜경에게 밀고하지 않고 혼자서 문건을 준비해 기다리고 있었다. 이후에도 전화로 호출하면 시간을 지켜 대기했다. 이후 정체가 탄로 날 기미가 보이자 몰래 본국으로 돌아가 임시정부 활약상을 칭송하고 다닌다는 소문을 들었다.

비슷한 예는 또 있다. 비밀 사명을 띠고 상해에 잠입한 일제의 경부(警部: 경시 아래 계급의 경찰) 강인우姜麟佑는 자신의 정체와 밀명을 밝히고는 내가 면피용으로 만들어준 가짜 보고 자료를 가지고 서울로 돌아갔다. 그는 허위 정보로 공로를 인정받아 풍산군수가 됐다고 한다.

구한말 내무대신을 지낸 동농東農 김가진 선생은 한일병탄 후 일제에게 남작 직위까지 받았으나 반납하고 비밀결사인 조선민족대동단 총재로 지하에서 활동하다 남은 생애를 독립운동의 발원지에서 불사르겠다며 아들 의한毅漢 군과 함께 상해로 망명했다. 일본 총독은 동농의 며느리 정정화(《장강일기》의 지은이)의 친척 정필화鄭弼和를 비밀리에 상해로 파견해 선생의 귀국을 종용하게 했다. 우리 경무국은 사전에 정보를 입수, 정필화를 전격 체포해 처벌했다.

황학선黃學善은 3·1운동 이전부터 상해에 거주한 청년으로 임시정부에 매우 호의적이었으나 알고 보니 가면 뒤에 본모습을 숨기고 있었다. 상해의 자기 집에 묵고 있던 독립지사들에게 출범한 지 며칠 되지도 않은 임시정부를 신랄하게 비방하며 중상 모략했다. 청년 10여 명이 간교한 흉계에 말려들어 극단적으로 나쁜 감정을 품고 청사를 습격, 임정 쪽 청년들과 혈투를 벌였다.

조사 결과 놀라운 사실이 밝혀졌다. 황학선이 이 청년들에게 준 활동 자금은 출처가 일본 영사관이었다. 일제의 사주를 받은 황학선은 외딴 곳에 3층 양옥을 빌려 병원 간판을 붙인 다음 의대생 나창헌羅昌憲을 내세워 나를 비롯한 임정 요인들을 유인, 암살할 계획까지 구체적으로 짜놓은 상태였다. 감쪽같이 속은 나군은 황을 극형에 처할 것

대한민국 임시정부 경무국장 시절의 김구(위)와 임시정부가 있던 프랑스 조계지가 표시된 상해 지도(아래). 저 넓은 상해에서 김구는 프랑스 조계 안에 발이 묶인 몸이었다. 경무국장으로서 김구는 일제가 침투시키는 밀정을 찾아내 처단하고 임정요인들의 신변을 보호하느라 여념이 없었다. 이에 일제는 김구를 조계 밖으로 유인해 잡아가려고 혈안이 되어 있었다.

을 주장했다. 결국 황은 형장의 이슬로 사라졌다.

1922년 10월(47세), 내무총장이 되고 한 달쯤 지나서 나는 안창호와 가까운 서북파 중심으로 '한국노병회'를 조직해 초대 이사장을 맡았다. 10년 이내에 1만 명 넘게 노병勞兵을 양성하고 100만 원 이상 비용을 조성해 독립전쟁을 개시하되 그전에라도 임시정부가 독립전쟁을 펼치면 출전할 계획이었다. 러시아혁명기 소비에트Soviet에서 유래한 노병은 '노동자와 병사'가 아닌 '독립 생계를 유지할 수 있는 노동 기술을 가진 병사'를 가리킨다. 이승만의 민병제(民兵制), 안창호의 국민개병론皆兵論과 유사한 개념이다. 박용만(朴容萬, 1881~1928)이 1914년 하와이 사탕수수밭 노동자들을 중심으로 조직했던 대조선국민군단도 마찬가지다. 나는 3년 반 동안 노병회를 이끌면서 많은 청년을 전사로 육성하고 전비도 모금했다. 그러나 큰 뜻을 펼치기엔 역부족이었다.

상해 임시정부 생활 14년 동안 김구는 프랑스 조계에 발이 묶여 지냈다. 늘 쫓기는 몸이었기에 조계가 유일한 안전지대였다. 하지만 전적으로 안심할 곳은 못 됐다. 큰 사건이 터지면 왜경의 수사망이 조계까지 좁혀 들어왔다. 그래도 프랑스 친구들의 협조와 배려 덕에 무사할 수 있었다. 경무국장 김구는 '쫓기는 망명자'이면서 동시에 '누군가를 쫓는 추적자'였다. 생과 사를 오가며 활동하는 동지들은 애국 열정이 뜨거운 만큼 생활고에 시달리고 두려움에 떨었다. 김구는 조직을 강화하고 기강을 바로세우기 위해 사력을 다했다.

미국 언론인 님 웨일스가 쓴 사회주의 계열 독립운동가 김산(金山: 본명 장지락)의 파란만장한 일대기 《아리랑》엔 다나카 기이치 암살 미수 사건이 이렇게 서술돼 있다. 다나카 바로 옆에 서 있던 미국 여인이 폭발음에 놀라 다나카를 껴안는 바람에 오성륜이 쏜 총탄 세 발을 맞고 숨졌다. 체포된 오성륜은 탈옥해 독일로 망명했다가 모스크바와 중국 등지에서 활동하고 조국광복회 결성에도 참여했으나 1941년 일본 관병에게 쫓기다 결국 투항해버리고 만다.

망명지 상해에 마련한 임시정부 생활은 모든 것이 힘들고 불투명했다. 밀정들이 프랑스 조계까지 잠입해 적과 동지를 구분하기도 어려웠다. 경무국장 김구는 이중 삼중으로 긴장되고 각박한 잠행의 삶을 살아야 했다.

나치 치하에서 반체제 문인으로 낙인찍힌 독일 시인 베르톨트 브레히트도 백범처럼 오랜 떠돌이 도망자 생활을 했다. 그는 〈망명기에 관한 단상〉이란 글에서 "벽에다 못을 박지 말자. 외투는 의자 위에 걸쳐 놓자. 나흘씩이나 머물 준비를 왜 하겠는가. 내일이면 또 떠날 운명인 것을……"이라고 써서 그 시절을 회상했다. 백범 역시 벽에 못을 박고 외투를 걸어두는 안주의 삶을 살아본 적이 없었다. 특히나 이봉창, 윤봉길의 의거 이후에는 바람구두를 신고 여차하면 의자에 걸쳐둔 외투를 집어 들어 훌쩍 창문을 넘어야 하는 절박한 생활이 이어졌다.

3 안팎으로 닥친 시련의 시기

Q 조국 독립을 위해 한마음 한뜻으로 뭉쳤던 운동가들 사이에서도 사상을 둘러싼 갈등과 대립이 일어났다. 거듭되는 분열 속에서 어떻게 임시정부를 지켜내고자 했는가?

A 대한민국 원년인 기미년(1919년)엔 나라 안팎이 한마음 한뜻으로 민족운동에 매진했다. 그러나 세계 사조가 점차 자본주의니 사회주의니 복잡해지면서 단순하던 우리 운동계도 사상에 따라 분열되고 투쟁이 치열해졌다. 임시정부 안에서도 공산주의와 민족주의의 분파가 격렬히 충돌했다. 심지어 수뇌부까지 의견이 갈려 국무총리 이동휘李東輝는 공산혁명을 부르짖는가 하면, 대통령 이승만은 민주주의를 외쳤다. 국무회의에서도 논쟁이 잦아 국시國是가 바로 서지 못했다. 내부 알력이 극심해져 각 부의 총장들을 줄 세우기에 혈안이었다.

어느 날 이동휘가 공원 산책을 하자 했다. 그가 조용히 도와달라기에 나는 조금 언짢게 받았다. "제가 경무국장으로 총리를 경호하는데 직책상 무슨 불찰이나 잘못이라도 있습니까?"

"그런 말이 아니오. 대저 혁명이란 유혈 사업으로 어느 민족에게나 대사인데, 현재 우리의 독립운동은 민주주의혁명에 불과해 이대로라면 독립한다 해도 또다시 공산혁명을 해야 하니 두 번 혁명은 우리 민족에게도 큰 불행입니다. 그러니 나를 도와 공산혁명을 합시다!"

"우리가 제3국제당(코민테른)의 지휘와 명령을 받지 않고 독자적으로 공산혁명을 할 수 있는 겁니까?"

"그건 불가능합니다."

"우리 독립운동이 한민족 독자성을 떠나 제3자의 지배를 받는다면 그야말로 자존을 잃는 의존성 운동입니다. 총리 생각은 임시정부 헌장에도 위배돼 크게 옳지 못하니 저는 따를 수 없으며 총리의 자중을 권고합니다."

이동휘는 나를 쏘아보고 불만스런 낯빛으로 헤어졌다.

1920년대 초반 한인 공산당은 세 파로 갈렸다. 첫째는 이동휘를 우두머리로 하는 상해파, 둘째는 안병찬安秉瓚과 여운형呂運亨 등을 중심으로 한 이르쿠츠크파였다. 셋째는 일본 유학생 위주로 조직된 엠엘ML파로 상해에선 세력이 약했지만 만주에선 활동이 맹렬했다. 아나키스트(무정부주의자)들도 나름대로 목소리를 내기 시작했다.

1923년 1월 상해에서 열린 국민대표회의는 '잡종회雜種會'라 불러도 좋을 모임이었다. 본국을 비롯해 일본, 중국, 러시아 등지에서 예순 개에 이르는 한인 단체의 대표 100여 명이 참석했다. 좌파는 민족주의 진영을 분열시키기 위해 경쟁적으로 노력하는 한편, 이르쿠츠크파는 임시정부의 창조를, 상해파는 개조를 각각 주장했다.

전자는 현 정부를 해체하고 새 정부를 창립하자, 후자는 현 정부를

대한민국 원년인 기미년(1919년), 중국 상해의 프랑스 조계지에 터를 잡은 대한민국임시정부 청사의 모습. 보창로 309호(하비로 321호) 건물은 사진으로 확인 가능한 최초의 청사이다.

유지하되 개혁하자고 부르짖었다. 수십 차례 회의를 열었으나 분열만 더욱 깊어졌다. '창조파'는 임시정부를 대체한 '한국정부'를 급조해 블라디보스토크에 진출하려 했지만 러시아의 불허로 무산됐다. 양파 공산당의 투쟁으로 나중엔 순진한 독립운동가들까지 창조 혹은 개조를 주장해 전체가 소란스러워졌다. 내가 내무총장 직권으로 그해 6월 국민대표회의 해산령을 내리자 시국은 비로소 안정을 되찾았다.

국민대표회의가 실패로 막을 내린 뒤 상해에선 통일이란 미명 아래

공산당운동이 창궐했다. 상해의 우리 청년들을 다투어 포섭해 독립운동을 공산운동화하자고 부르짖었다. 그런 와중에 러시아의 국부 레닌이 전 세계 공산주의자들을 향해 "식민지 민족은 사회운동보다 복국復國운동을 먼저 하는 것이 바람직하다"라고 선언했다. 이 말이 떨어지기가 무섭게 방금 전까지 민족운동, 곧 복국운동을 그렇게나 비난하고 조소하던 공산 계열들은 돌연 태도를 바꿔 독립·민족 운동을 공산당의 당시黨是로 주창하기 시작했다. 여기에 민족주의자들이 찬동하고 나서 '유일독립당촉성회唯一獨立黨促成會'를 탄생시켰지만, 차차 공산당의 속임수였음을 깨달아 결국 촉성회는 해산되고 말았다.

한국독립당(1930년 1월 창당)은 순전한 민족주의자 조직으로 이동녕, 안창호, 조완구, 차리석 등을 지도자로 내세웠다. 나도 말석에 이름을 올렸다. 이로써 민족주의자와 공산주의자는 조직을 따로 갖게 됐다.

임시정부는 안팎으로 시련을 맞았다. 일제가 동북3성 최고 실력자인 장작림張作霖과 협정(1925년 미쓰야 협정)을 맺자 한인 독립운동가들은 붙잡히는 족족 왜에게 넘겨졌다. 심지어는 한인의 머리를 베어 일본 영사관에 푼돈을 받고 넘기는 중국인도 있었다. 그뿐인가. 독립운동 기관에 꼬박꼬박 성금을 내던 순박한 우리 동포들도 분열을 거듭했다. 위세를 부리며 금전을 털어가는 기관들에 점차 반감을 갖게 돼 독립군 출현이나 소재를 몰래 왜에게 고발하는 풍조까지 생겼다. 독립운동가들 중 변절자마저 생기기 시작했다. 그런 판국에 일제의 보호 아래 괴뢰국가나 다름없는 만주국이 탄생(1932년)하자 만주는 '제2의 조선'이 돼버렸다. 슬프고 쓰라린 일이다.

동북3성의 정치 지형도 덩달아 복잡해졌다. 정의부, 참의부, 신민부 이상 3부 중에서 참의부는 시종일관 임시정부를 떠받들고 옹호했다. 그런데 여기에도 공산당이 침투하고 3부가 정의부로 통일되자 임시정부를 멀리하고 서로 짓밟고 분열해 마침내는 종막을 고했으니, 핵심 요인은 바로 공산당과 민족당의 충돌이었다. 결국 민족진영이든 공산 진영이든 동일한 운명을 맞았다.

갈등과 분열의 상흔은 깊었다. 수많은 단체들이 명멸했다. 상해의 민족진영은 임시정부와 한국독립당으로 겨우 명맥을 유지하고 있었다. 임시정부는 인재의 발길이 뜸해지고 살림도 매우 곤궁해졌다.

사회주의 이념이 유입되던 초기엔 부르주아 민주혁명과 사회혁명을 동시에 밀고 나가자는 좌경적 혁명론이 대세였다. 이동휘 역시 그런 입장을 취했다. 여기 언급된 '제3국제당'은 1919년 3월 러시아 공산당과 독일 사회민주낭을 중심으로 레닌이 만든 공산 좌파의 국제적 통일 조직인 코민테른이다. 코민테른은 일제 강점기 우리나라 공산주의운동에 막강한 입김을 불어넣었다.

대한민국 임시정부는 출발부터 순탄치 않았다. 국무총리 이동휘와 이승만을 지지하는 세력의 사상이 달라 갈등이 생겼다. 갈등은 점차 깊어져 1921년 1월 이승만이 상해로 부임해 집무를 시작하자 이동휘는 총리직을 사직하고(2월), 리더십의 한계를 보인 이승만도 결국 미국으로 돌아간다(5월). 임정은 허울만 남았다. 한편 1920년 6월의 봉오동 전투와 10월의 전설적인 청산리 대첩은 일제의 간담을 서늘하게 했으나, 일본군의 집요한 공격과 공산 계열 내부 갈등에 휘말린 러시아령 자유시(自由市: 스보보드니 시) 참변(1921년 6월) 등으로 독립군의 무장력은 급격히 약화됐다.

1923년 임정을 불신하는 공산당의 주도로 국민대표회의가 열린다. ① 임정을 해체하자는 창조파(러시아, 만주), ② 개조파(국내, 미주), ③ 임정 고수파(김구 등)로 나뉘어 3개월간 60여 단체의 대표 113명이 92차 회합을 열었으나 노선 차이만 확인하고 실패로 막을 내린다.

1926년 말부터 좌우합작을 모토로 내세운 유일당운동이 일어난다. 국내에선 신간회, 만주에선 삼부통합운동, 상해에선 유일당독립촉성회가 결성됐다. 한국독립당도 이 유일당운동에 편승해 1930년 1월 상해에서 창립된다.

김구가 주창한 민족주의는 민족이란 테두리에 이념을 가둬 자기 민족만 강화하고 다른 민족은 배척하는 편협한 국수주의가 아니었다. 우리 민족도 독립과 자유를 회복해 다른 민족처럼 완전한 행복을 향유하자는 데 지향점을 두고 있었다. 이념에 대한 김구의 생각은《백범일지》말미에 붙인 〈나의 소원〉에 잘 나타나 있다.

> 오늘날 소위 좌우익이란 것도 결국 영원한 혈통의 바다에서 일어나는 일시적인 풍파에 불과하다. 공산당이 주장하는 소련식 민주주의는 독재정치 중에서도 가장 철저한 것이어서 독재정치의 모든 특징을 극단으로 발휘하고 있다. 어느 한 학설을 표준으로 국민의 사상을 속박하는 행위는 어느 한 종교를 국교로 정해 국민의 신앙을 강제하는 것과 마찬가지로 옳지 않은 일이다.

4   집세도 못 내던 임정의 '상거지 국무령'

Q 무정부 상태나 다름없던 임정의 침체기에 국무령을 지냈다. 궁핍한 생활 속에서 어떻게 정부를 유지했는가?

A 1925년 3월, 대한민국 임시정부는 이승만 면직안을 의결하고 임시 대통령으로 박은식朴殷植을 선출했다. 그는 대통령제를 국무령을 중심으로 한 내각책임제로 바꾸고 물러났다. 이 제도는 좀처럼 자리를 잡지 못했다. 초대 국무령 이상룡부터 6대 홍면희(洪冕熙, 洪震, 1877~1946)까지만 유지되었을 뿐이다(홍면희는 3·1운동 후 상해로 망명해 임시정부 국무령, 의정원 의장 등을 지내고, 광복 후에는 비상국민회의 의장에 피선됐다). 홍면희가 사퇴하고 국무위원 전원이 사직하자 임시정부는 무정부 상태나 다름없었다. 국무령 자리에 오른다 한들 국무원(조각) 구성이 여의치 않았다.

하루는 의정원 의장 이동녕 선생이 찾아와 국무령 취임을 권유했다. 나는 다음 두 가지 이유를 들어 사양했다. "첫째, 지금 우리 정부가 아무리 위축돼 있다지만 해주 서촌 일개 존위(김순영)의 아들인 제가 한 나라의 원수가 된다면 국가 체면과 민족 위신이 크게 떨어지므로 응할 수 없습니다. 둘째, 전임 국무령들도 호응하는 인물이 없어 실패했거늘, 제가 나선다면 더더욱 함께할 인재가 없을 겁니다."

하지만 이동녕 선생은 재차 설득했다. "첫째 이유는 어불성설이고, 둘째 염려도 백범만 나서준다면 지원자들이 줄을 설 겁니다. 그러니 부디 사양하지 마십시오. 무정부 상태는 면해야 할 것 아닙니까?"

결국 이 의장의 강권을 뿌리치지 못하고 1926년 12월(51세) 국무령에 취임했다. 내무총장에서 물러난 지 2년 만의 복귀이며, 임정 참여 7년 8개월 만의 일이었다. 나는 내각을 꾸리고, 국무령제를 국무위원제로 개편했다. 명색은 국무위원회 주석이되, 단지 개회할 때만 주석일 뿐이었다. 이로써 일단 분란은 가라앉았지만, 정부 명의마저 유지할 길이 막연했다. 청사 집세가 30원, 고용인 월급이 20원 정도였으나 임대료 체불로 종종 건물주에게 소송을 당했다.

당시 나는 맏아들 인마저 고국의 어머니께 보내고 혼자 외로이 그림자와 짝해 살던 처지였다. 잠은 직원이 퇴근한 청사 빈방에서 자고, 밥은 동포들 집을 기웃거리며 얻어먹고 지내니 거지도 이런 '상거지'가 없었다. 엄항섭 군은 자기 집안 살림은 뒷전인 채 나처럼 숙식이 어려운 운동가를 돌보려고 프랑스 공무국에 취직했다. 그가 취업한 또 다른 목적은 일본 영사관의 수색이나 체포 움직임을 탐지해 미리 알리고, 우리 동포 중 범죄자가 생기면 편의를 봐주기 위해서였다.

독립운동 자금은커녕 당장 청사를 꾸려나갈 운영비 마련조차 막막했다. 국무위원들과 의정원 의원들이 수심 가득한 얼굴로 배회할 뿐, 청사를 찾는 외국인은 고사하고 동포의 발걸음도 뜸했다. 임시정부는 이름과 간판으로만 존재하되 실체가 없던 시절이었다. 총장과 차장들

중에서도 일제에 영합하거나 귀국 보따리를 싸는 이들이 하나둘씩 생기기 시작했다. 재정 파탄, 경제적 궁핍 때문이었다. 우선은 최악의 자금난부터 해결해야 했다.

국내와 상해를 잇는 비밀 조직인 연통제聯通制가 무너져 독립운동가의 이탈과 감소를 부채질했다. 1920년 8월 함경남도에서 연통 조직이 일제에 발각된 것을 신호탄으로 각 지역 조직이 연이어 파괴됐다. 밀명을 띠고 상해에서 본국으로 파견됐다가 현지에서 체포되는 동지가 늘어만 갔다. 처음엔 웅지를 품고 상해에 왔던 청년들도 생활고를 견디다 못해 취업이나 행상 쪽으로 발길을 돌렸다. 한때 1천여 명을 헤아렸던 상해의 독립운동가 수는 점차 줄어들어 어느 순간 겨우 수십 명만 남게 됐다.

임시정부 국무령은 자리바꿈이 잦았다. 1대 이상룡(1925년 9월~1926년 2월 18일)→2대 양기탁(2월~4월 29일)→3대 이동녕(4월 29일~5월 3일)→4대 안창호(5월 3일~5월 16일)→5대 이동녕(5월 16일~7월 7일)→6대 홍진(7월 7일~12월 8일)→7대 김구(12월 10일~1927년 4월). 2년 동안 일곱 명의 국무령이 거쳐 갔다(약헌 개정으로 김구는 국무령을 자동 사임했다). 그만큼 임시정부 상황이 어려웠다.

재정적으로도 최악의 상태였다. 1920년 6만 9000달러였던 수입은 1927년엔 1445달러, 1928년엔 975달러로 급격히 감소했다. '거지 중의 상거지'였던 당시 김구의 생활상을 동향인 정만존鄭萬尊은 이렇게 술회했다.

칠십 노모가 취사와 빨래 등을 하며 매일 눈물로 세월을 보내고 있는 형편이었다. …… 선생은 부인이 살아 있을 때는 부인의 삯바느질 수입으로 조석을 유지했으나, 부인이 사망한 뒤에는 아무런 생업 없이 지인이나 동지 등의 동정금으로 지내 그 궁상은 이루 말할 수가 없었다.

_손세일, 《이승만과 김구》, 3권 724~725쪽 재인용

연통제란 상해 임시정부가 나라 안팎의 독립운동을 지휘, 감독하기 위해 비밀리에 조직했던 비상연락망이다. 서울에 총판부를 두었고 각 도에는 독판督辦, 군엔 군감, 면엔 면감을 두었다. 일제의 감시가 철저해 설치하지 못한 지역도 있었다. 주요 업무는 임시정부 법령과 공문 전파, 독립 시위운동과 민심 동향 파악, 군인·군속 징모, 군수품의 징발·수송, 금전 모금과 납부, 통신 연락, 기타 상부에서 내려오는 임시명령 시행 등이었다. 일제는 지하 조직 연통제를 심히 경계했다. 이와 관련해 탄압과 수난을 당하고, 구금된 사람도 많았다. 연통제는 신분과 계층을 가리지 않고 다양한 사람들이 참여했지만 일제의 감시와 압박이 심해 소멸되고 말았다. 임시정부 활동 또한 약화되고 위축됐다.

엄항섭(嚴恒燮, 1898~1962)은 김구의 핵심 측근으로 청년 시절부터 백범을 따르고 보좌했다. 김구 명의의 발표문이나 성명서 대부분을 기초했으며, 백범 영결사도 작성해 눈물로 송별했다. 백범은 엄항섭의 부인이 자신의 아들을 보살펴준 일을 언급하며 이들 부부에 대한 고맙고 애틋한 정을 일지에 상세히 적어놓았다.

5 태평양을 건넌 편지-이름을 기억하라!

Q 여건이 어려운 임시정부를 운영하기 위해 해외 동포들에게 성금을 요청하는 편지를 띄운다. 절절한 호소에 대한 답이 있었는가?

A 돈이 된다면 내 몸의 장기라도 떼어 팔고 싶을 정도로 어려운 시기였다. 임시정부가 갖고 있던 권총 네 자루 중 두 자루를 팔아 운영비로 쓴 적도 있었다. 그만큼 사정이 절박하고 절실했다. 연통제가 무너지고 독립운동 단체의 내분이 격화되어 임정의 위상은 날로 약화돼갔다.

이 무렵(1928년, 53세) 내가 시도한 고육지책이 해외 교포에게 편지 쓰기였다. 본국에서는 자금 유입을 기대하기 어려웠다. 임시정부가 이름이라도 보전하려면 밖으로 손을 내밀 수밖에 없음을 깨달은 것이다. 교포 수로야 중국, 소련, 일본 순이지만 정치적, 경제적 이유로 지원을 요청할 환경이 아니었다. 상해의 한인들에겐 자주 애국금을 거둬 더는 손을 벌릴 염치가 없었다. 250만 만주 동포는 극도로 가난했다. 150만 시베리아 동포는 민족운동을 금지하는 공산 치하에 살고 있었다. 50만 일본 동포 역시 생활이 어렵고 삼엄한 감시의 눈길 아래 살았다. 결국 미주, 하와이, 멕시코, 쿠바 교민으로 대상을 좁힐 수밖에 없었다. 이들 나라엔 1만여 교포가 거주했는데, 대다수는 노동자였지만 애국심만은 강렬했다. 서재필, 이승만, 안창호 같은 쟁쟁한 교육자요 사상가들이 활동했기 때문이다.

임시정부 현황을 자세히 설명하고 성금을 요청하는 간곡한 편지를 써서 부치는 일이 하루 일과의 대부분을 차지했다. 어렵사리 이름과 주소를 알아내 "집세도 못 내 정부 문을 닫아야 될 형편이다", "우리 힘으로 기초를 세운 연후에 외인의 힘을 빌리자"라고 호소했다. 서신 왕복에 두 달이나 걸리던 시절이었다. 샌프란시스코에서 발행된 신한민보는 '광복군 후원금 모금'을 고정란으로 마련했다. 진실과 진심은 역시 통했다. 수취인 불명으로 반송된 편지도 더러 있었지만, 회답하는 동포들이 차츰 늘어갔다. 시카고에 거주하는 김경金慶 씨는 미화 200여 달러를 모금해 보내주었다. 쿠바에 사는 교민, 멕시코 유카탄반도 '애니깽'(용설란의 일종) 농장에서 선인장 가시에 찔려가며 노예처럼 일하던 한국인 이민자들도 독립운동 비자금을 송금했다.*

이름도 낯설고 얼굴도 모르는 그들이 생활비를 쪼개고 아껴서 보내온 성금엔 땀과 눈물방울이 묻어 있었다. 그들의 뜨거운 애국심에 가슴이 뭉클하고 울컥했다. 한푼도 허투루 쓸 수 없었다. 찾은 돈은 주머니 속에 넣고 바늘로 꿰매고 다녔다. 나는 그때부터 이 눈물겨운 성금

---

* 멕시코 교민들의 눈물 어린 성금 이야기는 칼럼 〈'애니깽', 그 슬프고도 아름다운 이름〉(2010년 10월 27일, 블로그 hyongo.com/1795) 참고.

김구가 미주 한인 사회에 보낸 태극기(1941년 3월 16일). "망국의 설움을 면하고 자유와 행복을 누리려거든 정력, 인력, 물력을 광복군에 바쳐 일본을 타도하고 조국의 독립을 완성하자"는 친필 호소문이 적혀 있다.

으로 나라와 민족을 위해 우리 임시정부가 무슨 일을 할 수 있을까를 고민하고 연구하기 시작했다.

백범은 물설고 낯설고 말도 안 통하는 이국의 하늘 아래에서 자기 한 몸 꾸리기도 고달프고 벅차련만, 조국의 독립을 위해 허리띠를 졸라맨 교포들이 그렇게 고마울 수가 없었다. 《백범일지》 상권의 집필을 마친 후 '등사본'을 미국에 있는 동지들에게 보냈다.

김구는 기회가 닿는다면 미국 땅을 꼭 한번 밟고 싶어 했다. "미주, 하와이 동포들을 만나고 돌아오다 비행기 위에서 죽으면 시신을 아래로 던져 산중에 떨어지면 짐승들의 배 속에서, 바다 가운데 떨어지면 물고기 배 속에서 영원히 잠드는 것"이《백범일지》하권을 쓸 무렵 김구의 '작은 소망'이었다. 물론 이 소망은 이루어지지 않았다.

임시정부 재정에 숨통을 틔운 것은 이봉창과 윤봉길 의거였다. 내국인은 물론 교포와 외국인들의 성금이 지구촌 곳곳에서 답지했다. 지원금은 해마다 늘어나 1941년엔 53만 원을 넘어섰다. 임정 수립 이래 최고 기록을 돌파했다. 김구와 임정 요인들은 꺼져가던 희망의 불씨를 되살리며 다시금 각오를 새롭게 다졌다.

《백범일지》를 읽다 보면 곳곳에서 많은 이름들을 만나게 된다. 독립을 위해 헌신하고 헌금한 이들을 잊지 않으려고 국가별, 지역별로 일일이 이름을 열거해놓았다. 어려울 때 도와준 동지, 일제에 항거하다 체포된 지사들 명단도 예외가 아니다. 안악에서 교육운동을 할 때 학교 설립과 운영에 자금을 보탠 서른두 명의 유지 이름도 하나하나 호명하고 있다. 어떤 경우 이름을 기억하지 못해 안타까워하는 백범의 모습에서 짙은 인간애가 느껴진다. 인과 신, 두 아들에게도 그들의 이름을 기억하고 고마움을 잊지 말라는 당부를 하고 있다.

6 혈관을 통과해 움직인 총알

Q 늘 암살의 위험 속에서 살며 삶과 죽음의 경계를 몇 번이나 넘나들었다. 저격을 당해 죽었다 살아난 적도 있는데, 죽음이 두렵지는 않았나?

A 1938년 5월 6일(63세), 3당(조선혁명당, 한국독립당, 한국국민당) 통일 문제를 협의하기 위해 각 당 주요 인사들이 당시 조선혁명낭 본부가 있던 호남성湖南省 장사長沙의 남목청楠木廳에 모여 연회를 열었다. 나도 참석했다. 그런데 어느 순간 정신을 차려보니 내가 침상에 누워 있는 게 아닌가. 병원인 듯한데 몸이 몹시도 불편했다. 여기가 어디냐고 묻자, 남목청에서 술을 마시다가 졸도해 입원했다는 답변이 돌아왔다. 가슴에 상흔이 있는 것 같아 의사에게 물어보니, 졸도할 때 상 모서리에 엎어져 생겼다 해서 그러려니 했다. 한 달 뒤에야 엄항섭 군의 보고로 진상을 알게 됐다.

그날 남목청에서 연회가 막 시작될 때 연전에 남경에서 상해로 특무공작을 가겠다기에 내가 금전 보조를 해준 적이 있는 이운환李雲煥이란 청년이 느닷없이 나타나 권총을 난사했다. 첫 발은 내가 맞았고,

둘째와 셋째 발에 현익철(玄益哲, 1890~1938, 7장 7절 참고)과 유동열柳東說이 맞고 중상을, 넷째 발에 지청천(池靑天: 일명 이청천)이 맞고 찰과상을 입었다. 나를 제외한 세 사람은 모두 조선혁명당 간부이자 임시정부 군사위 상무위원이었고, 암살범 이운환은 조선혁명당 중집위원에서 두 달 전 제명된 상태였다. 현익철은 병원에 도착하자마자 절명했고, 나와 유동열은 입원 치료로 상태가 호전돼 같은 날 퇴원하게 됐다. 호남성 주석인 장치중張治中 장군은 내가 입원해 있던 상아의원을 방문해 치료비 전액을 책임지겠다고 약속했다. 그것이 엄 군의 보고 내용이었다.

이때 나는 죽었다가 살아났다. 총탄을 맞고 의식불명 상태로 자동차에 실려 상아의원에 도착했을 때 나를 진단한 의사는 살아날 가망이 없다고 선언했다고 한다. 입원할 필요도 없어 문간에 방치된 채 명이 다하기만을 기다렸는데 세 시간이 넘도록 숨이 붙어 있자 깜짝 놀란 의사가 본격 치료에 들어갔다. 그래서 때마침 홍콩에 가 있던 맏아들 인이 장례를 치르려고 부랴부랴 장사로 달려오는 일까지 벌어진다. 사망 선고나 다름없는 의사의 진단이 내려지자마자 '백범 피살'이란 전보가 홍콩으로 날아갔던 까닭이다.

사건이 발생하자 중국경비사령부는 장사 일대에 임시계엄을 선포하고 경찰, 보안대, 헌병대를 총출동시켰다. 범인 이운환은 호남성 정부의 긴급명령으로 체포, 구속되고 혐의자 몇 명도 붙잡혀 수감됐는데 그중 강창제姜昌濟와 박창세朴昌世 두 사람에게 의혹의 시선이 집중됐다. 이들은 일종의 혁명난류(革命亂類: 혁명의 본류를 벗어나 함부로 행동하는 불평불만자들을 가리킨다)였던 병인의용대 소속이었다. 동포의 금전을 강탈하는 등 한인 사회에서 신용을 잃었으나, 때론 일제의 정탐을 총살하기도 하는 등 딱히 반혁명분자로 규정짓기도 애매한 자들이다.

 조사 결과 남목청 사건은 강과 박에게 회유된 이운환이 정치적 감정이 격발돼 저지른 소행으로 윤곽이 잡혔다. 그러나 전쟁으로 장사도 위급한 때라서 중국 법정은 죄를 법대로 다스리지 못한 채 연루자 대부분을 석방하고, 사형 선고를 받은 주범 이운환마저 탈옥을 해버렸다. 범행 동기와 배후도 끝내 명확히 밝혀지지 않았다.

 퇴원한 나는 엄항섭 군의 집에서 휴양을 했는데 하루는 홀연 가슴이 불편하고 구토가 나면서 오른쪽 다리에 마비가 왔다. 방사선 진단 결과 심장 부근에 박혀 있던 총알이 대혈관을 통과해 오른쪽 갈비뼈 옆으로 옮겨가 있었다. "그대로 두어도 생명엔 지장이 없으며, 오른쪽 다리 마비는 탄환이 대혈관을 압박한 탓인데 작은 혈관들이 확대되면 점차 나아질 것"이라고 엑스레이를 판독한 서양 외과 주임이 소견을 밝혔다. 아무튼 이 총격의 후유증으로 수전증을 잃게 됐다. 나 자신은 농담 삼아 '총알체'라 부르는, 이른바 내 휘호의 특징인 '떨림체'도 이 수전증의 산물이다.

 독립운동 진영의 난맥상이 표면화된 사건이다. 각고의 생활 속에 진영 내부는 이념과 노선 차이로 정책과 방침 등이 통일되기 어려웠다. 일제의 탄압과 회유 등도 불협화음을 부채질했다. 갈등을 해소하고 분열을 치유할 원동력이 빈약한 환경이었다. 그나마 백범이 구심점이 되어 명맥을 유지할 수 있었는데, 남목청 사건으로

조선혁명당 본부가 있던 호남성 장사의 남목청 건물과 현재 기념관으로 조성된 모습. 이 건물에서 열린 연회(1938년 5월 6일)에 참석했던 김구는 암살범 이운환이 쏜 총탄을 맞고 의식불명인 채 병원(상아의원)으로 실려 갔다.

독립운동계는 또 한 번 소용돌이에 휩싸였다. 그런데도 김구는 동포에 대한 믿음을 버리지 않았다. 재미 교포를 수신인으로 남목청 사건의 경과를 쓴 편지(신한민보 발표)에도 그런 태도가 드러나 있다.

> 저는 일생을 충과 의를 지키기에 힘써왔으며, 성질이 소탈하고 심중이 담백해 두려울 것이 없었습니다. 그리하여 동지들이 일신의 보호를 염려할 때도 언제나 일소에 붙이고 어디든지 단신으로 다녔습니다. 그렇다고 해서 제 과거의 신념을 착오라고 하여 뉘우치거나 앞으로 고칠 생각은 추호도 없습니다.

김구는 늘 암살과 저격의 위험 속에서 살았다. 이런 일도 있었다. 임정 초기 한 청년이 경무국장 면회를 신청했다. 초면인데 김구 앞에 권총 한 자루와 일본 영사관에서 받은 수첩 하나를 내놓으며 눈물로 고백했다. "며칠 전 먹고살 길이 막막해 상해로 왔습니다. 도착하자마자 일본 영사관에서 내 건장한 체격을 보더니 경무국장 김구를 살해하면 거금과 함께 본국 가족들에게 국유지를 농지로 내주겠다더군요. 만약 불응하면 불령선인(不逞鮮人: '불온한 조선 사람'이란 뜻)으로 엮어버린다기에 어쩔 수가 없었습니다. 그러나 프랑스 조계에 와서 독립을 위해 애쓰시는 선생 모습을 먼발치에서나마 지켜보며 한인의 한 사람으로서 자괴감을 금할 수 없었습니다. 그래서 권총과 수첩을 선생께 바치고 남태평양으로 떠나니 부디 이 총으로 왜놈들을 죽여주십시오."

김구는 고맙고 흐뭇해서 그의 어깨를 두드리며 격려해주었다.

죽었다 살아난 사람, 총알을 가슴에 품고 다닌 사람, 간발의 차이로 무너지는 집에서 뛰쳐나온 사람, 지옥을 방불케 하는 화염과 산더미를 이룬 시신들 사이를 걸어갔던 사람……. 백범은 삶과 죽음의 경계를 몇 번이나 넘나들었다. 죽음을 두려워하지 않고 죽음 속으로 들어가 죽음을 극복했다. '영원히 사는 죽음'으로 마지막을 장식했다.

죽음이 나를 덮쳐 와도 평화롭게 되리.
세상은 밝게 빛나리라, 이 한 몸 찢기고 상해도
마지막 힘이 다할 때까지 가네, 저 별을 향하여.
_ 뮤지컬 <라만차의 사나이(돈키호테)> 중 '이룰 수 없는 꿈'에서

7 모르는 여인에게 편지를 받고서

Q 독립운동을 하며 수없이 많은 사람을 만나고 겪었다. 지도자로서 사람을 믿고 일을 맡기는 데 있어 어디에 기준을 두었는가?

A 나는 일단 일을 맡기면 그를 믿었고, 사람이 의심되면 아예 일을 맡기지 않았다. 일생을 통틀어 이 신조 때문에 종종 화를 입었는데도 천성이라서 못 고치고 살았다. 경무국장 시절 내 경호원이던 한태규韓泰奎 생각이 난다. 한태규는 평양 청년으로 근면 성실해 7~8년 동안 두터운 신망을 받으며 일했다. 내가 경무국장을 그만둔 뒤에도 경호원 직무에 충실했는데 어느 순간 한인 동거녀 명주明珠를 죽인 살인범으로 전락했다. 한태규는 내가 경무국을 떠난 뒤 일제에 매수돼 밀정 노릇을 했는데, 동거 중이던 명주가 이를 알게 됐다. 태규는 애국심이 남다르고 또 나를 경외하는 명주의 밀고가 두려워 그녀를 살해했다. 그는 종신형을 받고 프랑스 조계의 감옥에 갇혔다. 나중에 들으니 주변에선 한태규의 거동이 수상쩍고 돈을 물 쓰듯 해 십중팔구 정탐이라 의심했지만, 확실한 물증 없이 혐의만으로 내

게 보고했다가는 동지를 모함한다는 책망을 들을까 봐 입을 다물었다는 거였다. 종신형을 살던 배신자 한태규는 끝까지 나를 실망시켰다. 죄수들의 탈옥 모의를 밀고한 대가로 석방되고는 지은 죄를 용서하고 다시 써달라는 편지를 보내왔다. 나는 편지를 찢고 한태규라는 이름을 머릿속에서 지워버렸다.

남목청 사건(1938년, 63세)으로 가슴에 총상을 입고 장사의 상아의원에서 입원 치료를 받고 있을 때 일이다. 하루는 병상에 앉아 창밖을 보고 있는데 방문이 반쯤 열리더니 한 여자가 편지 한 통을 슬그머니 밀어 넣고 말없이 사라졌다. 인편으로 온 편지의 주소와 발신인은 상덕尙德 포로수용소에 있는 신봉빈(申鳳彬, 1910~1997, 일명 신정숙)으로, 산동山東에 볼일이 있어 갔다가 중국 유격대에게 붙잡혀 수감된 자신을 석방시켜 달라는 청원서였다. 이름조차 생소했지만 편지를 읽어보니 나도 알고 있는 우리 민단 사람의 아내요 처제임이 분명했다. 그러나 아무리 생각해도 이 편지가 내게 배달된 내력을 알 수 없었다. 시금 내가 장사의 상아의원에 입원 중인데 수백 리 밖 상덕 포로수용소에 갇힌 그녀가 어찌 알고 우표와 소인도 안 찍힌 편지를 띄운 걸까? 아까 문밖에서 편지를 밀어 넣고 그림자만 어른거리다 사라진 여자는 무슨 천사라도 된단 말인가?

내막이 궁금해진 나는 퇴원 후 중국 관리에게 요청해 상덕으로 사람을 보내 진상을 알아보았다. 상덕 수용소엔 30여 명의 한인과 수백 명의 일본인 포로가 같은 방에 섞여 있는데, 한인 포로는 일본인 포로의 지휘를 받아 심한 차별을 받았다. 그러나 봉빈만은 달랐다. 감독과 간섭을 거부하며 유창한 일어로 부당성을 따지고 항의했다. 이를 본 중국 관원들은 봉빈이 배일사상을 품게 된 경위를 조사했다. 중국에서 독립운동을 하는 한국인 중 친숙한 사람이 누구인가를 물었고, 봉빈은 평소에 존경해온 내 이름을 댔다고 한다.

"그렇다면 김구는 지금 어디 있는가?"

"모릅니다."

"김구에게 구원 요청 편지를 보내면 그가 당신을 석방시켜준다는 신념이라도 있는가?""

"백범 선생께서 알기만 한다면 반드시 나를 구해주실 겁니다."

그런데 우연찮게도 신문관이 장사 사람이었다. 당시 남목청 사건으로 내가 상아의원에 입원 중이란 소식을 장사에선 모르는 이가 없던 때였다. 심문관은 귀향길에 봉빈이 부탁한 편지를 휴대하고 상아의원을 찾아가 내가 입원한 방을 탐문했다. 그러나 주변에 감시자가 있어 직접 전하진 못하고, 안면이 있는 간호사에게 부탁해 내 방으로 편지를 넣게 했다. 그후 수용소에선 봉빈을 특별 대우했다고 한다.

퇴원하고 중경으로 온 나는 봉빈을 구해낼 길을 강구했다. 그런데 알고 보니 이미 조선의용대 김원봉(金元鳳, 일명 김약산) 군의 보증으로 풀려났다고 했다. 나는 원봉 군에게 편지를 보내 계림에 있던 봉빈을 중경으로 호출해 직접 만나본 다음 임시정부 주석실 비서로 쓰다가 광복군 발족 후 제3징모처 회계조장으로 임명해 강서성 상요上饒로 파견했다. 전시 공작의 기획과 수행에도 뛰어나 중국인 담당 요원들에게도 찬사를 받은 당찬 여전사였다.

임시정부 생활 20여 년 동안 밤하늘의 별처럼 반짝이다 스러져간 수많은 대가족이 있다. 그중 몇 사람 이름을 불러본다.

한국광복군 징모 제3분처 위원 환송 기념(1941년 3월 6일). 앞줄 왼쪽부터 순서대로 박찬익, 조완구, 김구, 이시영, 차리석이다. 김구 뒤에 서 있는 안경 쓴 여인이 바로 광복군 징모처에서 활약한 신봉빈이다.

이명옥李溟玉. 3·1운동 당시 일제의 정탐꾼을 암살하고 상해로 건너와 민단에서 근무하다 처자가 상해로 찾아오자 생계를 위해 전차 검표원으로 일했다. 그러나 여전히 임정의 비밀 요원으로 활동하다 왜경에게 붙잡혀 본국으로 소환돼 20년형을 언도받았다.

이정숙李貞淑. 명옥 군 아내로 본국 감옥에 있는 남편과 편지로 교류하며 자녀를 데리고 계속 상해에서 살았다. 조선의용대원이었던 맏아들 호상好相 때문에 체포됐으나 끝까지 아들의 소재를 발설하지 않아 처형당했다. 호상도 체포돼 본국으로 호송되던 중 배 안에서 작은누이를 만났다. 누이로부터 어머니와 어린 동생이 왜적에게 살해됐다는 말을 들은 호상은 충격을 받고 기절해 영영 깨어나지 못했다.

　비통하도다. 하느님도 무심하시지. 어미로는 모자라 어린 딸과 아들까지 왜의 마수에 목숨을 잃었다. 망국 이래 일제에게 도륙된 일가족이 무릇 몇백 몇천 집이랴마는, 이명옥 군 가족의 비극은 곁에서 본 일이라 더욱 참담하다.

　현익철. 호가 묵관默觀으로 남목청에서 이운환이 쏜 총에 맞아 순국했다. 과거 만주에서 정의부 수뇌로 일본군, 공산당, 친일분자들에게 3면 포위되어 격렬한 투쟁을 벌였고 이후에도 숱한 수난을 겪었다. 나와 같은 시각 같은 장소에서 똑같이 총탄을 맞았으나 혼자서만 숨졌다. 그런 묵관의 묘를 찾아 참배하려 했지만 아직 성치 못한 내 몸을 염려한 동지들의 강력한 만류로 뜻을 접어야 했다. 나를 태운 자동차는 무심하게 질주하고, 나는 살아남은 자신이 부끄럽고 미웠다. 묵관의 묘를 목례하고 지나면서 나는 다짐했다. 동지의 가족은 내가 안전하게 보호하겠노라고.

　어느 날 미지의 여인이 편지를 보내온다. 석방을 부탁하는 탄원서다. 전달 경로부터 석연찮은 점이 많아 보통은 그냥 넘겨버릴 것을, 김구는 내막을 집요하게 파고들어 항일 최전선에서 활약할 동지를 얻게 된다. 여성 광복군 제1호 신봉빈이 주인공이다.

　신봉빈은 회계조장을 맡아 광복군 살림을 꾸리면서 대원 모집과 정보 수집, 부상병 위문, 일제 만행을 폭로하는 연설문과 대자보 작성 등 여러 분야에서 활동한다. 1941년 4월 말엔 광복군 13사단에 배치돼 절강성 전투에도 직접 참여한다. 이후로도 일제가 패망할 때까지 광복군에 몸담았고 총사령부의 명령에 따라 1946년 귀국하여 군수, 장학 사업 등을 벌였다고 한다.

1941년 임시정부 국무회의에서 의결한 '한국광복군공약' 제1조엔 "적의 침탈 세력을 박멸하려는 한국 남녀는 광복군의 군인 될 의무와 권리가 있다"고 명시돼 있다. 한국 '남자'가 아니다. 한국 '남녀'다. 남녀가 유별하던 시절에도 나라를 되찾겠다는 독립 투쟁엔 남녀가 따로 없었다. 일찍이 2·8동경선언, 3·1만세운동의 주역으로 상해 임시정부와 미국에서 활약했으며 귀국 후에도 애국 혼을 불태우다 일제의 고문 후유증으로 해방 1년 전 순국한 김마리아 같은 혁혁한 여성 독립운동가들을 일일이 소개하지 못해 아쉽다. 김구에게 편지를 보낸 인연으로 광복군이 된 신봉빈이나 영화 〈암살〉의 독립군 저격수 '안윤옥' 같은 애국 여전사가 나올 수 있는 제도와 환경이 당시 임시정부엔 이미 마련돼 있었던 것이다.

2017년 11월, 당시 91세이던 생존 여성 독립운동가 오희옥 지사를 방문한 적이 있다. 오 지사의 집안은 3대에 걸쳐 독립운동을 했다. 경기도 용인 출신인 할아버지 오인수 선생은 한말 의병 활동을 펼쳤다. 만주에서 독립군으로 투쟁한 아버지 오광선 장군(1896~1967)은 1933년 김구의 지시로 북경에서 일제 요인을 암살하려다 발각돼 3년간 옥고를 치렀다. 희옥은 언니 희영과 중경에서 한국광복진선 청년공작대원으로 활약했다. 소녀 시절 백범에게 붓글씨 쓰는 법을 배우며 사랑과 귀여움을 받았던 오희옥 지사는 2017년 광복절 경축식에서 꼿꼿한 자세로 애국가를 선창해 심금을 울렸다.

믿는 자만이 배신을 당한다. 믿지 않으면 배신 당할 일도 없고, 배반이 두려우면 일을 맡길 수 없다. 암울한 시대, 벼랑 끝 삶을 살아야 했던 독립운동가로서 김구는 일을 맡기면 의심하지 않았고 배반을 두려워할 겨를조차 없었다. 이런 태도 역시 백범의 남다른 리더십의 바탕이 됐다.

8장

·

자유를 위한 헌신
: 혁명가의 길(2)

1 철혈남아 이봉창(1)
의인은 의인을 알아본다

Q 처음 상해로 찾아온 이봉창 의사는 말투며 행색이 마치 일본인 같았다고 하는데, 그런 사람을 어떻게 믿고 거사를 맡겼는가?

A 1931년 1월(56세), 내가 임시정부 재무부장과 민단장을 겸임하던 때였다. 한 청년이 민단으로 나를 찾아왔다. "저는 젊은 날 일본으로 건너가 여기저기 떠돌며 노동하다가 독립운동에 뜻을 두게 됐습니다. 상해에 가정부(假政府: 일제가 임시정부를 폄하해 부르던 말)가 있다기에 며칠 전 상해로 와 물어물어 찾아왔습니다."

그것이 이봉창(李奉昌, 1901~1932)과의 첫 상면이었다. 처음엔 긴가민가했다. 말의 절반은 일본어인 데다 행동거지 또한 일본인과 흡사했기 때문이다. 좀 더 지켜보며 조사할 필요가 있겠다고 생각했다. 나는 민단 사무원을 시켜 그에게 여관을 잡아주었다.

며칠 후 이봉창이 다시 민단을 찾아왔다. 민단 직원들과 술자리를 벌이다 취기가 돌자 문답을 주고받으며 격앙된 목소리를 토해냈는데, 문 밖까지 흘러나왔다.

"당신들은 독립운동을 한다면서 일본 왕 히로히토裕仁를 왜 못 죽입니까?"

"일개 문무관도 아닌, 왕을 죽이기가 말처럼 쉽습니까?"

"내가 작년에 동경에서 일본 왕 능행陵行을 본 적이 있습니다. 행인은 모두 엎드리라기에 길바닥에 이마를 박고 생각하기를, 내게 지금 폭탄이 있다면 쉽게 죽일 수 있겠다 싶었습니다."

그날 저녁 나는 이봉창이 묵고 있던 여관을 방문해 흉금을 털어놓았다. 과연 그는 살신성인의 비장한 결심을 품고 임시정부를 찾아온 의기 넘치는 조선의 철혈남아였다.

"제 나이 이제 서른한 살, 앞으로 30년을 더 산다 한들 과거 반생에서 맛본 방랑 생활에 견준다면 무슨 낙이 더 있겠습니까? 인생의 목적이 쾌락이라면 30년 동안 대강은 충족하며 살았습니다. 이제는 독립 사업에 몸을 바쳐 영원한 쾌락을 얻기 위해 상해에 왔습니다."

"감동이 격해 눈물이 날 것 같소. 내 1년 안에 이 군이 행동할 수 있도록 준비하리다. 한데 지금 우리 정부 형편으론 군에게 살아갈 방도를 마련해주기가 여의치 않을뿐더러 큰일을 앞두고는 매사에 조심해야 하는 법입니다."

"저는 어려서부터 일어가 입에 붙고, 일본인 양자 기노시타 쇼조木下昌藏로 살아왔으니 이봉창이란 이름을 버리고 앞으로도 당분간 일본인 행세를 하겠습니다. 저는 철공 기술자입니다. 일본인 철공장에서 밥벌이를 하며 선생님의 준비가 끝나기만을 기다리겠습니다."

"좋은 생각이오. 순전히 일본인으로 행세하되, 남들 눈을 피해 달마다 한 번 정도 밤을 틈타 만납시다."

철공장에 취직한 이봉창은 이따금 월급으로 술과 국수, 안주거리 등을 사 와서 민단 직원들과 어울렸다. 주흥이 오르면 일본 노래를 유창하게 부르며 호방하게 놀아 '일본 영감'이란 별칭을 얻었다. 어떤 날은 하오리(일본 옷)에 게다(나막신)를 신고 청사로 들어오려다 중국인 경비에게 쫓겨난 일도 있었다. 때문에 나는 이동녕 선생 등에게 조선인인지 왜놈인지조차 헛갈리는 사람을 정부 청사에 드나들게 한다는 책망을 들어야 했다. 나는 그저 조사, 연구 중인 사건이 하나 있노라고 얼버무렸다.

> "나는 적성(赤誠: 참된 정성)으로 조국의 독립과 자유를 회복하기 위하여 한인애국단韓人愛國團의 일원이 되어 적국敵國의 수괴를 도륙하기로 맹세하나이다."

이는 이봉창 의사의 선시문(1931년 12월 13일 발표)이다. 이봉창과 처음 만나고 여러 달이 지나 1931년 10월, 김구는 일제 요인을 암살하기 위해 비밀리에 '한인애국단'을 창단한다. 앞서 기술했듯이 김구는 하와이, 멕시코, 쿠바 등지에 지원금을 호소하는 간곡한 편지를 보냈다. 그중 하와이의 안창호(安昌鎬: 하와이 국민회에서 활동했고 도산 안창호와는 다른 인물이다), 임성우林成雨 등에게 편지를 보내 "간절히 하고 싶은 일이 있으니 조용히 돈을 모아두었다가 통지가 있을 때 보내라" 했더니 "그리하겠다"는 회신이 왔다. 이봉창과 윤봉길의 거사 자금은 이렇게 마련됐다.

그런데 김구는 어떻게 생면부지의 남자, 이름부터 말투며 행동거지

태극기 앞에서 "적국의 수괴를 도륙하기로 맹세"하는 한인애국단원 이봉창(1931년 12월 13일). 김구는 "신원이 불확실한 자를 청사에 드나들게 한다"는 책망을 들으면서도 그를 믿고 큰일을 맡겼다.

하나하나까지 허투루 보이고 일본 사람과 흡사한 이봉창을 믿고 그런 큰일을 맡겼을까? "신원과 출신성분조차 불투명한 건달을 청사에 들인다"는 주변의 핀잔까지 감수하면서…….

백범은 결코 겉모습으로 사람을 판단하거나 평가하지 않았으며, 나이, 지역, 출신 성분을 따지지 않았다. 사람을 끄는 힘도 출중했다. 이봉창과는 상해의 뒷골목을 함께 누비고 좁은 여관방에서 날이 새는 줄도 모르고 우국담론을 토로한다. 김구의 열린 마음과 애국 열정 그리고 삿됨이 없는 정의감이 두 사람을 하나로 묶고 한 길로 가게 한다. 엄혹한 임시정부 시절, 배신의 유혹이 도사리고 있는 상해에서 한순간의 흔들림도 없이, 목숨까지 던져가며 김구와 더불어 모진 풍파를 무릅쓴 수많은 애국자와 투사는 그렇게 태어나고 길러졌다. 그들은 기꺼이 싸우고 또 죽었다.

2 철혈남아 이봉창(2)
　　오호통재라, 불행히도 빗맞았도다

Q 오랜 준비 끝에 마침내 이봉창 의사가 일왕을 향해 폭탄을 던졌다. 이 기념비적 거사는 이후 임시정부의 역할과 독립운동의 양상에 어떤 영향을 미쳤는가?

A 이봉창과 거사를 도모한 지 1년 가까운 시간이 흐른 어느 날, 드디어 하와이에서 거액의 특무공작비가 달러화로 도착했다. 나는 허름한 옷 속 전대에 돈을 감추고 예전처럼 걸식 생활을 계속했다.

　1931년 12월 중순 무렵, 폭탄 두 개를 어렵사리 마련해 이봉창을 비밀리에 여관으로 불렀다. 하나는 일본 왕 폭살용, 다른 하나는 자살용이었다. 나는 그와 밤을 꼬박 함께 지내며 거사를 상의하고 지도했다. 폭탄 사용법은 물론이고 자살에 실패해 체포될 경우를 대비해 왜경의 신문에 응답할 말까지 알려주었다. 날이 밝자 거사 준비금으로 품속에 숨겼던 지폐 뭉치를 주고 헤어졌다.

　이틀 뒤 다시 만나 마지막 밤을 보낼 때 이봉창이 비감한 어조로 말했다. "그저께 선생께서 해진 옷 속에서 꺼내주신 거금을 받고 눈물이

났습니다. 민단 사람들이 굶기를 밥 먹듯 하는 사정을 훤히 아는 터라 말문이 막히더군요. 프랑스 조계 밖으론 한 걸음도 못 나가시니 제가 이 돈을 떼먹고 마음대로 써버려도 선생은 어쩔 도리가 없겠지요? 과연 영웅의 도량이십니다. 제 일생에 이런 과분한 신임을 받기는 선생이 처음이자 마지막입니다."

나는 그를 안공근의 집으로 데려가 선서식을 하고 폭탄 두 개와 함께 추가로 300원을 건넸다. 나보다 스무 살 넘게 아래지만 '선생'이란 존칭이 절로 나왔다. "선생 마지막 가시는 길이니 이 돈은 여비로 다 쓰십시오. 동경 도착 즉시 전보를 주시면 다시 송금하겠습니다."

기념사진을 찍기 위해 사진관으로 갔을 때 내 얼굴에서 처연한 기색이 보였는지 그가 말했다. "표정 펴십시오. 저는 영원한 쾌락을 향유코자 떠나는 길이니 기쁜 얼굴로 찍읍시다."

그로부터 10여 날이 지났다. 동경에서 전보가 날아왔다. 1월 8일에 물품(폭탄)을 방매(투척)하겠다는 내용이었다. 마지막 자금 200원을 부쳐주었더니 다시 편지가 왔다. "돈을 미친 듯이 써버려 밥값까지 빚지고 있었는데 이 돈이면 다 갚고도 남겠습니다."

1년여 전부터 임시정부는 활동이 매우 침체되고 저조했다. 그즈음 일제는 조선과 중국 두 민족의 감정 악화를 노려 이른바 '만보산萬寶山사건'*을 날조해 조선과 중국에서 일대 학살극이 빚어졌다. 인천, 서울, 평양, 원산 등지에서 일제의 사주를 받은 조선인 무뢰배가 중국인

---

* 1931년 7월 2일 길림성 장춘의 만보산 일대에서 조선과 중국 농민들이 수로 문제로 일으킨 분쟁.

을 마구 살해했다. 또 만주에선 왜가 만보산사건을 빌미 삼아 1931년 9월 18일 만주사변을 일으켰다. 이 사변 중에 한인 부랑자들이 왜의 권세를 등에 업고 중국인들에게 극단의 만행을 저질러 중국 인민들의 감정이 격앙된 상태였다. 상해 길거리에서도 조선과 중국 노동자들 간에 종종 충돌이 일어났다.

이 국면을 타개하고 분위기를 반전시킬 거사가 필요한 시점이었다. 나는 임시정부 안에 '한인애국단'을 조직해 암살과 파괴 등 테러 공작을 지휘했다. 공작금 출처와 단원의 선정, 차출을 비롯한 모든 권한을 위임받았고, 다만 성패 결과만 보고하라는 특권이 주어졌다.

첫 거사로 이봉창의 동경 의거를 기획했다. 결행일은 1932년 1월 8일로 잡혔다. 국무원에는 거사 며칠 전 그간의 경과와 이 사건으로 우리 정부 입장이 곤란해질 수 있다는 점을 간략히 보고했다.

마침내 1월 8일이 밝았다. 중국 신문엔 "이봉창이 일본 천황을 저격했으니 명중하지 못했다狙擊日皇不中"란 세목으로 급보가 실렸다. 일본 왕을 즉사시키지 못해 몹시 애석하고 통탄스러웠지만, 동지들은 오히려 나를 위로하고 격려했다. 정신적으로는 우리 한인이 일본의 신성불가침적 존재인 왕을 죽인 거나 마찬가지고, 이는 한인이 일본에 동화되지 않았음을 세계만방에 웅변으로 증명한 쾌거이니 족히 성공작이란 평가를 내린 것이다. 게다가 반려되긴 했지만 일본 내각의 총사퇴 선언을 몰고 오지 않았는가. 다만 다들 한 목소리로 내 신변의 위험을 걱정했는데, 역시나, 다음 날 아침 프랑스 공무국에서 비밀 통지가 날아왔다. "10여 년 동안 프랑스는 김구를 적극 보호해왔으나 이번에 김구가 부하를 보내 일왕에게 폭탄을 던졌으니 일본은 반드시 체포와 인도를 요구할 것인즉, 프랑스는 일본과 전쟁을 벌이기로 결심하지 않는 한 김구를 보호하기 어렵다."

이에 동지들은 내게 먹고 자는 일도 일정하게 하지 말라고 당부했다. 나는 낮에는 활동을 쉰 채 음지에 숨고, 밤에는 동지들이나 창기娼妓의 집을 번갈아 옮겨가며 불편한 잠을 잤다.

중국국민당 기관지 민국일보는 "한인 이봉창이 일본 천황을 저격했으나 불행히도 명중되지 않았다韓人 李奉昌 狙擊 日皇 不幸不中"라고 대서특필했다. 격분한 일본 군경은 민국일보사를 습격해 파괴하고, 중국 정부에 강력 항의해 '불행부중不幸不中'이란 표현을 쓴 다른 신문들도 강제 폐간시켰다. 일제는 이봉창 사건만으로는 침략 전쟁을 개시할 명분이 부족하다고 판단했는지 상해에서 중국인이 일본인 승려 한 명을 타살한 사건까지 내세워 그해 1월 28일 상해사변을 일으켰다.

1932년 1월 8일, 동경 교외에 있는 요요기代代木 연병장에서 행사를 마치고 돌아오는 일본 왕을 향해 이봉창 의사는 궁성 남문에서 수류탄을 던졌다. 그러나 폭발력이 약해 타이어가 파손되는 데 그쳤고, 그날 오후 이누카이犬養 내각은 총사퇴 소동을 벌였다.

이 의사의 폭탄 투척은 일본 동경의 심장부만 공포와 충격으로 뒤흔든 사건이 아니었다. 세계가 주목하고 전율한, 지축을 울린 기념비적 사건이었다. 영국의 로이터 통신(1월 8일)을 비롯하여 소련의 블라디보스토크 라디오 방송(1월 10일)까지 크게 보도하고, 프랑스 주간지

이봉창 의사가 일본 국왕 히로히토의 마차 행렬을 향해 던진 폭탄이 폭발하는 순간을 표지 그림으로 보도한 프랑스 주간지(1932년 1월 17일자). '도쿄 습격'이란 타이틀을 달았다.

〈릴리스트레 뒤 프티 주르날L'illustré du Petit Journal〉(1월 17일)은 한복에 갓을 쓴 청년(이봉창)이 폭탄을 던져 마차 유리창이 깨지고 일본인들이 혼비백산한 그림을 표지에 올리고 '도쿄 습격'이란 제목을 달았다.

사건 직후 임시정부는 긴급회의를 열고 이것이 한국독립당의 거사임을 밝히며 '일본 왕을 죽여야 할 아홉 가지 이유'를 선언했다. 일본은 김구를 검거하기 위해 동경에서 검사를 상해로 파견(3월 18일)해 진두지휘를 맡겼다. 김구는 교민단장 직도 내놓고 동포와 지인, 심지어는 창기의 집을 떠돌며 도피와 은둔의 나날을 보냈다.

그러나 국내 언론은 일제의 철저한 통제로 이 의거를 제대로 보도하지 못했다. 왜곡된 일본 내무성 발표문을 그대로 싣거나 축약 보도를 했다. 다만 동아일보는 호외를 네 번이나 발행하고, 이봉창의 사진과 살았던 집 사진을 실음으로써 은연중 의거의 주인공이 한국인임을 부각시켰다.

이봉창 의거가 세계에 전파되자 미주, 하와이, 멕시코, 쿠바 등지에서 백범을 존경하고 신뢰한다는 교포들 편지가 태평양을 건너 눈꽃처럼 날아들었다. 임시정부 반대파들도 태도를 바꾸어 김구를 격려했다. 독립운동 자금 지원 또한 눈에 띄게 활발해졌다.

동경 사건 이후 '백범의 머릿속엔 특별 공작 계획이 가득 찼을 것'이라고 생각하는 젊은이들이 많아졌다. 서울에서 동양척식주식회사에 폭탄을 던지고 자결한 나석주, 중국 천진天津에서 체포돼 사형당한 이승춘李承春은 백범이 사랑하는 제자요 애국자였다. 이들의 뒤를 이을 청년들이 나타났다. 비밀리에 김구를 찾아와 제2의 이봉창이 되겠다며 국가에 헌신할 일감을 달라고 간청하는 열혈남아들도 적지 않았다. 김구로부터 조선 총독 암살 밀명을 받고 국내로 잠입했다가 붙잡혀 옥사한 이덕주李德柱와 유진식兪鎭植, 김구의 지령으로 일본 관동군 사령관과 남만철도 총재 등을 폭살하려다 체포돼 무기수로 복역하다 광복을 하루 앞두고 참살 당한 유상근柳相根과 최흥식崔興植 등이다. 일본군 사령부로 사용되던 군함 이즈모호 폭파, 홍구 부두의 일본군 비행기 격납고 및 군수품 창고 폭파 공작 등도 추진했으나 모두 무위로 돌아갔다.

 이봉창 의거 이후 피신하던 김구는 중일전쟁으로 인한 중국군 전사자들의 시신과 부상병들을 보면서 가슴 가득 경의를 표하며 하염없는 눈물을 흘렸다. 아, 우리는 언제나 저들처럼 왜적과 혈전을 벌여 삼천리 본국 강산을 충성스런 피로 물들일 날이 올까?

 미혼인 상태에서 순국한 이봉창 의사는 직계 자손이 없다. 일본으로 떠나기 전 살았던 서울 용산구 효창동 118번지는 집터를 알리는 표석조차 없이 아파트 단지로 바뀌었다. 단지 안에 작게나마 이 의사 기념 공원이 조성된다니 여간 다행이 아니다. 삼의사(윤봉길, 이봉창, 백정기) 묘가 있는 서울 효창공원 백범기념관 입구에 폭탄을 던지는 이봉창 의사 동상이 세워져 있다.

3 천하영웅 윤봉길(1)
시곗바늘이 멎는 순간, 새로운 시간은 시작되고

Q 채소 바구니를 메고 행상을 다니던 청년 윤봉길이 상해에서 던진 폭탄은 세상을 진동시켰다. 의거를 앞두고 윤봉길 의사가 자신의 시계를 건넨 까닭은 무엇인가?

A 상해 홍구 시장에서 채소를 팔던 애국 청년 윤봉길(尹奉吉, 1908~1932) 군이 어느 날 조용히 나를 찾아왔다.

"제가 채소 바구니를 등에 메고 날마다 시장을 누비는 것은 큰 뜻을 품고 천신만고 끝에 상해에 온 목적을 이루기 위해서입니다. 그러나 아무리 생각해도 기꺼이 죽을 자리를 찾지 못했습니다. 선생님께선 동경 사건 같은 경륜이 있으시니 저를 믿고 지도해주십시오. 은혜는 죽어도 잊지 않겠습니다."

"'뜻을 품으면 마침내 이룬다' 했으니 걱정 마십시오. 마침 나도 중대 임무를 수행할 마땅한 사람을 찾고 있던 중입니다. 신문을 보니 왜놈들이 중국과의 전쟁에서 이긴 위세를 업고 4월 29일 홍구공원에서 천장절(天長節: 일본 왕 생일) 경축식을 성대하게 연다더군요. 그러니 윤 군은 일생일대의 큰 목적을 이날 이루어보면 어떻겠습니까?"

"갑자기 한 점 번민도 없이 마음이 편안해집니다. 준비해주시면 분부에 따르겠습니다."

친절하게도 상해의 일본 영사관은 준비물까지 공표했다. 물병과 점심 도시락, 일장기를 들고 입장하라는 내용이었다. 나는 곧바로 왕웅(김홍일의 중국식 이름) 군을 찾아가 상해 병공창(兵工廠: 병기 공장) 책임자 송식표宋式驫와 교섭해 물통과 도시락을 보낼 테니 속에 폭탄을 장치해달라고 부탁했다. 다음 날 왕군은 폭탄 성능 실험 장면을 직접 눈으로 확인하라면서 나를 병공창으로 데려갔다. 송식표는 지난번 이봉창 의거 때 자기가 제공한 폭탄의 위력이 미약해 일본 왕 폭살에 실패했다고 자책하며 이번엔 특별히 성심성의껏 만들었노라고 말했다. 과연 그랬다. 네 벽을 철판으로 두른 토굴 속에 물통 폭탄과 도시락 폭탄을 장치한 다음 뇌관에 긴 노끈을 연결했다. 이어 노끈의 끝을 잡고 수십 걸음 걸어가 바짝 엎드린 채 잡아당기자 토굴 속에서 벽력같은 소리가 나고 땅이 흔들리면서 파편이 산지사방으로 튀는 모습이 일대 장관이었다. 그렇게 시험한 폭탄 스무 개 모두 이상 없음을 확인하고 나니 든든하고 마음이 놓였다. 폭탄은 다음날 병공창 자동차에 실려 은밀히 왕군의 집에 도착했다.

나는 거지 복색을 벗고 넝마전에 가 양복 한 벌을 사 입었다. 어엿한 신사가 되어 도시락과 물통으로 위장한 폭탄들을 밀봉 포장해 친한 동포들 집으로 옮겼다. 집주인에겐 "귀한 약품이니 불만 조심하게"라고 특별히 당부했다.

운명의 날인 4월 29일이 점점 가까워졌다. 윤봉길은 말쑥한 일본식 양복을 차려입고 날마다 홍구공원으로 나가 식장 설치 공사를 살펴보며 폭탄 투척 위치 등을 물색하고 점검했다. 시라카와白川 대장의 사진을 입수하고 일장기도 마련했다. 그러고는 자신이 보고 들은 것을 보고했다.

"오늘 행사장에 갔는데 시라카와가 현장 시찰을 나왔더군요. 저는 문득 '오늘 만약 폭탄을 가져왔더라면 내일까지 기다릴 것 없이 당장 처단했으련만' 하는 생각이 들었습니다."

"윤 군, 그게 무슨 말이오? 포수가 꿩을 쏠 때도 하늘로 날린 다음 쏘아 떨어뜨리고, 숲에서 잠든 사슴도 달아나게 하고 쏘는 것이 사냥의 진정한 묘미건만, 그런 생각을 한 이유는 혹시 자신감이 부족한 탓 아닙니까?"

"아닙니다. 그저 놈이 제 곁에 섰을 때 순간적으로 해본 생각일 뿐입니다."

다음날 새벽, 미리 얘기해둔 대로 동포 김해산金海山의 집에서 최후의 조찬을 함께했다. 기색을 살피니 태연자약함이 마치 논밭 일을 나가려고 밥을 넉넉히 먹어두는 농부 같았다. 놀라운 평정심이었다. 너무나 침착해 내 마음까지 담담하고 차분해졌다. 때마침 벽시계가 일곱시를 알리는 종을 쳤다. 윤봉길은 자기 시계를 꺼내더니 내 시계와 바꾸자고 했다. "어제 태극기 앞에서 선서식을 마친 다음 6원을 주고 산 시계인데, 선생님 시계는 고작 2원짜리입니다. 저야 불과 몇 시간 뒤면 쓸모가 없어지니 비싼 시계가 무슨 소용입니까."

나는 정표 삼아 시계를 받고 내 시계를 그에게 주었다. 윤봉길은 자동차에 오르다가 문득 생각난 듯이 갖고 있던 돈을 꺼내 내 손에 쥐여주었다.

내가 말했다. "약간의 현금을 소지한들 무슨 방해가 되겠습니까?"

그러자 윤 군이 말을 받았다. "아닙니다. 차비를 내고도 족히 5~6원은 남겠는걸요."

나는 목이 메어 마지막 작별 인사를 건넸다. "윤 동지, 훗날 지하에서 만납시다!"

윤봉길이 차 안에서 나를 향해 머리를 숙였다. 무심한 자동차는 경적을 울리며 모든 것을 버리고 떠나는 이 천하 영웅을 싣고 홍구공원으로 질주했다.

나는 그 길로 석오 이동녕 선생 처소로 가서 경과를 보고하고, 초조히 소식이 오기만을 기다렸다. 마침내 오후 한 시쯤 되자 거리 곳곳에 중국인들이 모여 술렁대는 소리가 들려왔다. "홍구공원에서 중국인이 폭탄을 던져 일본인 여럿이 즉사했다"고도 하고, "조선 사람 짓이다"라고도 하는 등 소문이 분분했다. 오후 두세 시가 되자 신문 호외가 뿌려졌다.

"홍구공원 일본인 경축대 위에서 대량의 폭탄 폭발. 거류민단장 가와바다河端 즉사, 사령관 시라카와 대장(이후 사망), 시게미츠重光 대사, 우에다植田 중장, 노무라野村 중장 등 문무대관 모두 중상……."

다음 날 모든 신문엔 한결같이 윤봉길이란 이름 석 자가 대서특필돼 있었다.

아, 어느 누가 상상이나 했으랴. 어제까지만 해도 채소 바구니를 메고 행상이나 다니던 청년이 세상이 깜짝 놀랄 대사건을 연출해 멋지게 성공시킬 줄이야.

일왕의 생일을 축하하기 위해 열린 경축식 당시 모습과 윤봉길 의사의 사형 집행 장면(1932년 12월 19일, 가나자와 형무소). 세상을 놀라게 한 쾌거를 이룬 윤봉길은 의연하게 "사형은 이미 각오했으니 더 이상 남길 말은 없다"는 말을 마지막으로 그는 총살형을 당했다.

1932년 4월 29일, 홍구공원. 오전 9시에 시작된 관병식은 11시 20분에 끝났다. 상해에 거주하는 해외 각국의 공관장들은 자리를 떴다. 11시 30분, 1만여 군중이 참석한 가운데 2부 행사인 일본 왕 생일(천장절)을 축하하는 행사의 막이 올랐다. 비가 오기 시작했다. 기미가요(君が代: 일본 국가)가 채 끝나기 전에 윤봉길 의사는 물통형 폭탄의 안전핀을 뽑고 뛰쳐나가 목표물을 향해 정확히 던졌다. 쏟아지는 빗속에서 엄청난 폭음이 장내를 뒤흔들었다. 식장은 순식간에 아수라장으로 변했다.

평소 술을 삼가는 김구지만, 이날은 달랐다. 이동녕, 조완구와 점심을 함께하며 정정화에게 일러 "술 한 병과 신문을 사오라" 했다.

> 술을 입에 대는 일이 없는 분이 더욱이 낮에 술을 찾는 게 의아했다. …… 호외를 받아든 백범은 일이 제대로 됐다고 하면서 석오장(이동녕)과 우천(조완구)에게 술을 권했고, 세 분이서 같이 축배를 들었다.
>
> _정정화, 《장강일기》

윤봉길, 1908년 6월 21일, 충청남도 예산 출신이다. 고향에서 농촌계몽 활동을 하던 스물세 살 때 봄(1930년 3월 6일), "사내대장부가 뜻을 품고 집을 나서면 살아 돌아오지 않는다(丈夫出家生不還, 장부출가생불환)"란 비장한 글귀를 남기고 중국으로 떠났고, 홍구공원 의거 이틀 전(1932년 4월 27일), 백범에게 이런 유작 시를 써준다.

무성한 봄풀들이여 / 내년에도 봄기운 돌아오거든
왕손과 더불어 같이 오게나. (중략)
다정한 봄풀들이여 / 금년 4월 29일에
방포일성(放砲一聲: 대포를 쏘는 큰 소리)으로 맹세한다네.

윤봉길은 이 시를 쓴 심경을 자술서(1932년 10월)에서 이렇게 밝혔다.

식장을 미리 조사하러 갔을 때 내가 밟은 잔디가 일어서지 못하는 것도 있고, 또다시 일어서는 것도 있었다. 나는 인간도 강한 자로부터 유린됐을 때 이 잔디와 하등 다름이 없다는 생각에 슬픔이 샘솟았다. 그 감정을 유서로 썼다.

그가 던진 폭탄은 큰 소리로 세상을 진동시켜 일제의 발길에 짓밟힌 민초民草들을 일으켰다. 일어나 항거하게 만들었다. 윤봉길은 김구의 지시로 고국의 두 아들, 모순模淳과 담淡에게 유서를 대신한 유작시 〈강보에 싸인 두 병정에게〉를 남긴다.

…… 너희도 만일 피가 있고 뼈가 있다면
조선을 위하여 용감한 투사가 되어라.
태극의 깃발을 높이 드날리고
나의 빈 무덤 앞에 찾아와 한잔 술을 부어놓아라.

그는 백범에게도 유시를 써서 바쳤다. 후반 3행을 소개한다.

온 세상 흐려도 선생 홀로 맑으시도다

(擧世皆濁兮 先生獨淸, 거세개탁혜 선생독청)

나이 드실수록 선생의 의와 기는 더욱 왕성하시니

(老當益壯兮 先生義氣, 노당익장혜 선생의기)

섶에 누워 쓸개를 씹는 선생의 붉은 충정이여

(臥薪嘗膽兮 先生赤誠, 와신상담혜 선생적성)

터키 이스탄불에 있는 돌마바흐체 궁전은 터키 초대 대통령 무스타파 케말 아타튀르크가 1938년 11월 10일 서거한 곳이다. 지금은 박물관으로 변신한 이 궁전의 하렘 내부엔 아타튀르크가 숨진 방이 있다. 여기 걸린 시계 바늘은 늘 9시 5분을 가리킨다. 국부國父의 사망 시간을 기리기 위해 시곗바늘을 정지시켜놓은 것이다.

윤봉길의 시계는 멎었지만 김구의 시계로 되살아났다. 그리하여 역사의 새로운 시간을 향해 시곗바늘은 다시 힘차게 움지이기 시작한다. 두 시계는 지금 백범김구기념관에 나란히 전시돼 있다.

그해 10월 10일 이봉창은 교수형으로, 12월 19일 윤봉길은 총살형으로 각각 이치가야市谷 형무소와 가나자와金澤 형무소에서 순국했다. 환국한 백범은 일본 왕 폭살 모의 혐의로 이치가야 형무소 등에서 22년 2개월간 수감 생활을 하고 풀려난 아나키스트 박열(朴烈, 1902~1974)에게 이봉창·윤봉길·백정기白貞基, 삼의사의 유해 송환을 부탁한다. 박열은 수소문 끝에 암매장된 유골들을 극적으로 찾아내 고국으로 모셔온다. 삼의사의 유해를 서울 태고사(지금의 조계사)로 봉환하던 1946년 6월 16일, 김구는 절절한 담화문을 발표한다.

이 세 사람을 죽으라고 내보낸 것은 바로 나입니다. 그러나 나만이 살아 있으면서 아직 독립을 못 이루고 있으니 부끄럽기 한량없습니다.

삼의사는 7월 7일, 서울 효창공원에 안장됐다. "향기로운 이름, 백세까지 전하리(遺芳百世: 유방백세)", 백범이 직접 쓴 빗돌 글씨 앞에 의기남아 셋이 어깨를 맞대고 잠들어 있다. 김구는 살아생전 안중근 의사의 유해도 이곳에 모시려고 삼의사 묘 맨 왼쪽에 가묘假墓를 조성했다. 그러나 오늘 현재도 안 의사 유해는 찾지 못했다. 백범의 묘는 그 옆에 있다. "훗날 지하에서 만나자"며 동지들을 먼저 보낸 김구의 마지막 약속이 이처럼 아름답고 비장하게 지켜질 줄이야.

4 천하영웅 윤봉길(2)
냉면이 아닌 뜨거운 국수였더라면

Q 이봉창, 윤봉길 의사의 거사 이후 분명 신변에 위험이 닥칠 터인데도 사건의 진상과 배후를 밝혔다. 거액의 현상금까지 붙었는데 도피 과정에서 위기의 순간은 없었는가?

A 윤봉길 의거 이후 일본 영사관은 발칵 뒤집혔다. 동경에서 상해로 검사들이 다시 특파되고, 프랑스 조계 곳곳에서 대대적인 압수 수색이 벌어졌다. 동포들에 대한 무차별 검문검색과 체포가 자행됐다. 나는 당시 상해 YMCA 간사였던 피치(George A. Fitch, 費吾生) 박사 댁을 은신처로 삼았다. 살아생전 임시정부에 우호적이었던 부친처럼 피치 박사 역시 기꺼이 우리를 받아들였다. 나와 김철, 안공근, 엄항섭이 2층 독채를 썼다. 피치 박사 부인은 정성스레 요리를 해주는 등 배려를 아끼지 않았다. 윤봉길 의사의 숭고한 희생이 이들 부부의 마음을 움직인 것이다.

나는 피치 박사 댁 전화로 임시정부와 동포들의 소식을 들었고, 체포된 동지 가족들의 생계비와 도피 자금을 지원하라고 지시했다. 은주부殷鑄夫, 주경란朱慶瀾, 사량소査良釗 등 중국 저명인사들이 면회를 요청해오면 이따금씩 야간에 자동차를 타고 프랑스 조계 밖으로 밀행하기도 했다.

일경의 가혹한 탄압과 수색으로 분위기가 뒤숭숭하고 불안감이 높아졌다. 나는 주변의 반대를 무릅쓰고 이 사건의 진상과 배후를 밝히기로 했다. 엄항섭에게 초안을 잡게 하고, 피치 부인에게 영문 번역을 맡겨 로이터 통신에도 투고했다. "나라가 회복되기 전엔 이러한 투쟁을 멈추지 않겠다"고 끝을 맺었다.

상해의 동포들은 신변에 위험이 닥친 나의 불가피한 도피 생활을 이해하면서도, 내가 자신들의 경조사에 잠깐이라도 얼굴을 비쳐주길 원했다. 한번은 이런 일도 있었다. '박 대장'이라 불린 전차 검표원 청년의 청첩을 받고 망설임 끝에 잠시 혼인 잔치가 열린 그의 집을 방문했다. 도착하자마자 나는 부엌에 선 채로 냉면 한 그릇을 급하게 비운 다음 곧바로 잔칫집을 나왔다. 바로 이웃에 동포가 운영하는 가게가 있어 인사나 하고 가려고 들어갔다. 그런데 미처 앉기도 전에 주인이 내 옆구리를 쿡쿡 찌르며 손가락으로 길 저편을 가리키는 게 아닌가. 아뿔싸, 왜경 10여 명이 전차가 지나가기를 기다리며 서 있었다.

위기일발의 순간이었다. 달리 피할 곳도 없어 유리창 너머로 동향을 살폈다. 길을 건넌 그들이 쏜살같이 박 대장 집으로 내닫는 것을 보고 급히 가게를 빠져나와 김의한 군 집으로 갔다. 김 군 부인(정정화)에게 박 대장 집 상황을 알아보고 오라 했다. 부인의 전갈로는 왜경들이 들이닥쳐 "방금 여기 온 김구는 어디 있는가?" 다그치면서 집안 구석구석, 심지어는 아궁이 속까지 샅샅이 뒤지다 갔다는 얘기였다. 냉면이 아닌 뜨거운 국수였더라면 식혀가며 먹느라 붙잡혔을지도 모르는, 조마조마하고 아슬아슬한 순간을 운 좋게 넘긴 것이다.

홍구 의거의 진상과 배후를 만천하에 공표한 후 나는 일약 '현상금 붙은 사나이'가 됐다. 처음 내 목에 걸린 현상금은 20만 원이었으나, 일본 외무성, 조선총독부, 상해 주둔군 사령부 3개 기관이 내건 현상금이 모두 합쳐져 세 배로 불어나 60만 원이 되었다. 누구라도 나를 잡거나 체포하는 데 결정적 역할만 하면 하루아침에 벼락부자가 될 수 있었다. 그렇다면 차라리 역공작을 꾸며 임정의 비밀 요원으로 하여금 나를 밀고하게 한 다음 현상금을 타내 독립운동 자금으로 쓰면 어떨까 하는 상상까지 해본 적이 있다.

어느 날 피치 박사 부인이 다급히 2층 계단을 뛰어올라왔다. "큰일 났어요. 우리 집이 정탐꾼에게 발각됐나 봐요. 빨리 떠나셔야겠어요."

마당엔 피치 박사가 시동을 건 차를 대기시켜 놓고 있었다. 피신할 때도 옷가지 하나 챙길 겨를이 없었지만, 떠날 때 역시 뒤돌아볼 틈도 없이 차에 타야 했다. 피치는 운전대를 잡고, 피치 부인은 나와 부부인 양 나란히 뒷좌석에 앉았다. 차를 몰고 대문 밖으로 나가 보니 중국, 프랑스, 러시아 등 각국 정탐꾼들이 미국인 집이라 들어오진 못한 채 주위를 에워싸고 있었다. 프랑스 조계를 벗어나 자동차를 세운 다음 나는 안공근과 기차를 탔다. 이처럼 황망하게 상해를 떠났지만, 해방을 맞아 13년 만에야(1945년 11월 5일) 상해 땅을 밟게 될 줄은 생각도 못했다.

절강성 가흥의 수륜사창으로 피신했다. 박찬익朴贊翊 형의 주선으로 중국인 저보성 씨가 제공한 은신처였다. 원래는 저 씨 아들이 운영하던 면사 공장이었는데 폐업 상태라 몸을 숨기기엔 안성맞춤이었다.

이동녕 선생과 엄항섭 군 가족 등도 이미 거기에 와 있었다. 우리의 피난처는 남호南湖와 수로로 연결돼 있었고, 저보성 씨의 배려로 여차하면 탈출할 수 있도록 운하에 늘 쪽배가 대기했다. 남호는 1921년 8월 2일, 진독수陳獨秀를 비롯한 중국공산당 초기 당원들이 호수에 작은 배를 띄워놓고 유람객으로 가장한 채 선상 회의를 열어 창당선언문을 통과시킨 곳이다. 우리 역시 종종 남호에 띄운 배 위에서 밀담을 나누었다. 그로부터 3년 뒤인 1935년 10월, 나를 포함한 임시의정원 의원 16명이 남호에서 선상 비상회의를 열기도 했다.

1932년 5월 10일, 백범이 한인애국단 단장 명의로 장문의 성명서를 발표함으로써 세계 각국은 비로소 동경 사건과 상해 홍구 사건의 기획자 겸 주모자가 김구이며, 집행자는 이봉창과 윤봉길이란 사실을 알게 됐다. 성명서 서두에 김구는 홍구공원 의거로 애꿎은 한인들이 검거되는 상황을 묵과할 수 없고, 일제 타도를 위해 이 사건의 진상을 세계에 공포한다고 밝혔다. 본문은 '계획과 실행', '윤봉길 약력', '한인애국단', '나는 어떤 사람인가' 등의 소제목으로 구성돼 있었다.

홍구공원 의거가 있던 날, 김구는 윤봉길을 차에 태워 보내자마자 편지 한 통을 써서 안창호에게 급히 전하도록 했다. "오늘 오전 10시경부터는 댁에 있지 마십시오. 대사건이 발생할 것 같습니다."

그러나 도산은 백범의 편지를 받고도 자신이 직접 관여한 일이 아니라선지 경계를 늦추고 있다가 왜경에게 체포되고 말았다. 본국으로

경교장을 방문한 피치 박사 부부와 김구(1947년 7월 24일). 뒷줄 왼쪽부터 시계 방향으로 엄항섭, 김덕은, 이기붕, 안낙생, 안미생, 서영해, 안우생, 민영완, 선우진, 피치 박사, 피치 부인, 김구, 프란체스카, 조완구

압송되어 서대문 형무소에서 2년 반 복역한 뒤 가출옥해 평양의 대보산 송태산장에 머물면서 옥고를 치르느라 쇠약해진 몸을 다스리던 중에 1937년 흥사단興士團 동지들과 함께 다시 체포됐다. 그러고는 병보석으로 풀려나지만 이듬해 세상을 떠나고 만다.

김구는 윤봉길 의거 당일 체포돼 옥고를 치른 끝에 순국한 안창호에 대해 일말의 자책감을 갖고 있었다. 1948년 3월 10일 도산의 추모식장에서 낭독한 애도사에는 그런 감정이 묻어난다.

선생이여! 16년 전 4월 29일 윤봉길 의사가 상해에서 적괴敵魁 시라카와 등을 박살냄으로써 찬란한 세계 역사의 한 페이지를 창조하던 그날, 우리는 선생을 적에게 빼앗겼습니다.

임시정부는 월세도 못 낼 만큼 가난에 쪼들렸지만, 김구 몸엔 60만 원이란 천문학적 현상금이 붙었다. 임정 청사의 월세나 일반 노동자 월급이 30원 안팎이던 시대였다. 60만 원이면 청사 임대료 1,600년 치를 내고도 남을 거액이었다. 잡기만 하면 일확천금할 기회였다. 그러다 보니 일제의 앞잡이 노릇을 하는 한인 밀정뿐만 아니라 중국인, 심지어는 서양인들까지 김구를 잡으려고 여기저기 사냥개처럼 냄새를 맡으며 쑤시고 다니는 사람들이 많았다.

백범은 '움직이는 복권'이 되어 동가식서가숙하며 언제 끝날지도 모르는 도피의 나날을 보내야 했다. 다행히 도와주는 이들, 눈감아주는 이들이 많았다. 날마다 끼니 걱정을 해야 하는 한인 노동자와 주부들로선 평생 팔자를 고칠 현상금이었지만, 김구의 실체를 아는 동포 중 어느 누구도 밀고한 이가 없었다. 오히려 숨겨주고 따뜻한 밥을 제공했다. 그들에게 백범은 현상금 60만 원과는 비교할 수도 없는 소중한 존재였던 것이다. 가슴이 뭉클해진다. 그런데 정탐들은 왜 갑자기 피치 박사 집을 의심의 눈초리로 지켜본 걸까? 아마도 김구가 전화를 많이 쓰다 보니 꼬투리가 잡혔던 것 같다. 일제는 당시 감청과 도청에도 열을 올리고 있었다.

생명의 은인인 피치 박사 부부를 백범은 결코 잊지 않는다. 환국 이후 피치 부부와 경교장 등에서 다정한 모습으로 찍은 몇 장의 사진이 이를 대변한다. 피치는 한국 독립운동사에서 빼놓을 수 없는 이름이다. 그는 1920년 겨울 상해를 방문한 이승만이 이듬해 5월 하와이로 돌아갈 때 여권이 없자 그에게 1등석 배표를 끊어주었다.

김구와 맺은 인연은 더욱 남다르다. 피치는 해방 직후 '아무도 모르는 한국의 지도자The Korean Leader Nobody Knows'란 글로 피신 당시 김구의 생활을 알렸다. 남북연석회의(1948년 4월)에 참석한 이후 김구가 궁지에 몰렸을 때도 구원 투수로 나섰다. 미국 언론 기고를 통해 "백범은 공산주의자가 아닌 빈민에게 각별한 관심을 가진 우익으로, 미국의 프랭클린 루스벨트나 뉴딜주의자New Dealer, 중국의 손문 같은 인물"이라고 적극 옹호했다.

피치 박사 관련 자료들은 현재 하버드대학(옌칭연구소)에 소장돼 있다. 김구재단에서 자료의 사본을 정리하여 2018년 번역 출간했다.

5   원한다면 비행기라도 보내 모셔 오겠소

Q 이봉창, 윤봉길 의사의 의거 이후 장개석이 이끄는 중국 국민당 정부가 전폭적으로 임시정부를 지원한 까닭은 무엇인가?

A 이봉창과 윤봉길, 두 애국단원이 연이어 일으킨 의거(1932년 1월 8일, 4월 29일, 김구 57세)는 엄청난 반향과 파장을 일으켰다. 특히 수억 중국인의 마음을 움직였다. 만주사변 이래 일제에 대한 중국인들의 감정이 극도로 악화돼 있던 때라서 현지 신문들은 이 의거들을 집중 보도했다. 일제가 날조한 만보산사건과 1·28상해전쟁 때 일본의 사주를 받은 일부 한인들이 중국인을 약탈하고 방화한 사건 등으로 촉발됐던 반한 감정은 이봉창 의거로 누그러졌고, 몇 달 뒤에 터진 윤봉길 의거로 놀랄 만큼 호전됐다. 우리는 장개석 주석이 이끄는 국민당 정부로부터 금전적, 물질적 지원뿐만 아니라 많은 편의를 제공받았다. 거기엔 중국어에 능통해 임정의 대중국 외교 책임자로 활약한 남파南坡 박찬익의 공로도 컸다.

남파는 국민당 당원으로도 활동해 중국 중앙 당부 요인들과 친분이 깊었다. 나는 그를 통해 강소성江蘇省 주석 진과부陳果夫의 주선으로 1933년 5월 남경에서 장개석 장군을 만났다(김구 58세, 장개석 47세). 장소는 중앙군교中央軍校 안에 있는 장 장군 저택이었다. 그는 온화한 낯빛으로 나를 맞았다. 우리는 동석했던 인사들을 내보내고 필담을 나누었다.

나는 그가 손수 가져와 건넨 벼루와 붓으로 백지에 이렇게 썼다. "선생이 100만 원을 지원한다면 2년 안에 일본, 조선, 만주 세 방면에서 연쇄적으로 일대 폭동을 일으켜 일제의 대륙 침략 교량을 파괴하겠습니다. 선생 생각은 어떠한지요?"

장개석 장군은 붓을 들어 답했다. "서면으로 작성된 상세 계획을 보고 싶소."

다음날 상세한 계획서를 보냈더니, 진과부 주석이 나를 연회에 초대해 장 장군을 대신해 이런 제의를 했다. "특무 공작으로 천왕을 죽여도 다음 천왕이 또 있고, 대장을 죽인들 또 다른 대장이 나오지 않겠습니까? 그럴 바에야 장래의 독립 전쟁을 위해 군인을 양성하는 것이 어떨지요?"

나는 답했다. "감히 청하진 못했으나 그거야말로 내가 진실로 바라는 바입니다. 다만 장소와 자금력이 문제지요."

장개석 주석과 국민당의 지원으로 그해 8월 낙양洛陽군관학교에 한인특별반을 설치하게 됐다. 자금은 학교 발전에 보조를 맞춰 지원하며, 1기당 100명씩 군관을 배출하기로 결의했다. 나는 곧바로 동북3성에 사람을 보내 옛 독립군들을 소집했다. 지청천, 이범석李範奭 등의 장교와 휘하 청년 수십 명을 비롯해 각지에서 뜻 있는 젊은이들이 총집결해

1차로 100명을 입교시켰다. 지청천은 교관, 이범석은 영관으로 임명해 생도들 훈육을 맡게 했다. 기병 학교 설립을 제안한 내 의견을 존중해 중국 측은 기마 40필도 한인반에 배속시켰다. 졸업생은 남경 중앙육군 군관학교의 보병, 기병, 포병 각 병과에 편입, 중국군 장교로 임명할 계획이어서 나는 기대감에 부풀었다. 1933년 11월의 일이었다.

1938년(63세) 남목청 사건(7장 6절 참고)으로 내가 입원해 있을 때도 장개석 주석은 하루에도 여러 차례 전문을 띄워 내 병세를 염려해주었다. 퇴원 후엔 장사로 측근을 보내 요양비 3천 원을 전달하며 위문했다. 장 주석은 우리의 오랜 숙원이었던 한국광복군 창설(1940년)에도 힘을 보탰다. 장 주석 부인 송미령宋美齡 여사가 주도하는 부녀위로 총회에서도 중국 돈 10만 원을 특별 성금으로 광복군에게 보내왔다.

윤봉길 의사가 홍구 의거를 일으킨 직후 장개석은 "100만 중국 대군도 하지 못한 일을 조선의 한 청년이 해냈다니 감탄과 감격을 금할 수 없다"며 극찬을 아끼지 않았다. 장개석은 윤 의사에 대한 고마움, 그런 청년을 길러낸 백범에 대한 경외심으로 임시정부를 전폭적으로 후원하게 된다.

장개석의 국민당 정부는 윤봉길 의거 이후 거액의 현상금이 붙은 수배자가 돼 신변이 위험해진 김구에게 "원한다면 비행기라도 보내 남경으로 모셔 오겠다"며 절대적인 신임과 호의를 보였다. 그러나 김구는 "내가 그런 은혜를 입어도 지금으로선 갚을 아무런 방법이 없는데 공연히 남의 나라 신세를 질 이유가 없다"며 사절했다고 한다.

이봉창·윤봉길 의거 이후 장개석은 누구보다도 든든한 임시정부와 김구의 후원자가 돼주었다. 중화민국 34년(1945년) 11월, 환국을 앞둔 김구에게 장개석이 친필 서명을 해 기념으로 준 사진이다.

　　해방 이후 귀국을 앞둔 김구가 중국에 남는 우리 교민의 안전을 위한 협조를 요청했을 때도 장 주석은 보호를 약속하며 화답했다. 전별금 20만 달러도 건네주었다. 김구는 이 돈을 중국 은행에 예치했다가 그중 10만 달러를 인출해 남은 업무를 처리하려고 중국에 남은 요원들에게 경비로 제공했다. 장개석과 맺은 인연은 백범의 차남 김신이 중화민국 대사를 역임한 1960년대까지도 이어진다.

6   아아, 석오 이동녕 선생!

Q 이동녕은 《백범일지》에서 가장 많이 불린 이름이다. 상동교회에서 처음 만나 평생 같은 길을 걷는 36년 동안 어떤 일들이 있었는가?

A 석오 이동녕 선생. 을사늑약(1905년) 당시 반대운동의 중심이었던 전덕기(全德基, 1875~1914)[*] 전도사가 활동하던 상동교회에서 선생이 진사 이석李石으로 행세할 때 처음 만났다. 도끼를 메고 을사늑약 파기 상소 투쟁을 함께했으며, 신민회 활동을 통해 동지애를 키워나갔다. 병탄(1910년) 이후 양기탁의 사랑에서 다시 밀회하며 독립운동을 설계할 때 선생은 서간도 무관학교 이야기만 나오면 눈이 빛났다. 그해에 중국으로 망명해 만주에 신흥강습소(신흥무관학교의 모체)를 세우고 훗날 청산리 대첩 등 항일 무장 투쟁의 주역이 될 전사들을 길러내셨다.

---

[*] 전도사와 담임목사로 활동하며 상동교회를 민족운동의 요람으로 만든 감리교 목회자이다. 백범도 그의 설교에 감화 받았다. 신민회 사건으로 고문을 받아 후유증으로 사망했다.

기미년(1919년) 상해에 도착하자마자 나는 선생부터 찾았다. 9년 만에 상봉했을 때 나보다 일곱 살 위인 선생은 전보다 이마에 주름이 깊으셨다. 우리는 악수를 하고 나서도 감회가 북받쳐 한동안 말을 잇지 못했다. 그로부터 20년 넘게 생사의 고비를 넘나들며 한마음 한뜻으로 지냈다.

선생은 재덕才德이 출중하나 한없이 겸손해 자신의 공은 숨기면서 남을 칭송하셨다. 당신만 못한 동지를 앞세우고, 자신은 뒤에서 선후배 동지의 모자람을 채우고 고쳐 이끄는 일을 일생의 사명으로 삼으셨다. 대한민국 임시정부의 산파로 의정원 초대 의장을 지낼 때부터 마지막 순간까지 정치적 운명과 삶의 궤적을 함께하며 선생의 애호를 받은 이는 오직 나 한 사람이었다.

석오 선생은 임정 출범 이후 21년 동안 내무총장을 비롯한 각부 총장과 국무총리, 국무령, 주석, 의장 등을 역임하시면서 광복의 그날을 고대하며 몸을 아끼지 않으셨다. 내정은 물론 외교, 군사, 교육, 문화에 이르기까지 빈틈없는 정책을 추진하면서 기관지인 독립신문을 후원하셨다. 동지끼리 다툴 때면 "싸우려거든 왜놈하고나 싸워라!" 하시며 엄하게 꾸짖으셨다. 분열을 통합하고 갈등을 봉합하는 일에 늘 솔선수범하셨다. 가문과 학식 모두 선생에 한참 못 미치는 나를 임정의 얼굴로 내세우고 지도자로 키우셨다. 여기저기 옮겨 다니던 고난의 시절, 대가족이 믿고 의지한 정신적 지주였다. 권력이나 명예에 초연하고, 어떤 유혹에도 흔들리지 않아 작은 구설수에도 오른 일이 없으셨다. 지병인 천식이 급성 폐렴으로 악화돼 별세(1940년 3월 13일)하신 뒤로도 무슨 일을 만나면 당장 선생 생각부터 난다. 이 지상에는 감히 석

《백범일지》에서 가장 많이 호명된 인물 중 하나인 석오 이동녕은 1905년 상동교회에서 김구를 처음 만난 이래로 정치적 운명과 궤적을 함께하며 죽는 날까지 같은 길을 걸었다. 왼쪽부터 순서대로 김구, 진동생, 이동녕, 엄항섭이다.

오 선생에 필적할 고문顧問이 이제 없는 까닭이리라.

석오 이동녕은 김홍량과 함께《백범일지》에 가장 많이 언급된 인물이다. 1940년 기강에서 71세를 일기로 작고하는 그날까지 36년 동안 백범과 나라 안팎에서 생사고락을 같이했다. 백범의 선배요 동지이자 영원한 후견인이었다. 어려운 때일수록 믿고 의논하고 의지해온 든든한 받침목이었다. 공생, 화해, 협력, 상부상조의 리더십으로 바람 잘 날 없던 임시정부를 묵묵히 이끌었다.

공기가 매우 좋지 못한 기강에서 이동녕의 병이 깊어지자 김구는 의사인 유진동 부부에게 석오를 성심껏 돌보도록 당부하고 수시로 문병했다. 석오의 추도식엔 기강에 사는 한국인이 모두 참석해 마지막 가는 길을 배웅했다.

이동녕의 죽음은 지지부진하던 3당 통합에 물꼬를 텄다. 사망 다음 날(3월 14일) 3당 대표는 다시 모여 원칙적 합의에 이르렀다. 민족진영의 통합체이자 임시정부의 지지 기반이었던 한국독립당이 창당(1940년 5월 9일)되고, 김구는 대표(중앙집행위원장)로 선임됐다. 석오는 죽어서까지 백범을 일으켜 세운 것이다.

서울 효창공원 임정 요인 묘역엔 석오 이동녕의 묘를 중심으로 왼쪽에 차리석(車利錫, 1881~1945), 오른쪽에 조성환(曺成煥, 1875~1948) 선생의 묘소가 나란히 자리 잡고 있다. 김구가 직접 조성했다. 임정 주석과 비서장으로 고락을 함께한 이동녕과 차리석의 유해는 1948년 9월 22일 이곳에 안장됐다. 그해 10월에 서거한 임정 군무부장 출신 조성환도 두 분과 어깨동무를 하고 묻혔다. 원래는 석오를 존경했던 백범이 자신의 묫자리로 생각해둔 곳이었지만, 조성환이 먼저 세상을 뜨자 자리를 양보한 것이다. 김구는 마지막 순간까지도 자신을 낮추면서 동지를 배려했다.

이동녕의 생가와 기념관은 충남 천안시 목천읍 동리에 있다. 선생은 1869년에 태어나 1885년 서울 종로로 이사할 때까지 이곳에서 살았다. 생가 뒷산 나무들엔 왜가리들이 둥지를 틀고 있고, 길목엔 친필로 쓴 화강암 휘호석이 서 있다. 산유천석山溜穿石. '흐르는 물이 바위를 뚫는다'는 뜻이다. '나 자신을 돌로 생각한다'는 겸손이 밴 선생의 호

석오石吾와 맞물려 깊은 울림으로 다가온다.

석오장은 영욕과 회한의 마지막 숨을 거둘 때까지도 깨끗하고 꼿꼿한 자태를 전혀 흩트리지 않았다. 임정의 큰 인물, 지도자다운 지도자였다. 너저분한 것을 용납 못했고, 무슨 일을 처리하든지 공정했다. 주의와 주장이 확고하면서도 말수가 적고 청렴해 그와 정치적으로 대립돼 있던 이들도 존경하고 흠모했다. _정정화,《장강일기》

7 혁명가를 연모한 처녀 뱃사공

Q 일제의 추적을 피해 상해에서 탈출한 뒤 한 곳에 오래 머물지 못하고 피신을 거듭했다. 이 과정에서 도피를 도운 중국 여인들은 어떤 사연으로 만나게 되었는가?

A 상해를 탈출한 나는 항주를 거쳐 가흥으로 향했다. 가흥의 명망가 저보성 씨가 피신처를 마련해주었다. 그러나 일제의 집요한 추적으로 오래 머물 수가 없었다. 또다시 짐을 싸야 했다.

주 씨朱氏 부인은 절강성장을 지낸 저보성 씨의 장남 봉장 씨가 재취로 맞아들인 아내인데, 상냥하고 기품 있는 미인이었다. 나는 은신처를 가흥에서 해염현海鹽縣으로 옮기기로 하고 주 부인과 동행했다 (1932년 6월, 57세). 그곳이 부인의 친정이어서 봉장 씨가 첫 아들을 낳은 지 6개월도 안 된 아내에게 길안내를 맡긴 것이다.

나는 주 씨 부인과 단둘이서 기선을 타고 가흥을 출발해 이튿날 해염현 주 씨 공관에 도착했다. 해염에서 가장 규모가 큰 대저택인데 한때 부리는 식구 400여 명이 식탁에 한꺼번에 앉아 식사를 할 만큼 위세가 대단했다고 한다. 하룻밤을 묵고 주 씨 부인과 함께 자동차로 노리언盧里堰 방죽까지 갔다. 거기서부터는 차를 내려 주 씨 가문의 피서 별장 겸 산당이 있는 서남산령西南山嶺 고개까지 꽤 먼 오르막길을 도보로 이동해야 했다.

주 씨 부인은 한여름 불볕더위에 굽 높은 구두를 신은 채 손수건으로 연신 흐르는 땀을 닦아내며 산 고개를 넘었다. 친정에서 데려온 하녀가 내가 먹을 음식과 일용품 보따리를 들고 우리 뒤를 따라왔.

어느 순간 우리 일행이 이토록 힘겹게 산을 넘는 모습을 영상으로 남겨 후손에게 전해주고 싶은 마음이 생겼다. 자기와는 아무 상관도 없는 약소국의 초라한 늙은이를 위해 가파른 산길을 땀으로 목욕하다시피 힘겹게 넘어가며 위험을 무릅쓰고 도피를 도운 저 여인의 숭고한 인류애와 희생정신을 오래도록 기리고 싶어서였다.

산꼭대기 정자에서 잠시 다리를 쉰 다음 몇 백 보 걸어 내려가자 산중턱에 아담한 양옥 한 채가 보였다. 거기가 내가 머물 피신처였다. 주 씨 부인은 기다리고 있던 고용인들에게 친정에서 가져온 보따리들을 건네며 내 식성부터 요리법, 잠자리, 하루 일과까지 세심하게 주의를 주고 일일이 지시를 한 다음 나와 작별해 본가로 돌아갔다.

이름은 주가예朱佳蕊. 주 씨 부인은 친정 고을 일대에선 여전히 '주 씨 댁 큰아가씨'로 불리며 추앙 받고 있었다. 덕분에 내 정체가 탄로날 뻔한 위기를 넘긴 적도 있다. 광둥어가 서툰 나를 일본인으로 의심해 캐묻는 경찰에게 나와 동행한 산지기가 "이분은 주 씨 댁 큰아가씨가 산당에 모셔온 손님"이라고 하자 두말없이 물러난 것이다.

또 한 여인, 주애보朱愛寶는 처녀 뱃사공이었다. 저보성 씨 수양아들 진동생 부부 집에서 숙식하던 무렵, 나는 낮에는 주애보가 모는 작은

가흥 피난 시기 저봉장의 집에서. 뒷줄은 왼쪽부터 진동생(저보성의 양아들), 성명 미상, 김의한, 이동녕, 박찬익, 김구, 엄항섭, 저봉장(저보성의 아들)이고, 앞줄의 여성들은 왼쪽부터 허수생(진동생의 부인), 정정화(김의한의 부인), 민영구 어머니, 연미당, 주가예(저봉장의 부인)이다.

배를 타고 오룡교五龍橋 인근 운하를 오가며 이런저런 농촌 풍광을 구경하며 하루를 보냈다. 그러다 보니 애보와 정도 들고 띄엄띄엄 말도 섞게 됐다.

하루는 무료함을 달래려고 혼자 광장에 나갔다. 연병장에서 군대가 훈련하는 모습을 보고 있는데, 군관 하나가 돌연 내게 달려와 어디 사람이냐고 묻기에 평소 하던 대로 "광동 사람이오"라고 얼른 대답했다. 그러나 이 군관이 광동 출신일 줄이야! 나는 곧바로 보안대 본부로 끌려가 취조를 받았다. 우여곡절 끝에 저보성 씨 장남 봉장 씨가 달려와 보증을 서줌으로써 풀려나게 됐다.

그때 봉장 씨가 이런 권유를 했다. "내 친우 중 나이 서른 즈음인 중학교 교원 과부가 있습니다. 김 선생도 마침 홀아비니 한번 보시고 마음에 들면 연을 맺음이 어떻겠습니까? 그러면 행색을 감추기도 좋아 오늘 같은 일은 당하지 않을 텐데 말입니다."

내가 답했다. "그런 인텔리라면 오히려 내 비밀이 즉각 탄로 나고 말 것입니다. 그보다는 차라리 여자 뱃사공에게 의탁하는 편이 낫지 않을까요? 주애보 같은 일자무식이면 내 비밀을 감추고 보호할 수 있으리라고 봅니다."

그날 이후 나는 아예 주애보와 선상에 살림을 차린 것처럼 살게 됐다. 오늘은 남문 호수, 내일은 북문 강변에 배를 대고 자며, 낮에는 그저 뭍으로 나와 이리저리 배회할 따름이었다.

어느 날, 일제가 내 족적이 남경에 있다는 냄새를 맡고 상해에서 남경으로 암살단을 파견했다는 정보를 접했다. 실제로 사복 차림 왜경들이 공자묘 근처를 서성거린다는 첩보가 들어오는 등 상황이 심상찮았다. 나는 부득이 매달 15원씩 본가에 보내주는 조건으로 가흥에 있던 주애보를 남경으로 데려와 회청교淮淸橋 부근에 방을 얻어 동거를 했다. 직업을 고물상이라 속이고 여전히 광동 섬사람으로 행세했다. 경찰이 호구 조사를 나와도 나는 입을 열지 않고 주애보가 대신 설명해주었다.

못내 후회스럽고 마음에 빚으로 남은 일은 남경을 떠나게 돼 주애보를 고향 가흥으로 돌려보낼 때 손에 여비 100원밖에 쥐여주지 못했다는 사실이다. 그녀는 5년 가까이 나를 광동인으로만 알고 헌신했으며, 은연중 부부처럼 지내면서 고락을 함께 나누었다. 게다가 남경 폭격으로 지붕이 무너져 내렸을 때는 죽음의 문턱을 넘어 살아난 적도 있지 않은가. 그녀의 은공이 두고두고 가슴에 사무치건만, 뒷날을 기약할 수 있으리라 믿고 푼돈만 주어 송별했는데 더는 보지 못할 줄을 그때는 미처 몰랐다.

➕ 상해 생활 14년 동안 프랑스 조계 밖으로 한 발짝도 나갈 수 없었던 김구는 해염의 주 씨 별장에 은거할 때 "산수에 대한 14년의 주림을 10여 일 사이에 물리도록 만끽"했다. 그래서인가. 거액의 현상금이 목에 걸린 사람답지 않게, 수려한 주변 풍광을 회상하며 《백범일지》에 섬세한 관찰력과 특유의 문학적 향취가 돋보이는 감상기를 남겼다.

> 山上(산상)에서 前面(전면)으로 海上(해상)에 帆船(범선) 輪船(윤선)의 往來(왕래)와 左右(좌우)로 蒼松(창송) 丹楓(단풍)의 種種(종종) 光景(광경)은 自然(자연) 游子(유자) 悲秋風(비추풍)의 感(감)이 있드라.
> _김구 지음, 친필원색영인본 《백범일지》, 집문당, 196쪽

자연스러운 우리말로 옮기면 이렇다.

산 앞으로 바다 위에는 범선·윤선이 오가고, 산당의 좌우에 푸른 소나무와 가지가지 단풍이 어우러진 광경은 떠도는 사람에게 더욱 가을바람의

저보성의 며느리이며 저봉장의 아내인 주가예(왼쪽)와 여자 뱃사공 주애보. 일제의 추적을 피해 망명을 하던 백범의 도피와 은신을 도운 두 명의 주 씨 여인들은 백범의 독립운동사에서 각각 한 페이지씩을 차지한다.

쓸쓸함을 느끼게 하였다. _김구 지음, 도진순 주해, 《백범일지》, 돌베개, 348쪽

산 위에서 앞을 내다보면 바다 위에는 범선과 기선들이 오가고 좌우로는 푸른 소나무와 단풍이 어우러졌다. 그 광경은 어쩔 수 없이 떠도는 자에게 슬픈 가을바람의 느낌을 가져다주었다. _김구, 《백범일지》, 나남, 353쪽

성이 주 씨인 두 중국 여인이 백범의 독립운동사에서 한 페이지씩을 차지하게 된다. 반벙어리 광동 사람 행세를 하는 이 노혁명가의 신변을 보호하며 알게 모르게 항일 대열에 동참한 것이다.

중국 작가 하련생夏輦生은 김구와 주애보의 특별한 사연을 1999년 《선월船月》이란 제목의 애틋한 로맨스 소설로 각색해 펴냈다. 배船는

주애보를, 달月은 김구를 상징한다. 여류 작가 하련생은 서문에 "인생여선人生如船 수연득월隨緣得月"이라고 적었다. "인생은 배와 같아 인연에 따라 달을 얻고"란 뜻이다.《선월》은 먼 하늘 달 같은 존재인 혁명가를 연모하는 처녀 뱃사공의 회한을 담담하게 그려낸 작품이다.

인도의 조혼 관습에 따라 열세 살에 결혼한 마하트마 간디의 자서전도 솔직한 고백으로 인해 자주 거론된다. 간디는 매춘부와 동침한 경험을 비롯해 아버지가 병석에 누워 있을 때 욕정을 못 이겨 옆방에서 부인을 품에 안다가 부친의 임종을 지키지 못한 일들을 고해성사 하듯 쓰고 있다.

물론 김구의 경우 간디와는 결이 다르다. 그러나 굳이 밝히지 않아도 좋을 얘기를 하고 있다는 점에서 어느 정도 맥을 같이한다.

9장

마지막
그날까지

1 '대가족'을 이끌고 부평초처럼

Q 중일전쟁의 여파로 임시정부의 '대가족' 역시 상해를 떠나 여러 차례 피난을 해야 했다. 멀고도 험한 유랑과 피신의 나날을 어떻게 견뎌냈는가?

A 중일전쟁에서 수세에 몰린 중국 정부는 남경이 시시각각 위험해지자 중경을 전시 수도로 삼아 각 기관들을 다투어 옮기기 시작했다. 우리 광복운동단체연합회도 100여 명에 이르는 가솔을 이끌고 남경을 떠나 물가가 비교적 싼 호남성 장사로 이주하기로 했다. 장사는 홍콩을 통해 해외와 통신하기에도 유리한 지역이었다. 나는 상해와 항주에 있는 동지들과 각지에 흩어져 사는 식구들에게 여비를 보내 일단 남경으로 오게 한 다음 중국 목선 한 척에 태워 장사로 보냈다. 그 무렵 하늘이 도우셨는지 친분이 두터운 장치중 장군이 호남성 주석으로 취임해 일이 순조로웠다.

장사에선 우리 '대가족'의 공동생활이 여의치 않아 각자 따로 살림을 했다. 남경 시절 이후에는 중국 중앙 정부가 매달 지급한 보조금과 미주 한인 교포들의 원조가 있어 경제적으로 큰 어려움은 없었다. 나는 상해를 떠난 뒤로 늘 변성명을 해야 했지만, 장사에선 거리낌 없이 본이름 김구金九로 활동했다. 그만큼 신변 보호가 잘되는 지역이었다. 그러나 장사 또한 오래 머물 곳은 못 됐다.

1938년 무렵 적기敵機들이 때와 장소를 안 가리고 장사 일대에 공습을 퍼붓자 중국 기관들도 피난을 가기 바빴다. 우리도 장사를 떠나 광동으로 가기로 했다. 그러나 피난민이 인산인해여서 100여 식구가 짐을 꾸려 이사하려면 장거리는 고사하고 가까운 시골로 옮겨가기도 난망한 형편이었다.

나는 피격의 후유증으로 다리를 절룩거리며 장치중 주석을 찾아가 광동 이주 문제를 상의했다. 장 주석은 기차 한 칸을 무료로 내주고, 광동성 오철성吳鐵城 주석에게 전할 친필 소개장까지 써주었다. 덕분에 수차례의 공습으로 가다 서다를 반복한 기차를 타고 사흘 만에 광주에 도착, 동산백원東山柏園을 임시정부 청사로 정하고, 대가족 전원을 아세아여관에 수용할 수 있었다. 하지만 광주 역시 공습에서 안전지대가 아니었다.

광주 남쪽 소도시 불산으로 어머니와 대가족을 이주시켰지만, 근본적인 해결책은 되지 못했다. 결국 광주 이주 두 달 만에 장개석 장군에게, 중국의 전시 수도인 중경으로 우리 한인 대가족을 데려가 달라고 전보를 쳤다. 답신은 "오시오"였다. 장치중 주석에게도 편의를 요청한즉, 이번에도 그는 쾌히 승낙하고 차표와 귀주성 오정창吳鼎昌 주석 앞으로 보내는 소개 편지를 써주었다.

대가족을 안전하게 이동시키고 거처를 마련하기 위해 중국 정부와 교섭하느라 중경을 중심으로 장사와 귀양 등지를 오갈 때 광주가 함락됐다. 대가족은 어찌 됐을까? 몹시도 걱정했는데, 모두 극적으로 광주를 탈출해 버스와 배를 갈아타며 고요, 계평을 거쳐 유주에 무사히 도착했다는 전보를 받았다. 그제야 마음이 놓였다. 이제 유주에서 중경 근교로 이사시키는 것이 과제였다. 사실 중국 정부도 남을 도울 처지가 못 됐지만, 평소의 유대감과 끈질긴 교섭으로 자동차 여섯 대를 확보하고 어비까지 챙겼다.

나는 귀양에서 중경 오던 길에 본 기강을 임시정부 이전지로 점찍고 있었다. 중경 시내엔 대가족이 살 집을 구하기도 힘들뿐더러 중경보다는 기강이 폭격에서 훨씬 더 안전한 지역이었기 때문이다. 차량이 해결되자 임정 식구들과 이삿짐을 유주에서 기강으로 운반했다. 그러고는 미주와 하와이의 각 단체에 임시정부의 형편을 알리면서 원조를 호소하는 편지를 보냈다.

토교土橋 동감東坎 폭포 위쪽 한 구역을 임차해 기와집 세 채를 짓고, 도로변 2층집 한 채를 사들여 대가족의 보금자리를 마련했다. 토교는 중경에서 기강 쪽으로 10킬로미터 남짓 떨어져 있다. 중경보다 주택난이 덜하고 공기도 맑았다. 나는 종종 토교에 가 도로 보수, 제방 축조, 과수 재배 등 주민 생활에 밀접한 일들을 직접 실행했다. 이후 해방이 돼 중경을 떠날 때까지 임정 가족들은 이 마을에 머물러 살았다. 이로써 상해 이후 거듭된 대가족의 유랑과 피신의 나날도 중경과 가까운 이곳 토교에서 마침표를 찍게 됐다. 물론 임정 요인들은 다리도 없는 뱃길로 두세 시간 거리인 토교로 출퇴근하기가 어려워 대부분 중경 청사에서 숙식을 해결했다.

중경 우리촌(토교)의 삼일유치원 추계 개학 기념(1941년 10월 10일). 피난길에서도 아이들은 태어나고 또 무럭무럭 자랐다. '희망'이란 이름을 붙이고 싶은 사진이다. 뒷줄 왼쪽부터 연미당, 강영파, 김병인, 이국영, 정정화.

망명의 길은 멀고도 험했다. 1932년 윤봉길 의거 이후 상해를 탈출한 대한민국 임시정부는 부평초浮萍草처럼 중국 각지를 떠돌았다. 절강성, 강소성, 안휘성, 강서성, 호남성, 광동성, 광서성, 귀주성, 사천성 등을 망라했다. 이동 수단은 도보·버스, 트럭, 기차, 목선(배)을 가리지 않았다. 이동은 더뎠다. 산 넘고 물 건너며 탈것이 없으면 걸어서, 길이 아닌 길을 내면서 갔다. 일제가 남경을 점령해 중경이 중국의 전시 수도가 되자 임시정부와 대가족 역시 더 자주 이삿짐을 싸야 했다.

남경에서 한구를 거쳐 장사까지 갈 때는 양자강 수로 3천 리를 이동했고 한 달 만에야 도착했다. 광주가 일본군에게 함락되기 하루 전날(1938년 10월 20일) 대가족은 극적으로 탈출했다. 120여 명의 생명을 목선 한 척에 의지하고 40여 일 만인 12월 초에 유주에 도착했다. 유주에서 중경에 이르는 노정은 더욱 혹독한 가시밭길이었다. 죽을 고비도 숱하게 넘겼다. 중경에서는 청사를 네 번 옮겼다. 그러면서 가족애와 동포애, 동지애는 더 깊고 뜨거워졌다. 임시정부와 대가족의 이동 경로를 일괄하면 다음과 같다.

상해(上海, Shanghai, 1919년 4월~) → 항주(杭州, Hangzhou, 1932년 5월~) → 가흥(嘉興, Jiaxing, 1935년 10월~) → 진강(鎭江, Zhenjiang, 1935년 11월~) → 남경(南京, Nanjing, ~1937년 10월) → 한구(漢口, Hankou) → 장사(長沙, Changsha, 1937년 11월~) → 광주(廣州, Guangzhou, 1938년 10월~) → 불산(佛山, Foshan) → 삼수(三水, Sanshui) → 고요(高要, Gaoyao) → 오주(梧州, Wuzhou) → 계평(桂平, Guiping) → 석룡(石龍, Shilong) → 유주(柳州, Liuzhou, 1938년 12월~) → 의산(宜山, Yishan) → 독산(獨山, Dushan) → 귀양(貴陽, Guiyang) → 준의(遵義, Zunyi) → 기강(綦江, Qijiang, 1939년 3월~) → 중경(重慶, Chongqing), 토교(土橋, Tugiao, 1940년 9월~1945년 11월)

장장 5천 킬로미터에 이르는 피난길이자, 모택동의 1만 2천 킬로미터 행군을 방불케 하는 고난의 대장정이었다. 훈련받은 군대도, 조직적인 단체도 아닌 남녀노유로 구성된 대가족들이다.

윤봉길 의거 이후 많은 동포들이 상해를 떠났다. 빈자리를 지상으로는 친일 경제인들이 메우고 지하로는 공산주의자들이 틈입하기 시작했다. 떠나는 동포들 중엔 뿔뿔이 흩어져 살 길을 찾는 이들도 있었고, 일부 공산 계열은 중경이나 화북으로 떠났다. 김구는 일장기 밑에선 살 수 없는 수많은 동포를 이끌고 때로는 함께, 때로는 별도로 움직였다. 이들의 안전한 피난을 위해 활용 가능한 모든 채널을 동원했다. 직접 현장을 살피는 한편 중국 정부의 협조를 받기 위해 끊임없이 노력했다. 그러면서도 임시정부와 당을 이끌어야 하는 분주한 나날이 이어졌다.

  1935년에 작성된 일본 검찰 보고서('불령선인 단체의 신당 수립 운동 개황 및 김구 일파의 동정')는 일제가 백범을 얼마나 경계하고 소재 파악과 검거에 열을 올렸는가를 말해준다.

> 김구 일파는 아나키스트 그룹인 흑색공포단을 장악하고 있어 실행력이 가장 강하고 자금도 풍부하다. 해마다 많은 조선인 자제를 중국군관학교에 유학시켜 군사 교련을 실시하는 한편 졸업자들은 일본, 조선, 만주 각지로 보내 기회 있을 때마다 테러를 실행하는 가장 무서운 집단이다. 현지 각 기관은 김구 일당에 대한 수사와 경계에 전력을 쏟고 있다.

  혁명가의 삶은 고달팠다. 공초空超 오상순吳相淳의 표현을 빌리자면, '흐름 위에 보금자리 친' 인생이었다. 김구는 마치 집을 등에 지고 다니는 소라게나 달팽이처럼 임시정부를 짊어지고 중국의 이 도시 저 산하를 떠돌아 다녔다. 아무리 멀고 힘들고 버겁고 막막해도 결코 등에서 내려놓거나 팽개치지 않았다. 그 짐을 숙명처럼 짊어지고 가야만 했다. 임시정부 상황이 어려워질수록 김구의 책임은 무거워졌다.

행렬은 더디고 어지러웠다. 김구 자신도 몸이 불편해 지팡이를 짚는 경우가 많았다. 그러나《백범일지》어디에도 대가족들에 대한 불평은 찾아볼 수 없다. 오히려 대열에 합류한 이들에게 고마워하고, 미처 동행하지 못한 이들에게 미안해한다. 피난 대열에선 중병에 걸린 이들이 속출했고, 몇 사람은 목숨을 잃었다. 김구의 어머니 곽낙원 여사도 최종 목적지인 중경에 이르기 전 유주에서 병을 얻어 중경에 오자마자 한 많은 생을 마감한다. 김구는 오열한다.

2　천장이 무너져 내려 침대를 덮치다

Q　남경과 중경에 머물던 시절, 일본의 공습이 거듭되면서 하루가 멀다 하고 폭격이 계속됐다. 참혹한 전쟁의 상흔이 가득했던 당시의 상황은 어떠했는가?

A　잠시 몸을 의탁했던 남경南京은 어느 순간부터 화약고가 돼 버렸다. 북경 서남쪽의 노구교(蘆溝橋, 일명 마르코 폴로 다리) 사건(1937년 7월 7일)이 중일전쟁으로 비화돼 폭격기들이 비둘기 떼처럼 남경의 하늘로 날아왔다.

　8월 말, 나는 은거하던 회청다리 부근 집에서 초저녁부터 적기 폭음에 시달리다 경보 해제 사이렌을 들으며 잠이 들었다. 하지만 그것도 잠시, 잠결에 기관포 소리를 듣고 벌떡 일어나 집 밖으로 나가기가 무섭게 벽력같은 굉음과 함께 침실 지붕과 천장이 폭삭 무너져 방금 전 내가 누워 있던 침대를 덮쳤다. 간발의 차이로 목숨을 건졌다. 뒷방에 세 들어 살던 이들이 포연과 흙먼지를 헤치고 반쯤 죽은 얼굴로 기어 나왔다. 불빛이 밤하늘을 뒤덮어 마치 붉은 담요를 두른 것 같았다. 주변 여기저기에 반 동강 나거나 사지가 찢긴 시체들이 부상자와 함께 나뒹굴고 있었다.

　마로가馬路街에 사시던 어머니를 찾아갔다. 무너진 건물들을 지나며 시신을 밟지 않으려고 조심했지만 마음이 급하다 보니 더러 발바닥에 뭉클한 감촉이 느껴지곤 했다. 문을 두들기자 어머니가 나오셨다. 천만 다행으로 멀쩡하신 모습이었다. "놀라셨지요?"라고 묻는 내게 당신은 오히려 웃으면서 담담하게 말씀하셨다. "놀라기는 무얼 놀라. 그저 잠을 자는데 침대가 들썩들썩하더구나. 그래, 죽은 사람이 많더냐?" 어머니는 우리 한인들 중 죽거나 다친 사람은 없는가를 걱정하실 따름이었다. 빨리 나가 확인하고 조치를 취하라는 어머니를 뒤로하고 포연과 화약 냄새가 가시지 않은 남경 거리로 나섰다.

　마지막 기착지인 중경 역시 남경 못지않게 폭격으로 인한 피신이 일과처럼 돼버린 도시였다. 중경은 전시 수도답게 일제에 점령당한 각 지역의 관리며 피난민들이 집결해 평시 20만에 불과하던 인구가 100여 만으로 급증했다. 가옥도 몇 십 배나 늘어났지만 주택난이 극심해 여름이면 노숙자가 발에 밟힐 정도였다. 식량 배급소는 사시사철 장사진을 이루고, 자리다툼하느라 욕설과 싸움질이 그치질 않았다. 그러나 한인 사회는 비교적 평온했다. 우리는 중국 정부와 교섭해 식량을 머릿수대로 한꺼번에 타서는 정미소에서 도정까지 한 다음 미곡을 화물차에 실어 집집마다 배달해주었다. 전시인데도 교포들의 집단생활은 질서가 잡히고 안전한 편이었다. 중경뿐만 아니라 토교에 촌락을 이루어 산 우리 동포들도 중국 중간층 수준의 생활을 유지했다.

　중경은 폭격이 일상화된 도시였다. 하루 온종일을 방공호에서 지낸 적도 있었다. 임시정부도 중경에 있는 동안 청사를 여러 번 옮겨 다녀야 했다. 제1차 양류가楊柳街에선 잦은 폭격을 견디기 힘들었다. 2차 석판가石坂街에선 건물이 잿더미가 돼 옷가지 한 점 챙기지 못했다.

3차 오사야항吳師爺巷 빈민가에 있던 2층 목조 건물은 폭격으로 무너진 가옥을 중수했지만 습기가 차서 늘 곰팡이가 피고 공간이 너무 협소했다. 구석에 칸막이를 쳐 통을 놓고 용변을 해결해야 했다. 그래서 직원 주택으로 용도를 바꾸고, 1945년 새해에 4차 연화지蓮花池로 청사를 옮겼다. 연화지에선 호텔로 사용하던 여든한 칸짜리 계단식 건물을 빌려 썼는데 연간 임차료만도 40만 원이나 됐다. 장개석 주석의 특별 보조로 우리는 해방을 맞을 때까지 이곳을 청사로 쓸 수 있었다.

오사야항 청사 시절의 일이다. 4월 어느 날 폭격이 맹렬해 하루 종일 방공호에 있다 나와 보니 청사 입구에 폭탄이 떨어져 담장이며 기와가 죄다 파괴돼 있었다. 동포 서너 명이 목숨을 잃었다는 급보도 전해졌다. 그날 중경에선 많은 사람이 죽었다. 방공호에 산재한 시신을 수습하는 광경을 보니 어린아이 시체는 들것 하나에 두세 구씩, 어른은 한 구씩 쌓아놓았는데, 과연 "시체로 산을 이룬다(積屍如山: 적시여산)"는 말이 결코 부풀린 표현이 아니었다.

방공호 안에는 폭사 못지않게 질식사한 시신이 많았다. 숨이 막혀 몸부림을 친 흔적이 상처투성이 신체와 갈기갈기 찢긴 옷에 고스란히 남아 있었다. 방공호 문을 밖에서 걸어 잠근 채 달아난 책임자 때문에 피해가 더 컸다고 한다. 화물차에 시신을 산더미처럼 실었는데 운행 도중 차가 흔들려 시체가 땅에 떨어지면 다시 싣기도 귀찮다며 차 뒤에 사람 목을 달아매고 땅바닥에 끌며 그냥 갔다. 눈 뜨고는 차마 못 볼 참혹한 광경이었다. 방공호 부근이 유곽이라서 매춘부들 시신이 특히

일본군의 중경 폭격으로 4천여 명의 중국 민간인들이 목숨을 잃었다. 중국인들은 남경대학살과 함께 이 중경 대폭격을 일본이 저지른 무자비한 만행으로 기억하고 있다(1941년 7월 5일).

많았다. 아비규환 속에서도 시신에서 귀중품을 챙겨 부자가 된 사람이 있다는 말을 듣고, 인간이란 참으로 이기적인 존재구나, 생각했다.

중일전쟁이 일어나고 몇 달이 지나 일본군이 항주만에 상륙(1937년 11월 5일)하자 중국군의 완강했던 저항선은 무너진다. 일본군은 퇴각하는 중국군을 추격, 12월 13일 남경을 점령한 후 전대미문의 학살극을 일으킨다. '1937년 남경'은 중국인들에게 세월이 흘러도 아물지 않는 깊은 상처로 남아 있다. 1990년대 중반엔 같은 제목의 영화(《남경 1937》)로도 제작됐다. 점령 6주 만에 수십만 대학살을 자행한 일제의 만행을 60년이 지나 다큐멘터리 형식을 빌려 고발했다. 일본군은 중국군 포로는 물론 죄 없는 노인과 여성, 심지어는 어린아이들까지 잔혹하게 죽음으로 몰아넣었다. 이 영화는 김구가 글로 묘사한 폭격의 참상을 스크린 가득 생생히 펼쳐 보인다.

김구는 포연 자욱한 남경과 중경에서 인간이 만들어낸 지옥을 보았다. 지옥 속에서 역설적으로 '전쟁과 침략이 없는 평화로운 세계의 구현'이라는 김구의 신념은 더욱 확고해졌다. 또 한편 중국인들이 시체 더미 앞에서 울고불고하거나 남 탓 하지 않고 오히려 차분하고 질서 있게 시신을 매장하고, 생존자를 찾으며, 외부 도움 없이 임시 가옥을 건설하는 모습을 보면서 국민성을 높이 평가한다. 만약 우리 동포들이라면 저 상황에서 어땠을까를 상상하며 잠시 우울한 상념에 잠기기도 한다. 그로부터 80여 년 세월이 흘렀다. 지금 우리는 얼마나 달라졌을까.

3   크리스마스엔 굶더라도 꼭 산타를

Q 상해 시절 해마다 크리스마스가 되면 프랑스 영사를 비롯한 외국 인사들에게 카드와 선물을 보냈다. 모든 것이 열악하고 쪼들리는 형편 속에서 10년 넘게 이 일을 이어간 이유는 무엇인가?

A 대한민국 임시정부는 정의를 수호하고 평화를 사랑하는 세계 우방을 상대로 꾸준히 국제 외교를 이어가려 노력했다. 1919년 4월 프랑스 파리에서 활동하던 김규식을 외무총장 겸 전권대사로 임명해 강화회의에서 한국의 독립을 주장하게 했다. 같은 해 8월엔 스위스에서 개최된 만국사회당대회에 대표를 보내 우리나라의 독립 문제를 협의토록 했다. 하지만 성과는 미미했다. 중국, 소련, 미국 등에서 가끔 비공식적 찬조를 했을 뿐 공식 지원은 하지 않았다.

이때 소련의 실권자 레닌이 제일 먼저 임시정부에 거액의 차관을 제공할 의사를 내비쳤다(1920년). 임시정부 국무회의는 여운형, 안공근, 한형권韓亨權 세 사람을 러시아에 보낼 특사로 결정하고 여비를 마련하던 중이었는데, 국무총리 이동휘가 금전이 온다는 사실을 알고는 자신의 심복 한형권을 비밀리에 먼저 파견했다. 이동휘는 한형권이 시베리아를 통과하고 난 뒤에야 이를 공개해 물의를 빚었다.

태극기를 든 한인 남녀들이 열렬히 환영하는 가운데 모스크바에 도착한 한형권은 러시아 최고 지도자 레닌을 직접 만나게 된다. 필요한 독립 자금을 묻는 레닌에게 한형권은 200만 루블이라고 말했다.

레닌이 웃으며 반문했다. "일본과 맞서는데 200만 루블만으로 가능합니까?"

한형권이 답했다. "나머지는 본국과 미국 교포들이 조달할 겁니다."

레닌은 고개를 끄덕였다. "자기 민족이 자기 사업을 하는 것은 당연합니다. 외교부에 지시해 전액 현금 지급토록 하겠습니다."

하지만 외교부는 1차로 40만 루블만 주었다. 금화로 일곱 상자 분량이었다. 기별을 받은 이동휘는 국무원엔 알리지도 않았고 금화는 시베리아 옴스크에서 빼돌렸다. 그러고는 이승만과 잦은 알력을 빚은 끝에 총리직을 사퇴하고(1921년 1월) 러시아로 떠나버렸다. 한편 한형권은 다시 모스크바로 가서 2차분 20만 루블을 받아 몰래 상해로 돌아와 공산 진영에 풀어 이른바 '국민대표회의'를 소집했다(7장 3절 참고). 이 공금 횡령 사건으로 이전까지 긴밀했던 소련과의 관계는 급격히 틀어져버렸다.

한편 상해 홍구에 있던 일본 영사관과 프랑스 조계의 대한민국 임시정부 경무국 사이에서는 대립과 암투가 극심했다. 프랑스 조계 밖은 위험해 임정의 행동반경은 조계지를 벗어날 수가 없었다. 자유와 평등의 깃발이 나부끼는 혁명 전통의 나라 프랑스 당국은 한국 정부의 독립운동에 연민과 동정심을 품고 있어 특별히 우호적이었다. 가령 일본 영사가 우리 동지의 체포를 요구하면 프랑스 측은 미리 통지해주었다. 일본 경찰이 왔을 때는 우리 동지들은 이미 피신해 왜경은 빈집을 뒤지다 허탕을 치고 가기 일쑤였다.

영어가 유창하고 서양 신학문에 밝은 이승만 박사가 상해에서 활동할 때는 중국 측 인사뿐만 아니라 큰 코에 눈이 푸른 영국인, 미국인, 프랑스인들도 임시정부 청사를 수시로 방문했었다. 그러나 내가 국무령으로 취임했을 무렵(1926년 12월, 51세) 청사를 찾는 외국인은 집세를 독촉하러 오는 중국인 주인이나, 왜경을 대동하고 범법자 혹은 요주의 인물을 잡으러 오는 프랑스 경찰 말고는 아무도 없었다.

극도로 쪼들리는 형편이었지만, 그래도 해마다 크리스마스엔 축하 카드와 함께 다만 몇 백 원어치 물품이라도 구매해 프랑스 영사와 공무국 직원, 친분 있는 서양인 몇몇에게 선물했다. 비록 성탄절에 끼니를 거르는 한이 있어도 10년 넘게 연례행사처럼 빼먹지 않았다. 그렇게라도 해서 우리 임시정부의 존재를 저들에게 각인시키려 했던 것이나.

1941년 6월(66세), 나는 임정 주석 자격으로 미국 대통령 프랭클린 루스벨트에게 임시정부 승인을 요청하는 공한을 보냈다. 10월엔 이 문제로 중국 외교총장과 회담했다. 1942년 3월에도 임시정부는 '3·1절 선언'을 발표, 중국·미국·영국·소련에 다시금 임시정부 승인을 요구했다. 그해 6월 초에는 인도 국민회의파 영수인 마하트마 간디에게 한국 임시정부와 연대하여 공동 투쟁을 강화하자는 전보를 보냈다.

 모든 것이 열악했다. 금전도 부족했고, 외국어에 능통한 인재도 드물었다. 그런 판국에 '배달 사고'가 난 레닌의 지원금은 내부 갈등과 반목을 불러일으켜 재정난에 시달리던 임시정부의 분열을 재촉한다. 이 사건은 임정에 대한 러시아의 불신임으로 이어졌다.

상해는 국제 무역 도시로 외교 활동을 펴기엔 유리한 환경이었지만, 약소국 한국은 중국을 비롯한 다른 국가들에게 이렇다 할 관심의 대상이 되지 못했다. 그래도 포기할 수는 없었다. 궁색한 살림이었지만 성탄절이 다가오면 연례행사처럼 작은 선물을 곁들인 카드를 각국 외교관들에게 보냈다. 대한민국이란 존재를 그들이 잊지 않게 하려는 눈물겨운 몸짓이었다.

1940년(65세) 국무회의 주석으로 피선된 김구는 미국 수도 워싱턴에 외교위원부를 설치했다. 이승만 박사를 위원장으로 임명하고 본격적인 대미 외교 활동에 나섰다. 1941년부터는 세계 각국에 임시정부 승인을 요청하는 공식 문서를 줄기차게 발송했다. 성과도 있었다. 1942년 중국국민당 손과(孫科: 손문孫文의 아들) 입법원장은 공식석상에서 "첫째, 중국은 한국의 독립을 적극 지지하며, 한국 임시정부의 승인을 세계에 요구한다. 둘째, 중국은 앞으로 한국의 독립혁명을 적극 원조하기로 결정했다. 셋째, 한국을 중국과 항일을 함께하는 형제 국가로 간주한다"라고 선언했다. 중대 발언이었다.

장개석 주석은 임시정부가 한국의 독립을 완성할 수 있도록 끝까지 돕겠다고 1945년 11월 4일 환송연에서 확언했다. 중국과의 외교 관계는 중국어를 능수능란하게 구사하는 남파 박찬익 등이 크게 기여했다. 그는 한때 김구와 소원했으나 백범은 일지에서 박찬익의 공로를 자주 언급한다. 포용력은 지도자의 빼놓을 수 없는 덕목이다.

4 이념과 사상을 넘어 하나로(1)

Q 독립운동 단체들 간에도 분열과 대립이 계속됐다. 무정부 상태나 다름없는 최악의 상황까지 치달았음에도 끝까지 임시정부를 지키기 위해 어떤 노력을 기울였는가?

A 통일 바람이 또다시 중국의 독립운동 전선에 휘몰아쳤다. 하루는 의열단장인 김원봉이 은밀히 면회를 청해 내게 물었다. "지금 발동 중인 통일운동에 선생도 동참하심이 어떠신지요?"

나는 이렇게 답했다. "내가 보기에 통일하자는 대원칙은 같으나, 내용은 한 이불 속에서 다른 꿈을 꾸는 모양새인데 군의 소견은 뭡니까?"(김원봉은 김구보다 22세 연하다.)

"제가 통일운동에 참가하는 주된 목적은 중국인들로부터 공산당이란 혐의를 벗기 위해서입니다."

"나는 목적이 저마다 다른 통일운동엔 참여할 생각이 없습니다."

그로부터 얼마 후 이른바 5당 통일회의를 통해 의열단, 신한독립당, 조선혁명당, 한국독립당, 미주대한인독립단이 합친 조선민족혁명당이 탄생했다(1935년 7월, 김구 60세). 더불어 김원봉 등이 주도하는 임정 무용론과 해체 운동도 더욱 극렬해졌다. "5당이 합한 마당에 명패만 남은 임시정부는 존재할 가치가 없다"고 그들은 주장했다.

당시 7인의 국무위원(김규식, 조소앙, 최동오, 송병조, 차리석, 양기탁, 유동열) 중 다섯은 국무위원 직을 사임하고 조선민족혁명당 결성에 발을 들였다. 남은 송병조, 차리석만으로는 국무회의를 열 수 없어 사실상 무정부 상태가 돼버렸다.

나는 몹시 화가 나고 또 걱정스러워 급히 항주로 달려갔다. 사태를 수습하기 위해 백방으로 뛴 결과 기존의 송병조, 차리석에 새로 보선한 이동녕, 조완구, 그리고 나까지 5인을 확보해 비로소 국무회의를 열 수 있었다. 1935년 가을, 가흥의 남호南湖에 띄운 배 안에서 결정된 일이다. 윤봉길 의거로 상해를 떠난 지 3년 반 만에 임시정부로 공식 복귀한 셈이다. 이로써 3년 동안의 임정 항주 시대를 마감하고, 강소성 진강으로 터전을 옮겼다.

5당 통일이 모양새를 갖출 무렵부터 동지들은 우리도 새로운 단체를 만들자고 주장했지만 나는 극력 만류했다. 비록 내용이 복잡해 참여는 아직 안 하고 있으나 그래도 다들 통일을 외쳐대는 이 판국에 딴 조직을 만드는 것은 도리가 아니라고 판단했기 때문이다. 그러나 상황이 바뀌었다.

지금은 조소앙趙素昻도 조선민족혁명당을 탈당해 한국독립당 재건을 추진하는 중이니(9월) 내가 새 단체를 조직해도 통일의 파괴자로 비난 받을 일은 없었다. 또 걸핏하면 해체 요구를 받던 임시정부도 이제야말로 임정을 옹호할 강력한 배후 단체가 필요한 때라고 보고 한국국민당을 결성, 나를 이사장으로 선임했다(1935년 11월).

1939년 사천성 기강에 자리 잡은 임시정부 시절, 각 진영의 첨예하고 민감한 쟁점은 정파 통일 문제였다. 임정이 주도한 한국국민당 안에서도 의견이 엇갈렸다. 한국국민당 간부와 당원뿐만 아니라 우당友黨인 조선혁명당과 한국독립당도 나와는 반대로 연합론을 주장했다. 사상과 주의가 서로 다른 조직끼리는 단일화(통합)가 불가능하다는 이유에서였다.

　하지만 내 생각은 달랐다. 각 당이 자기 본체를 그대로 둔 채 연합체를 만든다면 내부에서 저마다 자기 당의 발전을 도모해 도리어 마찰이 더욱 심화된다고 생각했다. 또한 이전까지 민족운동에 반대하던 사회주의자들이 지금은 태도를 바꿔 사회주의혁명은 독립을 이룬 후 본국에 가서 하고 해외에선 국권회복운동에만 전념하자는 입장을 세운 만큼 단일 조직체로 통합할 수 있다고 본 것이다.

　내 견해를 듣고 난 한국국민당 간부들은 이런 제안을 했다. "이사장(백범) 의견이 정 그러시다면 우리 국민당원 전체와 두 우당 당원들의 의사가 일치되도록 당 본부가 있는 기강으로 직접 가서 노력해야 합니다. 기강에 오기 전 유주에선 국민당은 물론 우당인 조선혁명당과 한국독립당도 연합론이 대세였으니까 말입니다."

　나는 모친의 장례를 치르느라 피로가 쌓인 몸을 이끌고 기강으로 달려갔다. 그리하여 한국국민당 동지들과는 기강 도착 8일 만에, 두 우당 당원들과는 한 달 만에 '단일화된 통일' 쪽으로 의견 합치를 보게 됐다. 그리하여 1939년 8월 27일, 기강에서 7당 통일회의가 열렸다. 한국국민당, 한국독립당, 조선혁명당 등 광복진선光復陣線 소속 3당과 조선민족혁명당, 조선민족해방동맹, 조선청년전위동맹, 조선혁명자연맹 등 조선민족전선연맹 소속 4당에서 각 두 명씩 대표 열네 명이 참석했다.

그러나 해방, 전위 양 동맹은 조직의 해체를 원치 않는다며 회의 도중 퇴장해버렸다. 이들은 이전부터 민족운동을 위한 희생에 반대해온 공산 단체이므로 예상 못 했던 일은 아니었다. 그래서 나머지 5당으로 민족주의적 통일 신당을 만들기로 하고 서명까지 마쳤다. 그랬는데 며칠 뒤 김원봉의 조선민족혁명당이 돌연 당내 불협화음을 이유로 탈퇴를 선언했다. 통일회의는 파국을 맞고 말았다.

나는 대안 찾기에 나섰다. 3당 동지들과 우호 단체들에게 사과한 다음, 광복진선 소속 3당 통일회의를 계속 열어 한국독립당을 새로 탄생시켰다. 7당, 5당 통일엔 실패했으나 3당 통일엔 성공했다. 거기에 하와이애국단과 하와이단합회도 우리 당 하와이 지부로 등록했으니 5당 통일이라 해도 틀린 말은 아니었다. 1940년 5월(65세), 나는 3당 통일로 결성된 한국독립당의 집행위원장으로 선임됐다.

1935년에 등장한 5당 통합체인 조선민족혁명당은 얼마 못 가 다시 분열되기 시작했다. 겉으로는 민족운동을 내세웠지만 속셈은 공산주의운동이 목적이던 의열단이 분열의 원인을 제공했다. 국무위원으로 조선민족혁명당에 참여했던 조소앙은 이념적 차이를 이유로 탈당하여 홍진, 조성환 등과 함께 1935년 9월 한국독립당을 재건했다. 이어 지청천 등 만주에서 온 세력들도 김원봉의 독주에 저항하다가 당을 뛰쳐나와 조선혁명당을 다시 조직했다. 이로써

민족혁명당엔 의열단원들만 남게 됐다.

김구는 민족혁명당 결성으로 임시정부가 무정부 상태에 빠져들자, 1935년 11월 한국국민당을 조직해 이를 수습했다. 국무위원으로 민족혁명당에 참여하지 않은 송병조와 차리석이 선임됐고 이동녕, 이시영, 조완구, 엄항섭, 안공근 등이 당의 핵심 멤버였다. 이들은 한국국민당을 임시정부의 기반으로 삼아 국무위원을 보선하는 등 임시정부에 피가 돌게 했다.

1931년 만주사변(9·18사변)을 일으킨 일본은 이듬해 1월 상해를 침공했고, 1937년 7월에는 노구교사건이 도화선이 되어 중일전쟁이 발발했다. 모택동과 장개석은 그해 9월 제2차 국공합작에 합의했으나 중국은 대륙 전체가 전화에 휩쓸린다. 일본은 괴뢰 만주국 수립에 이어 남경에도 왕조명汪兆銘의 '화평 정부'를 세웠다(1940년 3월). 중국은 이로써 일본 침략군과 두 개의 친일 정부, 모택동 군과 장개석 군 등으로 나뉘어 진선이 복잡해지고 인민의 삶은 갈수록 피폐해졌다. 한국의 독립운동도 크게는 좌우로 나뉘고, 안에서는 더욱 세분화돼 이합집산離合集散을 거듭했다.

중일전쟁이 일어나자 김구는 민족주의 세력의 연합을 추진했다. 일본의 중국 대륙 침략을 한국이 독립할 수 있는 좋은 기회로 활용하려 했다. 이를 위해서는 우선 독립운동 세력의 단결이 중요했다. 김구는 한국국민당을 비롯하여 조소앙과 홍진의 한국독립당, 지청천의 조선혁명당, 그리고 미주와 하와이의 단체들과 연합을 추진해 1937년 8월 임시정부 지지와 옹호를 전제로 한 한국광복운동단체연합회(약칭 광복진선)를 결성했다. 광복진선은 민족주의 세력의 연합체였다. 좌익 세력들도 김원봉의 조선민족혁명당을 중심으로 연합을 이루어 조선민족전선연맹(약칭 민족전선)을 결성했다. 이로써 중국 관내 독립운동 세력은 광복진선과 민족전선으로 양분됐다.

좌우 독립운동 세력이 중국 대륙 각지로 피난을 다니다가 기강과 중경에 집결하자, 김구는 좌우익 세력의 통일을 추진했다. 좌익이 거주하고 있던 중경 남안의 손가화원을 찾아가 김원봉을 만났다. 광복진선과 민족전선에 소속된 정당 및 단체들을 통일하여 새로운 단일당을 만들자는 데 김원봉과 의견을 같이하고, 1939년 5월 '동지·동포에게 보내는 공개서신'이란 공동성명을 발표했다. 그리하여 8월 27일 두 진영 소속 일곱 개 정당 및 단체가 기강에서 7당 통일회의를 개최하기에 이르렀다.

기압이 낮아 공기 속에서 항상 악취가 나고 호흡기 질환이 쉽게 유발되는 기강과 '안개의 도시'로 해 보기가 쉽지 않은 중경 사이를 분주히 오가느라 과로로 병까지 얻어가며 일궈낸 결실이었다.

김구가 통일운동을 추진하자 반대가 잇따랐다. 그가 이사장으로 있던 한국국민당에서도 이견이 적지 않았고, 그를 후원하던 미주 교포들 또한 "공산주의자와 타협하려 한다"며 비판하고 나섰다. 이러한 반발을 무릅쓰고 김구는 통일운동을 추진했고, 7당 통일회의를 열었다. 그러나 단일당 결성에 반대하는 좌익 세력의 이탈로 이 회의는 결렬됐고, 김원봉마저 당원들이 반대한다며 탈퇴하고 말았다.

좌익 세력이 나가자 김구는 민족주의 계열인 한국국민당, 한국독립당, 조선혁명당의 통합을 추진했다. 1940년 5월(백범 65세) 3당은 통일을 이루어 새로운 한국독립당으로 재탄생했고, 김구가 중앙집행위원장에 선임됐다.

한국독립당을 중심으로 임시정부는 조직과 체제를 정비해나갔다. 1940년 10월 임시의정원 정기 회의를 열어 헌법을 개정하고 임시 약헌을 공포했다. 개헌의 핵심은 1927년 이래의 집단지도체제인 국무위원회 제도를 폐지하고, 단일지도체제인 주석제로 바꾼다는 것이었다. 주석은 행정수반이자 국군통수권자로 국무총리와 국가원수를 합친 막강한 권한을 갖게 됐다. 같은 날 한국광복군총사령부 조직조례도 통과됐다. 개정된 임시 약헌에 의해 김구는 주석으로 선출됐다. 이로써 김구는 당(한국독립당), 정(임시정부), 군(광복군)을 통할하며 중경시대의 임시정부를 이끈 최고 영도자가 됐다. 이후 1945년 해방된 조국에 돌아올 때까지, 그리고 1948년 8월 15일 대한민국 정부가 수립될 때까지 임시정부 주석으로 활동했다.

5 이념과 사상을 넘어 하나로(2)

Q 임시정부의 체제가 안정되고 점차 위상과 권위가 높아지면서 마침내 좌우 연합정부가 구성됐다. 쉽지 않은 과정인데 좌우 세력을 통합할 수 있었던 원동력은 무엇인가?

A 1940년(김구 65세) 임시정부의 기초 세력인 한국독립당을 결성하고, 한국광복군을 창설했으며, 헌법을 개정해 단일지도체제인 주석제를 도입했다. 주석으로 선출된 나는 당(한국독립당 중앙집행위원장), 정(임시정부 주석), 군(광복군 통수권자)을 아우르는 무거운 짐을 짊어지게 됐다. 체제 정비로 임시정부의 위상과 권위는 크게 강화됐다. 사실 중국국민당 정부도 독립운동을 지원하고 협의하는 대상이 임정으로 일원화되기를 원했다.

1942년 좌익 세력이 임시정부에 합류했다. 5월 좌익의 무장 조직인 조선의용대가 광복군에 편입했고, 10월에는 좌익 인사들이 보궐선거를 통해 임시의정원 의원으로 선출됐다. 좌우익 인사들이 참여한 통일의회가 성립되면서 한국독립당 중심이던 의정원은 다당 체제로 바뀌었고, 여당과 야당도 생겨났다. 여야가 대립과 갈등을 빚으면서 의정원이 파행을 겪기도 했지만, 이는 민주주의와 의회정치를 정립하고 발전시키는 과정이기도 했다.

좌우익 세력이 의정원으로 통일을 이루자 정부도 좌우 연합으로 구성해야 한다는 목소리가 높아졌다. 이를 위해서는 정부 조직과 구성의 근거인 헌법을 개정해야 했다. 그러나 정치적 이해관계로 타협을 보지 못한 채 '임시 약헌'에서 규정한 주석과 국무위원의 임기가 끝나 버렸다. 헌법 개정을 둘러싼 한국독립당과 조선민족혁명당의 대립은 극심해져 파국으로 치달았다. 중국국민당 일부 인사가 김원봉을 지원하고 그가 이끄는 조선민족혁명당이 음해했지만 나는 당당히 버텼다. 나는 한국독립당 총회를 열어 새 내각이 구성될 때까지 기존 내각이 업무를 계속 수행하기로 결의했다.

한편 당시 의장 홍진과 부의장 최동오가 중립적 입장을 표명하며 한국독립당을 탈당하고 타협을 시도했다. 그 결과 35회 의정원 회기가 끝날 때 극적으로 합의를 이뤄냈다.

이에 따라 1944년 4월(69세) '대한민국 임시 헌장'이 새로 열린 36회 의정원 회기에서 통과됐다. 새 헌법에 따라 정부 조직도 바뀌었다. 내가 주석, 김규식이 부주석으로 선출됐다. 국무위원 열네 명도 합의에 따라 배분됐고, 일곱 개 행정 부서 중 민족혁명당의 김원봉과 최석순이 각각 군무부장과 문화부장을 맡았다. 이로써 임시정부는 좌우 연합정부로 새롭게 탄생했다. 임시의정원은 회기를 마치면서 이렇게 성과를 밝혔다.

이번에 선출된 정부 주석·부주석 및 전체 국무위원은 우리 혁명운동사에서 가장 공헌이 많은 민족 지도자이며, 또 우리 민족의 각 혁명 정당과 사회주의 각 당의 권위 있는 지도자들이 연합 일치하여 생산한 전 민족통일전선정부다. 우리 임시정부는 대내적으로는 반일 세력을 통일적으로 지도할 수 있고, 대외적으로는 전 민족의 의사와 권력을 대표하여 권위 있고 능력 있는 최고 영도 기관을 이룬 것이다.

좌우 연합 정부가 구성된 후 매주 국무회의를 열었다. 임시정부 수립 이래 가장 체계적이고 능률적으로 업무를 수행했다. 또 장개석 총통과 만나(1944년 9월) 임시정부의 활동비와 생활비 등 재정 지원을 받아냈다. 무엇보다도 지난 3년 반 동안 우리의 자긍심을 억누르고 있던 '광복군 9개 행동준승(準繩: 규칙)'을 중국 측과 일괄 합의(1945년 4월)함으로써 광복군의 지휘권을 되찾을 수 있었다. 이제 다음 과제는 국내외 독립운동 세력의 통일이었다.

《백범일지》에는 1944년 좌우 연합 정부 구성 과정이나 결과에 대한 기록은 없다. 그러므로 이 부분의 내용은 《백범일지》 중 관련 부분과 다른 문헌의 내용을 참고해 김구가 답하는 형식으로 정리했다. -엮은이

불관주의不關主義를 내걸고 독자적으로 활동하던 조선민족혁명당 등 좌익 진영은 대서양헌장(1941년 8월)으로 연합국이 강화되자 그해 후반부터 임시정부에 참여할 뜻을 비치기 시작했다. 같은 해 12월 7일 일본이 진주만을 공격하자, 임시정부는 즉각 일

좌우익 세력이 통일을 이룬 제34회 의정원 의원들(1942년 10월 25일). 앞줄 왼쪽부터 유동열, 박찬익, 조성환, 홍진, 김구, 최동오, 조완구, 김원봉. 김구와 홍진 뒤에 홍일점 의원 방순희가 서 있다.

본에 선전포고(12월 10일)를 했다. 장개석이 임시정부를 확고히 지원하고 임정에 대한 국제적 승인 가능성이 높아지자 좌익은 공식적으로 임시정부에 참여하려 했다.

김구를 중심으로 한 우익 세력은 점차 결집된 반면, 좌익 진영은 지역적으로는 화북과 중경으로 나뉘고 분파가 생겨 분열이 계속되는 추세였다. 중국국민당 정부도 임시정부가 중심이 되어 모든 정파를 묶어 단일 대오를 형성하기를 원했다.

그러나 카이로선언(1943년 12월 1일 발표) 이후 가시화된 한국 독립의 주도권을 한국독립당에 순순히 넘겨주지 않겠다는 조선민족혁명당을 중심으로 한 좌익의 반발도 만만치 않았다.

김구는 독립운동 세력의 통합이 무엇보다 중요하다고 믿었다. 그래야 중국 측과 협상하거나 국제사회의 승인을 얻고 연대할 때 용이하기 때문이다. 통합을 위해서라면 언제라도 주석 자리를 내던질 각오였지만, 당시 대내외 상황으로 인해 백범의 영도력이 필요했다. AP통신 기자에게 토로한 김구의 발언에서 신탁통치에 대한 우려와 경계를 읽을 수 있다.

> 한국의 무조건 자유 독립을 부여하지 않는다면 우리는 역사적 전쟁을 계속할 것이다. 우리는 어떤 종류의 국제 지배도 원치 않으며, 반드시 일본이 붕괴되는 그때에 독립돼야 한다. 그렇지 않으면 우리의 싸움은 계속될 것이다. 이는 우리의 변할 수 없는 목적이다.
>
> _ 신한민보(1943년 12월 9일자)에 실린 카이로회의 발표에 대한 김구의 성명

좌우 연합 정부의 주석이 된 김구는 이를 통합의 완성이라 보지 않았다. 그는 "미일전쟁이 일어나 일본은 기어코 패전할 테니 우리가 독립할 날도 멀지 않다. 국내외 각지에 흩어져 항일 투쟁하는 우국지사들이 모두 한 곳에 모여 대동단결해야 한다"며 독립운동 단체들의 연대를 촉구했다. 이를 위해 지역적 기반이나 정치적 이념이 다른 집단이라도 실체를 인정하고 존중했다.

김구는 화북조선독립동맹과 그들의 무장 조직인 조선의용군과의 통일을 성사시키기 위해 국무위원 장건상張建相을 연안으로 파견했다. 독립동맹 위원장인 김두봉金枓奉은 찬성의 뜻을 표했다. 또 1944

년에 조직한 국내공작위원회를 통해 조국에도 많은 공작원을 밀파하며 몽양夢陽 여운형 등 국내 인사들과 연계하려 했다. 그러나 이러한 국내외 독립운동 세력과 연계하고 결집하려는 노력은 일제의 패망으로 중단되고 말았다.

좌우 연합 정부 구성은 "셋집을 얻어 정부 청사로 쓰고 있는 형편에 그 파派는 의자보다도 많았다"고 장준하가 회고할 정도로 정치적 이념과 목표는 물론 독립운동의 노선과 방법이 달랐던 좌우 세력들을, 조국 광복이라는 하나의 목적을 위해 통합했다는 사실만으로도 중대한 의미와 가치가 있다. 민족 세력은 당을 합치고 좌우 진영의 연합을 이루고 광복군으로 지휘권을 확립해가는 과정에서 엄청난 시련과 도전, 때론 모함에 부딪쳤지만 언제나 백범의 열린 리더십으로 위기를 극복할 수 있었다.

6   OSS와 합작으로 준비한 광복군 비밀공작

Q 오랫동안 열망했던 광복군이 창설되고 이후 따로 활동하던 무장 조직들도 합류하여 하나로 통합됐다. 이로써 군대를 조직해 항일전을 펼친다는 계획을 실행에 옮기게 되었는데 실제로 군사 활동은 실행했는가?

A 1940년(65세) 나는 중경에서 중국 중앙정부의 한국 담당자인 서은증徐恩曾과 이런 대화를 나누었다.

"대일 항전으로 중국도 한창 어려워 이제 원조를 청하기조차 미안한 형편입니다. 1만여 명의 재미 동포가 미국 방문을 원하고 있고, 또 군사 강국인 미국은 일본과의 전쟁을 준비 중이니 이참에 현지에서 대미 외교 활동을 해볼까 합니다. 여비는 마련했으니 여행권 수속만 부탁드립니다."

"그것도 좋습니다만, 중국과의 관계를 좀 더 돈독히 다진 뒤 해외로 나가면 어떻겠습니까?"

나는 그의 요청에 따라 오랜 숙원이었던 광복군 결성의 당위성을 설득력 있게 쓴 계획서(한국광복군편련계획대강)를 장개석 장군 앞으로 보냈고, 흔쾌히 허락한다는 비준을 받았다. 그리하여 해외 교포들의 성금을 비롯해 모든 역량을 쏟아부어 그해(1940년) 9월 17일, 중경의 최고급 호텔인 가릉빈관嘉陵賓館에서 중국 국민당, 공산당 요인들과 서양 외교관들을 초청하고 우리 한인을 총동원해 한국광복군 총사령부 성립 전례식典禮式을 치렀다. 지청천을 총사령관, 이범석을 참모장으로 임명했다. 1919년 12월 군대를 조직해 항일전을 전개한다는 계획을 세운 지 20여 년 만의 결실이었다.

중경에 총사령부를 설립한 후 곧바로 30여 명의 간부를 선발해 서안으로 보냈다. 서안에서는 1년 전부터 조성환을 단장으로 한 군사 특파단이 초모招募 사업을 펼치고 있었다. 이들은 군사 특파단과 합류해 서안 시내에 한국광복군 총사령부를 설치한 뒤 일본군의 점령지였던 화북에 대원들을 파견해 병력을 모으는 활동을 전개했다.

광복군이 창설되자 중국에서 활동하던 무정부주의와 좌익 계열의 무장 조직들이 합류해왔다. 1941년 1월 무정부주이 계열인 한국청년전지공작대가 제5지대로 편입했다. 이들은 1939년 나월환(羅月煥, 1912~1942)을 대장으로 결성한 조직인데, 서안을 거점으로 모병 활동을 벌여 100여 명의 대원을 확보하고 있었다. 이듬해 7월에는 김원봉이 이끄는 좌익 계열의 조선의용대도 광복군에 합류했다. 이로써 중국 관내에서 활동하던 무장 조직들이 모두 광복군으로 통합됐다.

광복군은 총사령부를 설치하고 예하에 3개 지대를 두었다. 총사령부는 중국군사위원회의 요청으로 서안에서 철수해 중경으로 이전했다. 중경의 남안에 본부를 둔 제1지대(지대장 김원봉)엔 50여 명의 대원이 있었다. 200여 명의 대원으로 구성된 제2지대(지대장 이범석)는 섬서성 서안의 두곡杜曲에, 300여 명의 대원을 거느린 제3지대(지대장 김학규)는 안휘성 부양阜陽에 본부를 두고 있었다. 《광복》이란 제호의 기관지도 발행했다.

광복군을 창설한 임시정부는 일본과 맞선 나라들과 연합해 항일전을 펼친다는 전략을 세웠고, 실제로 연합군과 함께 항일전을 전개했다. 인도·버마(지금의 미얀마) 전선에서 영국군에 합세해 일본군과 싸웠다. 1943년 8월 광복군은 영국의 요청으로 인면전구공작대印緬(인도·미얀마)戰區工作隊란 이름으로 광복군을 보냈고, 이들은 1945년 7월 일본군이 버마에서 완전히 패퇴할 때까지 2년여 동안 영국군과 함께 대일 전쟁을 수행했다.

미국의 전략첩보부대인 OSS와도 공동 작전을 추진했다. OSS와의 공동 작전은 '독수리 작전Eagle Project'이라는 명칭으로 실행됐다. '독수리 작전'은 광복군 대원들이 OSS 특수 훈련을 받은 다음 국내에 잠입해 적의 후방에서 공작을 펴는 것이 핵심이었다. OSS 훈련은 1945년 5월부터 시작됐다. 이범석 장군이 이끄는 제2지대는 서안에서 클라이드 서전트Clyde B. Sargent 대위 주관 아래, 김학규 장군이 이끄는 제3지대는 부양에서 우리말에 능숙한 클래런스 윔스Clarence B. Weems 중위의 주관 아래 특수 훈련을 받았다.

1945년 8월 4일 제1기생의 OSS 훈련이 끝났다. 나는 총사령관 지청천, 선전부장 엄항섭 등과 함께 서안으로 갔다. 제2지대 본부에서 미국의 OSS 총책임자인 윌리엄 도노반Wiliam J. Donovan 장군과 태극기와 성조기를 나란히 걸고 회담을 했다. 훈련을 마친 광복군 대원과 OSS 요원들에게 파괴 및 정탐 등의 임무를 부여해 국내로 파견하는 문제를 논의했다. 구체적으로, 미국 육군성과 긴밀히 합작하여 이들을 각종 비밀 무기와 최신 장비로 무장시켜 산동山東반도에서 미군 잠수함에 태워 본국으로 침투시킨 다음 구석구석에서 각종 공작을 펼쳐 민심을 선동하고 비행기로 무기를 운반해 사용한다는 작전 계획에 합의했다. 회의를 마친 후 도노반은 엄숙히 선언했다. "오늘 이 시간부터 아메리카합중국과 대한민국 임시정부는 적국 일본에 항거하는 공작을 시작한다."

다음 날 나는 미국 군관들의 안내로 특수 훈련을 받은 우리 청년 학생들의 실전 훈련을 참관하기 위해 종남산終南山의 오래된 사찰에 설치한 비밀 훈련소로 갔다. 전투 식량으로 점심을 먹고, 미군 장교들이 각자 맡은 과목을 우리 청년들에게 실습시키는 광경을 지켜보았다. 그들은 참으로 과학적이고 합리적이었다. 이를테면 심리학 박사가 테스트를 실시한 후 모험심이 풍부한 청년에겐 파괴술을, 지적 능력이 강한 청년에겐 정탐을, 눈 밝고 손재주가 뛰어난 청년에겐 무전기 사용법을 훈련시켰다.

밧줄에 의지해 수백 길 절벽 아래로 내려가 나뭇가지를 하나씩 입에 물고 오게 하는 고난도 훈련 과제를 늠름하게 해결해내는 우리 청년들을 보며 미군 교관은 감탄을 금치 못했다. "중국 학생 400명을 훈련하면서 찾아내지 못한 해답을 귀국 청년 일곱 명에게서 발견하는 성과를 올렸으니, 참으로 전도유망한 국민입니다." 찬사를 듣는 내 가슴에 한 줄기 서광이 비치는 기분이었다.

OSS 도노반 국장과 국내 진입 작전을 협의하고 광복군 제2지대 정문을 나서는 김구 주석(1945년 8월 7일). 김구의 뒤로 왼쪽부터 엄항섭, 지청천(얼굴 가림), 이범석이 보인다. 이때만 해도 독립 투쟁의 희망으로 들떠 있었지만 일주일도 채 안 돼 일본의 항복 소식을 듣게 된다.

한국광복군은 대한민국 국군의 뿌리가 된다. 광복군을 창설하는 식장엔 태극기와 청천백일기가 교차됐고, 좌우의 기둥에는 표어가 걸렸다.

초나라가 비록 세 집만 남아도 진나라를 망하게 할 수 있다
(楚雖三戶可亡秦, 초수삼호가망진)

단군의 자손은 마침내 고국에 돌아가고야 말리라

(終見檀民還故土, 종견단민환고토)

광복군 창설은 김구의 독립 열망에 다시금 불을 지폈다. 1933년에 설립했던 낙양군관학교 한인특별반이 일제의 항의와 압박에 의해 1기생만 배출하고 문을 닫아야 했던 쓰라린 경험을 되살리며, 김구는 이번에야말로 제대로 된 독립 전사들을 키워보겠노라고 다짐을 거듭했다. 대일 전쟁 수행은 물론 장래 독립국가 한국 국군의 기초가 될 광복군 창설과 육성은 김구와 임시정부의 숙원 사업이었기 때문이다.

광복군이 창설되자 중국 관내에서 활동하던 무장 조직들이 광복군으로 들어왔다. 무정부주의 계열인 한국청년전지공작대, 좌익 계열인 조선의용대가 모두 광복군으로 편입한 것이다. 학병과 징병이란 이름으로 끌려나왔던 한인 청년들도 일본군을 탈출해 광복군을 찾아왔다.

그런 한편 1941년 조선의용대 대원 100여 명이 황하를 건너 중국 공산당 지역으로 넘어간 일이 일어났다. 국민당 정부는 이 충격으로 광복군의 행동을 통제하는 9개 항의 행동준승을 통보해왔다. 임시정부는 논란 끝에 수용할 수밖에 없었다. 그제야 광복군에 대한 중국의 지원이 시작됐다(1941년 12월). 행동준승의 속박에서 벗어난 것은 1945년 4월이었다. 3년 반 만에 광복군의 지휘권을 되찾은 것이다. 특히 1945년 1월 31일, 장준하張俊河, 김준엽金俊燁 등 학병 출신들이 일본군 부대를 탈출, 더러는 죽고 더러는 살아 광복군에 가담한 것은 매우 고무적이었다(1장 3절 참고).

그날 저녁 환영연에서 감격에 겨워 떨리는 목소리로 한 백범의 격려사에 이들에 대한 기대감이 짙게 배어 있다. "한국의 혼은 결코 죽지 않는다는 것을 여러분은 스스로 보여주었습니다. 여러분이 바로 한국의 혼입니다." 서전트 박사 역시 훗날 비망록을 통해 "탈출해온 학병은 모두 지적이고 기민하며 빈틈이 없었다. 이들의 능력은 어떤 미국 청년 장교들과 견주어도 손색이 없었다"고 높이 평가했다.

중국군의 통제에서 벗어나자 김구는 연합군과 공동 작전을 추진했다. 인도·버마(미얀마) 전선에 광복군을 보내 영국군과 함께 일본에 맞서 싸웠고, 미국의 전략첩보기구인 OSS와는 '독수리 작전'이란 이름으로 본국 진입 작전을 함께 추진했다. '독수리 작전'은 세 단계로 진행될 계획이었다. 첫째, 광복군 대원을 미군 잠수함으로 국내에 진입시키고, 둘째, 국내에 거점을 마련해 민심을 선동하는 등 각종 후방 공작을 펼치며, 셋째, OSS와 함께 무기를 비행기로 운반해 적 후방에서 무장 활동을 펼친다는 것이었다.

김구의 구상은 여기서 그치지 않았다. 중국전구 미군 총사령관 앨버트 웨드마이어Albert C. Wedemeyer 장군을 두 차례 접촉(1945년 4월 17일, 5월 1일)하여 "미군이 제주도를 해방시키면 임시정부가 즉각 미군 협조 아래 제주도로 들어가 광복군을 이끌고 미군 작전을 돕겠다"고 제안했다. 이와는 별도로 국내 지하공작 및 비밀작전을 추진할 '국내공작위원회'를 설치하기도 했다. 일본이 제주도의 중요성을 알고 그곳에 병력을 대폭 증강 배치한 것은 이후의 일이다. 광복군의 제주도 공격은 1945년 8월, 미군의 일본 본토 상륙은 1946년 봄으로 예정돼 있었다.

7 광복을 맞는 두 가지 심정

Q 1945년 8월, 일제의 무조건 항복으로 간절히 염원하던 조국 광복을 맞이했음에도 기뻐하지 못했던 까닭은 무엇인가?

A 내가 처음으로 일제의 항복 소식을 들은 것은 1945년 8월 10일, 장소는 광복군 사령부가 있는 서안이었다. 섬서성 축소주祝紹周 주석의 사랑에서 저녁 식사를 한 뒤 수박을 먹으며 담소를 나누는데 홀연 전화벨이 울렸다. 축 주석은 "중경에서 무슨 소식이 있나 보다"라고 하더니 달려가 전화를 받고는 들뜬 목소리로 말했다.

"왜적이 항복한답니다."

왜적이 항복을?! 내게는 희소식이 아니었다. 오히려 하늘이 무너지고 땅이 꺼지는 느낌이었다. 오랫동안 벼르고 벼르며 애써 참전을 준비한 일들이 실행도 해보기 전에 전부 헛일이 돼버렸기 때문이다. 게다가 임시정부가 그해 2월 일본과 독일에 정식으로 선전포고를 하긴 했지만, 실질적으로는 이번 전쟁에서 뚜렷이 기여한 바가 없어 장차 국제무대에서 발언권이 미약할까 내심 걱정스러웠다. 나는 그날 밤 예정돼 있던 중국 측 환영 행사를 모두 취소하고 서둘러 광복군 제2

지대가 있는 두곡으로 귀환했다.

OSS와 연합 작전을 펴기 위해 서안과 부양의 훈련소에서 고난도의 군사훈련을 받아온 우리 광복군 청년들 역시 낙담하고 허탈해하는 기색이 역력했다. '독수리 작전'이라는 이름 아래 힘든 훈련을 모두 마치고 본국으로 투입될 날만 기다리고 있던 젊은이들은 갑자기 손발이 잘려나간 듯한 충격을 받았다. 나는 1차로 서안에서 3개월간의 훈련을 마친 청년 서른여덟 명을 4~5명씩 8개 조로 나누어 8월 20일 이전에 국내로 침투시킬 계획이었다. 그런 다음 2차로 부양 훈련소 출신 광복군 청년들을 본국에 투입할 예정이었지만 모두 물거품이 되고 말았다.

미국 또한 두곡에 우리 광복군 병사 수천 명을 수용할 수 있는 대규모 시설을 짓기 위해 벽돌과 재목을 운반해오는 등 대대적인 공사에 들어갔는데 그날부터 이 작업도 일제히 중단됐다. 하지만 우리와는 달리 미군들과 중국 인민들은 열렬히 반기며 환호하는 분위기였다. 거리는 군중으로 인산인해를 이루었고, 만세 함성과 승전을 경축하는 딱총 소리가 온 도시를 뒤흔들었다.

제2지대 광복군을 시찰하고 군사훈련을 참관하기 위해 중경에서 서안까지 미군 비행기를 타고 날아갔던 나는 원래는 중경으로 귀환할 때도 군용기를 탈 예정이었다. 그러나 생각보다 빨리 닥친 일본의 항복으로 흥분한 미군들의 질서가 문란해져 여객기를 이용해 임시정부로 복귀했다.

내가 중경행 비행기에 오른 8월 18일, 서안에선 이범석 지대장과 장준하 등 광복군 대원 세 명이 미군 책임자 윌리엄 버드Willis Bird 대령

이 이끄는 OSS 요원 열일곱 명과 함께 서울로 출발했다. 일제의 항복으로 좌절된 국내 진입 작전 실행을 위해 시급히 편성한 '정진대挺進隊'였다. 통역은 한국 출신 미 공군 장교 정운수鄭雲樹가 맡았다. OSS 측도 정보 수집 등 한반도에서 활동 기반을 마련하기 위해 정진대 파견에 동참했다. 정진대는 이미 이틀 전(8월 16일) 새벽에 1차로 서안을 출발했지만, 산동반도를 지날 때쯤 일본 전투기들의 마지막 발악이 치열하다는 소식을 듣고 기수를 다시 서안으로 돌려야 했다. 그러니까 8월 18일은 정진대가 제2차 국내 진입 시도를 한 날이다. 그러나 두 번째 시도 역시 불발에 그쳤다. 여섯 시간의 비행 끝에 여의도 비행장에 착륙했지만, 무장한 일본군과 종일 대치하다 뜻을 이루지 못하고 결국 다음 날 같은 비행기로 서안으로 돌아올 수밖에 없었던 것이다.

1945년 8월은 하루하루가 긴박감으로 가득한 시기였다. 6일 아침 히로시마, 9일 오전 나가사키에 원자폭탄이 떨어졌다. 소련은 서둘러 대일 참전을 발표했다. 9일 밤 11시 50분, 일왕은 긴급 소집된 비상 각의에서 포츠담선언의 내용을 전격 수락했다. 도메이同盟통신은 이 소식을 즉각 모스 부호로 타전했다. UP통신이 바로 수신, 연합국에 전달했다. 10일 오전 9시, 미국 백악관은 일본의 포츠담선언 조건부 수락을 거부했다. 11일 맥아더 연합군 최고사령관은 일반명령 제1호를 발령했다. 38도선 이남의 일본군은 자신에게, 이북의 일본군은 소련군 최고사령관에게 항복하라는 명령이었다. 11일 소련은 함경북도 웅기항을, 13일엔 나진을 점령했다. 14일 정오에 일왕은 항복

최초의 핵무기 '리틀 보이'가 히로시마 상공에서 폭발했다(1945년 8월 6일). 버섯구름이 높이 치솟으며 하늘을 뒤덮었다. 전쟁은 끝났지만 그 후유증은 지금까지도 계속되고 있다.

을 확정했고, 15일 정오에 이를 방송으로 알렸다. 18일엔 청진이 전투 끝에 해방됐다. 그날 좌익은 임시정부를 탈퇴했고, 21일엔 퇴장했다. OSS는 유럽전구에서 역할이 미미했고 대일전에서도 전공을 못 세워 트루먼 미국 대통령에 의해 해체됐다.

> 그날이 오면, 그날이 오면은
> 삼각산이 일어나 더덩실 춤이라도 추고
> 한강 물이 뒤집혀 용솟음칠 그날이
> 이 목숨이 끊기기 전에 와 주기만 할 양이면
> 나는 밤하늘에 날으는 까마귀와 같이

종로의 인경을 머리로 들이받아 울리오리다
두개골이 깨어져 산산조각이 나도
기뻐서 죽사오매 오히려 무슨 한이 남으오리까

심훈(沈熏: 1901~1936)의 〈그날이 오면〉이란 시다. 심훈은 끝내 '그날'이 오는 것을 보지 못하고 서른여섯 살 짧은 생애를 마감했다. 1932년 이 시를 표제로 출간하려던 시집은 일제의 검열로 빛을 못 보고 광복 직후에야 유고 시집으로 간행됐다.

백범 역시 누구보다 애타게 고대했을 '그날'이 왔다. 조국 광복의 날이 밝았다. 그런데 왜 기쁘지 않았을까? 일제의 무조건 항복은 김구에게 복음이 아닌 비보였다. 일지에서도 "희소식이라기보다는 하늘이 무너지고 땅이 꺼지는 일이었다"고 회고했다. 김구 말고 이런 위험한(?) 표현을 쓸 수 있는 사람이 누가 있을까.《백범일지》가 얼마나 솔직한 고백록인가를 또 한 번 웅변한다. 김구는 우선 수십 년간 준비하고 열망한 보람도 없이, 독립된 조국에 광복군이 '해방군'으로 진입하지 못하게 되어 너무나 아쉬웠을 것이다. 또 무엇보다 향후 전개될 통일 정부 수립 과정에서 외세의 영향력은 커지고 우리 정부의 발언권은 약화될 것을 걱정했다. 이런 우려는 곧 수면 위로 떠오르게 된다.

8   26년 만에 다시 호흡한 서울의 공기

Q 망명을 떠난 지 무려 26년 만에 마침내 그리운 고국으로 돌아왔다. 감격적인 귀환이었으나 돌아오는 길이 쉽지 않았던 이유는 무엇인가?

A 중국인들에겐 전시 수도였고 우리에겐 임시정부 소재지였던 당시의 중경은 극심한 혼돈에 휩싸였다. 중국 사회는 벌써부터 전시의 긴장된 분위기가 돌변해 각계각층이 무질서와 혼란에 빠진 상태였고, 우리 한인 사회 역시 방향과 갈피를 잡지 못한 채 우왕좌왕 어수선한 형편이었다. 그사이에 열린 임시정부 의정원 회의는 국무위원 총사직을 하자느니, 임정을 해산하고 본국으로 돌아가자느니, 논의가 분분하고 당파 간에 입장이 엇갈렸다. 그러다가 주석인 내가 중경으로 돌아오면 내 의견을 들어본 뒤 결정하기로 합의하고 3일째 정회하고 있던 참이었다. 나는 8월 21일 다시 열린 의정원 회의 벽두에 발언자로 나서 강경한 어조로 주장했다. "3·1운동의 국민적 열망에 의해 세워진 임시정부 해체 운운은 천부당만부당하고, 총사직 또한 옳지 않습니다. 조만간 우리가 서울로 들어가 국민에게 정부를

반납한 다음 국무위원 직에서 물러남이 합당합니다."

결국 한국독립당이 주도하여 정국 수습책을 마련해 9월 3일 임시정부 주석 김구 명의로 '당면 정책 14개 조항'을 발표했다. 그런데 또 문제가 생겼다. 미국 측(맥아더 사령부)이 임정 측에 정부가 아닌 개인 자격으로 귀국하라고 통보한 것이다. 우려했던 대로였다. 웨드마이어 장군이 미 국무성에 문의한 결과에 따르면, 미국은 임시정부를 정식 정부로 승인해줄 수 없는 이유로 "미국이 해외 정권을 승인할 경우 국내에 또 다른 정부가 수립될 우려가 있고, 국내 인사들이 임시정부를 전적으로 지지한다고 볼 수 없다"는 두 가지를 들었다고 한다. 결국 우리는 개인 자격으로 환국還國한 뒤 형편을 보아 행동하기로 결정했다. 별 도리가 없었다.

입국을 앞두고 나는 주화駐華 대표단(단장 박찬익)을 새로 설치했다. 임정의 남은 업무를 처리하면서 중경에 남은 교포들의 귀국 등을 살피고 서울로 간 임시정부와 숭국 정부의 가교 역할을 맡기기 위해서였다.

주은래周恩來 등 중국공산당 간부들이 우리 임정 요인들을 초청해 송별연을 열어주었다. 국민당 정부도 임정 국무위원과 한국독립당 간부들을 초대해 석별의 정을 나누었다. 각계 명망가 수백 명이 모인 가운데 장개석 주석과 부인 송미령 여사는 "장래 중국과 한국의 영구 행복을 도모하자"고 선창했다.

임시정부 식구들은 서울로 가기 전 상해에 들렀다. 나는 11월 5일에 먼저 떠났다. 국민당에서 내준 비행기로 중경에서 상해에 도착하니 오후 6시였다. 13년 만에 상해의 공기를 다시 호흡했다. 환영 인파

로 인산인해를 이룬 비행장은 홍구신공원(1989년 '노신(魯迅, 루쉰)공원'
으로 이름을 바꿈)이었다. 일본 영사관과 인접한 곳이라서 상해 생활을
14년간 하면서도 한 번도 가본 적이 없던 지역이다. 나는 신공원 축대
위에 올라가 환영 나온 군중을 향해 인사말을 했다. 옛날의 코흘리개
들은 어느새 장정이 돼 있었고, 창창하던 장정들은 노쇠해 옛날 얼굴
이 보일 듯 말 듯했다. 알고 보니 그 축대는 1932년 4월 윤봉길 의사
가 시라카와를 비롯한 왜장들을 폭살한 의거 현장이었다. 일제가 그
곳을 군사훈련을 시키는 장교들의 지휘대로 사용했다는 말을 들었을
때 13년 전 그날의 기억이 파노라마처럼 머리를 스쳐 지나갔다. 감개
무량했다.

　나는 상해에서 18일을 머문 다음 1945년 11월 23일, 1진으로 선발
된 열네 명과 함께 서울행 프로펠러 비행기에 올랐다. 기내에선 다들
아무 말도 하지 않았다. 몇 시간이 흘렀을까. 누군가의 "보인다!"란 외
침이 무겁게 가라앉았던 침통한 분위기를 깨뜨렸다. 손바닥만 한 비
행기 창 아래로 푸른 바다에 올망졸망 떠 있는 섬들이 나타났다. 누군
가가 애국가를 부르기 시작했다. 노래는 곧 합창으로 번졌다가 울음
소리로 흐려졌다. 비행기는 김포공항에 착륙했다. 나는 허리를 숙여
흙을 한 줌 움켜쥐고 고국의 냄새를 맡았다. 떠난 지 26년 7개월여 만
의 귀환이었다.

　중경 시절(1940년 9월~1945년 11월), 김구가 역점을 두고 벌
인 사업은 크게 세 가지였다. 첫째, 임시정부 조직 정비 및

김구 일행은 수송기를 타고 상해에 도착했다(1945년 11월 5일). 환영 인파가 태극기를 흔들며 목에 화환을 걸어주었지만 김구의 표정은 무거웠다. 13년 만에 호흡한 상해 공기가 상쾌하지만은 않았다.

체제 강화. 둘째, 좌익 진영과의 통합. 셋째, 광복군 국내 진입 작전 추진. 첫째 사업은 1940년 한국독립당 결성(5월), 한국광복군 창설(9월), 단일지도체제인 주석제 도입(10월)으로 정부 체제가 당·정·군으로 확대·강화되는 결실을 보았다. 둘째 사업은 좌우 연합 정부 구성(1944년 4월)으로 실현됐다. 셋째 사업은 제주도를 교두보로 삼아 국내에 진입하려는 구체적인 계획까지 짰으나 끝내 미완으로 남겨졌다.

일본의 항복 조인식(1945년 9월 2일) 다음 날, 김구는 임시정부 주석의 자격으로 '국내외 동포에게 고함'이란 성명서를 발표한다.

우리가 처한 현 단계는 '건국강령'(1941년)에 명시한 바와 같이 건국의 시기로 들어가려 하는 과도적 단계, 다시 말하면 광복의 임무를 아직 완전히 끝내지 못하고 건국의 초기가 개시되려는 단계다.

임시정부의 의지가 강령(당면 정책 14개 조항)으로 구체화된 이 성명서는 국내에는 발표한 지 두 달도 더 지난 11월 11일, 귀국 직전에야 보도됐다.

김구의 우려는 현실이 되고 만다. 한반도는 얄타회담(1945년 2월)에서 합의된 밀약에 따라 해방과 함께 38도선이 군사분계선이 되어 북은 소련, 남은 미국이 주둔, 분할 통치를 하게 된다. 미국 군정청은 임시정부 측에 "북위 38도선 이남은 미군에 의한 군정 지역임을 인정하고, 군정이 끝날 때까지 정부 권한을 행사하지 않으며, 군정 당국의 법과 규칙을 준수할 것에 동의한다"고 적힌 문서를 일방적으로 보내왔다. 김구와 임정은 이 조건을 수용한다는 서약서를 하지 주한미군사령관에게 제출한 뒤에야 입국 허가를 받을 수 있었다. 일제의 항복 이후 석 달이나 지난 뒤였고, 그것도 개인 자격으로 돌아와야 했다. 한편 국무위원들은 국내에 들어가면 임시정부를 반환하기 전까지 정당 활동을 자제하기로 의견을 모았다. 임정의 법통을 고스란히 유지한 상태로 국민에게 바치기 위해 내린 결정이었다.

김구는 입국 행장을 꾸리며 가죽 상자 여덟 개에 임시정부 중요 서류를 수습했다. 안타깝게도 이 상자들은 6·25전쟁 중에 유실돼 행방을 알 길이 없다.

김구는 떠난 지 26년여 만에 자나 깨나 그리워하던 조국으로 가는 비행기에 올랐다. 11월 23일 오후 4시 40분, 김포 비행장에 내렸지만 공항은 썰렁했다. 김구의 귀국 날짜는 사전에 전혀 알려지지 않았다. 서울신문이 환국 당일 호외로 이 소식을 알렸고, 입국 이후에야 방송에 단신으로 보도됐을 따름이다.

김구는 《백범일지》에 조국의 첫 인상을 이렇게 적었다.

> 두 가지 감격이 있으니, 기쁨이 그 하나요 슬픔도 그 하나다. 책보를 멘 학생들의 활발 명랑한 기상에서 우리 민족의 유망한 장래를 보았다. 반면 차창으로 내다보이는 동포들의 가옥은 빈틈없이 이어져 땅바닥에 낮게 붙어 있어 저열한 생활수준을 짐작하게 했다.

평생을 오매불망 조국 광복에 몸 바친 일흔 살의 노독립운동가에게 서울 거리의 바람은 차가웠다. 파란과 곡절로 점철되는 격동의 시간들이 기다리고 있었다. 백범은 이 난국을 어떻게 헤쳐나갈 것인가.

나가는 글 | 감사 인사를 대신하여

처음 출판사로부터 집필 제의를 받았을 때 조금은 당혹스러웠다. 내 위치나 직책을 이용해 '책장사'를 하려는 게 아닌가 하는 생각도 잠깐 들었다. 그러나 몇 마디가 가슴을 파고들었다. "우리 젊은이들에게 백범이 누구인지를 알려야 하지 않겠습니까?", "요즘 같은 세상이야말로 백범 정신이 무엇보다 필요한 시대 아닌가요?"

저자의 글에도 썼듯이, 사실 《백범일지》는 내게도 어떤 식으로든 정리해보고 싶은 소재, 혹은 미래 세대가 읽기 편하도록 가공해보고 싶은 매력적인 과제였다. 그래선지 마음이 흔들렸다.

그날 이후 틈만 나면 김구 선생 묘소에 가서, 이 일을 감히 내가 감당할 수 있겠는지 되묻곤 했다. 번민의 날들이었다. 《백범일지》는 내 서가와 책상 그리고 머리맡을 한시도 떠나지 않았다.

그러면서 명백히 알게 된 것이 있다. 내가 김구 선생에 대해 너무나 모르고 있었다는 사실이다. 이 책은 그러므로 내가 알던 사실을 쓴 게 아니다. 공부하고 알아가면서, 때로는 서슴없이 물어가면서 쓰고 지우고 다시 쓰기를 수없이 반복하며 세상에 나오게 됐다. 그 과정에서 선학先學들의 깊이 있는 연구와 세밀한 조사는 나를 고개 숙이게 하고,

이 책의 오류를 바로잡는 데 큰 도움을 주었다.

20세기 영국의 철학자 앨프리드 노스 화이트헤드Alfred North Whitehead는 "서양 철학은 플라톤의 각주"라고 한 바 있다. 이 책은《백범일지》의 각주일 뿐만 아니라 기존 연구자들의 저작물, 그 '각주의 각주'에 불과할지도 모른다. 특히 도진순 교수의 주해본을《백범일지》의 주 텍스트로 삼았고, 손세일 선생의 역저《이승만과 김구》에 빚을 많이 졌다. 참고문헌들은 뒤편에 짧게 소개한다.

《백범일지》에는 수많은 이름들이 언급돼 있다. 백범은 기록도, 문서도, 확인해줄 이도 없는 망명지에서 홀로 기억을 더듬고 되새기며 독립의 꿈을 이루기 위해 희생하고 헌신한 숱한 동지들의 이름을 일지에 적어놓았다. 그것도 음音과 훈訓을 정확히 알아야 하는 한자漢子로. 그럼에도 백범이 호명한 밤하늘 별 같은 그 이름들을 이 책에선 지면 사정상 일일이 언급하지 못해 당사자들과 김구 선생께 송구한 마음이다. 반면에 호명할 가치조차 없는 매국노와 배신자들의 이름과 사연은 지면이 아까워 생략한 경우가 적지 않음을 밝혀둔다.

더하여 이 책에는 백범의 생애 가운데 우선 환국(1945년 11월 23일) 이전의 이야기만 담았다. 환국 이후의 이야기는 다음 기회에 정리할 생각이다.

이 책이 나오기까지 특별히 수고한 사람들이 있다. 내 악필 원고의 정서·정리와 자료 조사, 사실 확인 작업을 위해 애써준 조병도 보좌관前과 박희명 박사를 비롯한 백범김구선생기념사업협회 직원들에게 고마운 마음을 전한다. 내 원고의 일부를 꼼꼼히 감수해준 심지연, 한

시준 두 분 교수께도 감사 인사를 빠뜨릴 수 없다. 《(다시 쓰는) 술탄과 황제》 등에 이어 저자의 까다로운 요구를 불평 한마디 없이 들어주며 멋진 책으로 만들어낸 '북이십일' 김영곤 사장을 비롯한 편집진에게도 감사드린다.

《백범일지》는 2017년으로 발간 70주년 및 보물(제1245호) 지정 20돌을 맞았다. 강산이 일곱 번 바뀌었지만 세대와 계층을 아울러 많은 이들이 꾸준히 찾는 스테디셀러, 국민 필독서로 자리매김했다. 이 책도 70주년 기념으로 내려 했으나 저자의 게으름과 여러 사정이 겹쳐 해를 넘기게 됐다. 이 불멸의 자서전이, 한국인의 고전을 뛰어넘어 세계인의 교양서가 될 날이 오기를 꿈꾸어본다.

백범김구기념관에 온 지 그새 3년이 지났다. 공부가 부족한 사람으로서 이 책에 오류와 불찰이 있을까, 무엇보다도 백범 선생께 누를 끼치지나 않을까 두렵고 조심스런 마음이다. 따끔히 지적해주신다면 겸허히 바로잡겠다.

효창공원의 바람과 햇살, 나무와 풀들, 여기에 잠들어 계신 순국선열들도 책을 쓰는 데 격려와 용기 그리고 영감을 주었다. 경외하는 마음으로 이 졸저를 백범 김구 선생 묘소 앞에 놓아드린다.

2018년 늦은 봄날, 김형오

백범 김구 연보

일러두기
1. 『백범일지』 원본의 날짜 착오를 수정해 연보를 작성했다.
2. 원칙적으로 연월일을 밝히되 애매한 부분은 계절로 표시했다.
3. 『백범일지』 원본에는 양력·음력 구별이 없지만, 백범이 1903년 기독교 입문 이후 대체로 양력 날짜를 쓴 것을 감안해 이 연보에선 양력을 원칙으로 하되 필요한 경우 음력을 병기했다. 다만 일반 시사사건(고딕체 표기)의 경우 건양 원년(1896년) 이전은 음력, 이후는 양력으로 적었다.

1876(1세)
8월 29일(음력 7월 11일), 황해도 해주 백운방 텃골에서 안동 김씨 김순영과 어머니 곽낙원의 외아들로 태어난다. 아명은 창암昌巖. 같은 날, 할머니가 돌아가신다.
2월 강화조약(병자조규, 한일수호조규) 조인.

1878~1879(3~4세)
천연두를 앓았는데 어머니가 보통 부스럼 다스리듯 죽침으로 고름을 짜 얼굴에 마마 자국이 생긴다.

1880~1882(5~7세)
5세 때 강령 삼가리토 이사, 이버지 순가락을 부러뜨려 엿을 사 먹는 등 개구쟁이로 소문이 난다. 7세 때 텃골 고향으로 되돌아온다.
1881년 1월 일본에 신사유람단 파견. 1882년 6월 임오군란 발발.

1883~1886(8~11세)
다혈질이었던 아버지는 도존위에 천거됐다 3년도 못 돼 면직된다. 1884년 4월 백부 김백영이 사망하고, 1885년 어릴 때 젖을 준 핏개댁이 세상을 뜬다.
1884년 10월 갑신정변으로 김옥균·박영효 등 일본 망명.

1887(12세)
갓을 못 쓰게 된 집안 어른 사연을 듣고 양반이 되기 위해 공부를 결심한다. 아버지가 청수리 이 생원을 선생으로 모셔 글방을 차려준다.

1888~1889(13~14세)
1888년 4월에 할아버지 김만묵이 별세한다. 뇌졸중으로 전신불수가 된 아버지가 반신불수로 호전된다. 부모님은 문전걸식하며 고명한 의원을 찾아 유랑하고, 소년 창암은 큰어머니와 장연의 6촌 누이 등이 돌본다.
1889년 9월 방곡령 선포.

1890~1891(15~16세)
1890년 4월 부모님과 다시 고향으로 돌아와 서당에 다니지만 선생의 수준에 실망한다. 아버지의 권유로 〈토지문권〉 등 실용문을 배우며 《통감》·《사략》 등을 읽는다. 친척 정문재의 서당에서 면비 학생으로 《대학》과 한시 등을 공부한다
1890년 1월 함경도 방곡령 철회. 1891년 제주도에서 민란 발생.

1892(17세)
임진년 경과에 응시하였으나 낙방한다. 매관매직의 타락상에 절망해 과거를 포기하고 석 달 동안 두문불출하며 《마의상서》로 관상 공부에 매진, 마음 좋은 사람이 되기로 결심한다. 이외에 《손무자》·《오기자》·《육도》·《삼략》 등 병서를 탐독하고, 집안 아이들을 모아 1년간 훈장 노릇을 한다.
12월 동학교도 전라도 삼례역 집결, 탄압 중지 등 요구.

1893(18세)
정초에 오응선을 찾아가 동학에 입도하고 창수昌洙로 개명한다. 입도 몇 달 만에 연비 수천 명을 확보, '아기 접주'로 불린다.
2월 동학교도들이 광화문에서 사흘 동안 복합 상소를 올리고, 3월에 보은에 집결했다가 4월에 해산.

1894(19세)
연비 명단 보고 차 충북 보은에 가서 해월 최시형에게 접주 첩지를 받고 9월에 황해도 접주 회의(15명 참석)에서 거사를 결정한다. 11월 '팔봉 접주'로 선봉에 섰지만 해주성 공격에 실패, 구월산 패엽사로 후퇴해 군사훈련을 실시한다. 안중근의 부친 안태훈이 김구에게 밀사를 보내 상부상조하기로 밀약을 맺는다. 12월 홍역을 앓는 와중에 같은 동학군 이동엽의 공격으로 대패, 몽금포로 피신해 3개월간 잠적한다.
1월 전봉준 고부민란 발생, 6월 청일전쟁(양력 1894년 8월~1895년 4월) 발발, 9월 동학농민군 2차 봉기, 10월 22일~11월 12일 공주 우금치 전투 동학군 대패, 12월 순창에서 잡힌 전봉준 서울로 압송.

1895(20세)
2월 부모와 함께 청계동 안태훈 진사에게 의탁하고, 유학자 고능선을 만나 가르침을 받게 된다. 5월 김형진과 청나라 기행을 떠나 만주까지 이른다. 11월 김이언 의병장의 강계 고산진 전투에 참가했다가 패배한다. 귀향 후 고능선의 맏손녀와 약혼하지만 김치경의 방해로 파혼한다.
3월 전봉준 처형, 8월, 명성황후 시해(양력 10월 8일, 을미사변), 11월 15일 단발령 공포, 11월 17일 건양建陽으로 연호 개정, 양력 사용 시행.

1896(21세)
2월 다시 중국 여행길에 올랐지만 단발령 정지와 삼남 의병 소식 듣고 안주에서 발길을

돌린다. 3월 9일 치하포에서 국모의 원수를 갚기 위해 일본인 스치다 조스케를 죽인 죄목으로 6월 해주 감옥에 갇힌다. 8월 인천 감옥으로 이송된 후 옥중에서 장티푸스에 걸린다. 자살을 기도하나 살아나고 8~9월 세 차례의 신문을 받는다. 10월 22일 법부에서 김창수의 교수형을 건의했지만 고종이 최종 판결을 보류, 미결수로 수감 생활을 한다. 감옥에서 《세계역사》,《세계지지》,《태서신사》 등을 통해 서양 신학문과 근대 문물을 접한다.
1월 전국 각지에서 을미의병 봉기, 2월 11일 고종 아관파천, 4월 독립신문 창간, 7월 서재필 등 독립협회 조직, 9월 전국 의병 대부분 해산.

1897(22세)
김주경이 김창수 구명 운동을 벌이다가 가산을 모두 탕진하고 이후 행방이 묘연해진다.
8월 연호를 광무光武로 개정, 10월 12일 대한제국 선포, 11월 명성황후 국장 거행.

1898(23세)
3월에 탈옥을 감행, 부모가 대신 투옥된다. 삼남 지방을 떠돌다 늦가을에 마곡사에서 승려가 된다. 법명은 원종圓宗.

1899(24세)
봄에 금강산으로 공부하러 간다며 마곡사를 떠난다. 4월에 부모와 상봉하고 5월부터 평양 대보산 영천암 방장으로 장발의 걸시승 생활을 한다. 가을 무렵 환속, 해주 고향으로 돌아오자 숙부가 농사를 권유한다.
1899년 11월~1901년 9월 중국 의화단, 반외세운동.

1900(25세)
2월 김두래로 변명하고 강화로 김주경을 찾아가지만 만나지 못하고, 동생 진경 집에서 3개월 동안 훈장 노릇을 한다. 김주경의 친구 유완무와 그의 동지들을 만난다. 유완무의 권유로 이름을 龜로 고친다. 자는 연상蓮上, 호는 연하蓮下. 11월 부모님을 연산으로 모시려고 귀향하던 도중 스승 고능선을 찾아뵙고 구국 방안에 대한 논쟁을 벌이며 사상의 차이를 느낀다.

1901(26세)
1월 28일(음력 1900년 12월 9일) 아버지가 별세한다.

1902(27세)
음력 1월에 맞선을 본 여옥과 약혼한다. 우종서의 권유로 탈상 후 기독교를 믿기로 결심한다.

1903(28세)
음력 1월 약혼녀 여옥 병사, 음력 2월 부친 탈상 후 기독교에 입문한다. 오인형의 집 사랑에 학교를 설립한다. 장련공립보통학교 교단에 선다. 장련군 종상위원으로 임명된다.

1904(29세)
장련 읍내(사직동)로 이사. 여름에 평양 예수교 주최 사범 강습소에서 만난 최광옥의 권유로 안신호와 약혼했으나 곧 파혼한다. 광진학교를 설립한다.
2월 러일전쟁 발발, 2월 23일 한일의정서 늑결.

1905(30세)
11월 진남포 에프워스 청년회 총무 자격으로 서울 상동교회에서 열린 전국 대회에 참가해 전덕기, 이동녕, 이준, 최재학 등과 함께 을사늑약 파기 청원 상소를 올리고 공개 연설 등 구국운동을 벌인다. 12월 고향으로 돌아와 신교육 사업에 힘쓴다.
11월 17일 을사늑약 체결, 장지연 황성신문 사설 <시일야방성대곡> 발표, 11월 30일 민영환 자결, 12월 손병희, 동학을 천도교로 개칭.

1906(31세)
11월 최광옥과 함께 안악면학회를 조직하고 12월 최준례와 결혼한다.

1907(32세)
4월 신민회 조직, 7월 대한제국 군대 해산 조칙 발표를 계기로 전국에서 의병운동 발발, 8월 고종 물러나고 순종 즉위.

1908(33세)
9월 장련에서 신천군 문화로 이사한 뒤 서명의숙 교사로 활동한다. 가을 황해도 교육자들과 해서교육총회를 조직, 학무총감을 맡는다.
9월 안창호 대성학교 설립, 12월 동양척식주식회사 설립.

1909(34세)
1월 안악으로 이사, 읍에 신설된 양산학교 교사가 된다. 첫 딸 사망. 황해도 각 군을 순회하며 환등회, 강연회를 열어 계몽운동을 펼친다. 10월 26일 안중근의 이토 히로부미 저격 사건으로 체포됐다가 한 달여 만에 불기소 처분된다. 12월 양산학교 소학부와 재령 보강학교 교장 겸임 당시 나석주, 이재명 등과 만난다.
12월 22일 이재명, 이완용 습격.

1910(35세)
둘째 딸 화경이 태어난다. 신민회 비밀회의에 참석해 이동녕 등과 서울 도독부 설치, 만주 이민 및 무관학교 창설 등을 결의한다. 12월 안명근이 양산학교로 김구를 찾아온다.
3월 26일 안중근 사형, 4월 이시영, 이동녕, 양기탁 등 서간도에 독립운동 기지 마련, 8월 29일 한일합방조약 공포(경술국치), 12월 안명근 체포.

1911(36세)
1월 일본 헌병에게 체포돼 김홍량 등과 함께 서울로 압송된다. 7월 징역 15년을 선고 받고 서대문 감옥으로 이감, 이곳에서 의병과 활빈당 등을 만난다.
1월 황해도 일대 민족주의자 총검거(안악 사건), 7월~9월 안악 사건 과정에서 일어난 신민회 사건 조작으로 독립운동가 105명 유죄 판결, 10월 중국 신해혁명 시작.

1912(37세)
9월 일왕明治이 죽어 15년형에서 7년으로 감형된다.
1월 손문, 중화민국 선포.

1914(39세)
일본 왕비가 죽어 7년형에서 다시 5년으로 감형된다. 이름을 구九로, 호를 백범으로 고친다. 인천 감옥으로 이감, 17년 전 감방 동료였던 문종칠을 만난다. 인천항 축항 공사장에서 강제 노역을 하던 중 투신자살을 결심하나 마음을 바꾼다.
7월 제1차 세계대전 발발. 8월 일본, 독일에 선전포고.

1915(40세)
둘째 딸 화경 사망. 8월에 가석방되어 아내가 교원으로 있는 안신학교로 간다.

1916(41세)
셋째 딸 은경 출생.

1917(42세)
2월 동산평 농장의 농감이 되어 소작인들을 계몽하고 학교를 세운다. 셋째 딸 은경이 사망한다.
8월 상해에서 조선사회당 결성, 11월 러시아 혁명 발발.

1918(43세)
11월 맏아들 인이 태어난다.
1월 러시아 이르쿠츠크 공산당 한인 지부 결성, 6월 이동휘 등 하바롭스크에서 한인사회당 결성, 11월 제1차 세계대전 종결.

1919(44세)
3월 3·1만세운동이 전국으로 확산, 안악에서도 만세운동이 일어난다. 3월 29일 상해 망명을 위해 안악을 떠난다. 9월 상해 임시정부의 경무국장이 된다. 국무총리 이동휘의 공산주의 운동 회유를 거부한다.
1월 고종 승하, 4월 11일 대한민국 임시정부 수립, 9월 임시정부 초대 내각 발표(대통령 이승만, 국무총리 이동휘).

1920(45세)
8월 아내 최준례가 아들 인을 데리고 상해로 온다.

1922(47세)
어머니 곽낙원 여사가 상해로 온다. 2월 임시의정원 보궐선거에서 의원으로 선출되고, 9월 임시정부 내무총장이 된다. 10월 여운형·이유필 등과 한국노병회를 조직, 초대 이사장이 된다. 같은 해 차남 신이 태어난다.
12월 30일 소비에트연방(소련) 탄생.

1923(48세)
6월 임시정부 내무총장 자격으로 국민대표회의 해산령을 내린다. 12월 상해 교민단 의경대 설치, 고문에 추대된다.
1월 상해에서 국민대표회의 개최, 9월 관동대지진 발생, 한국인 학살 발생.

1924(49세)
1월 1일 아내 최준례가 사망해 프랑스 조계 숭산로 공동묘지에 매장한다. 6월 내무총장으로 노동국 총판을 겸임한다.

1925(50세)
8월 29일 나석주가 옷을 저당 잡혀 생일상을 차려준다. 11월 어머니가 차남 신을 데리고 고국으로 돌아간다.
3월 임시정부, 이승만 면직 및 국무령 중심의 내각책임제로 개편, 4월 국내 조선공산당 창립.

1926(51세)
12월 국무령 홍진 등 임시정부 국무위원이 총사직하고 김구가 국무령으로 선출된다.
6월 6·10만세운동, 12월 28일 나석주가 동양척식회사에 폭탄을 던지고 자결.

1927(52세)
3월 국무위원으로 선출, 8월 임정 내무장이 된다. 한국유일독립당 상해 촉성회 집행위원이 된다. 9월 장남 인을 고국의 어머니에게 보낸다.
2월 15일 신간회 창립, 3월 임시정부, 국무령제를 국무위원제로 개편하는 3차 개헌 실시, 10월 모택동 소비에트 건설.

1928(53세)
3월 《백범일지》 상권 집필 시작. 임시정부 활동 침체기에 미주 등 해외 교포들에게 편지를 띄워 자금 지원을 요청한다.
10월 장개석, 국민당 정부 주석 취임.

1929(54세)
5월 《백범일지》 상권 탈고. 8월 상해 교민단장으로 선출된다.
11월 3일 광주학생운동 봉기, 12월 민중대회 사건으로 신간회 간부 검거.

1930(55세)
1월 25일 한국독립당 창당, 11월 임시정부 재무부장이 된다.

1931(56세)
1월 이봉창이 임정을 찾아와 김구를 만남. 10월 한인애국단 창단. 하와이, 멕시코, 쿠바 등지의 교민들의 금전 지원을 받아 이봉창 의거 등 의열 투쟁 계획을 수립한다.
5월 신간회 해체 결의, 9월 중·일간 만주사변(9·18사변) 발발.

1932(57세)
1월 8일 이봉창이 일왕 히로히토 저격을 시도했으나 실패한다. 4월 29일 상해 홍구공원에서 윤봉길이 일왕 생일 축하식장에 폭탄을 투척한 후 미국인 피치 박사 집으로 피신한다. 5월 10일 상해 각 신문과 통신에 상해 폭탄 의거의 주모자가 김구 본인임을 발표하고 상해를 탈출, 임시정부도 항주로 옮긴다. 6월 임시정부에서 물러나 가흥, 해염 등지로 피신을 다니며 광동 사람으로 행세한다.
10월 10일 이봉창, 교수형으로 순국, 11월 한국대일전선통일동맹 조직, 12월 19일 윤봉길, 총살형으로 순국.

1933(58세)
5월 박찬익 주선으로 장개석을 만나 낙양군관학교 한인특별반 설치에 합의한다. 11월 92명을 입교시켜 지청천·이범석의 지도로 훈련에 들어간다.

1934(59세)
4월 9년 만에 가흥에서 어머니와 아들 인, 신과 재회한다. 가흥의 여자 뱃사공 주애보를 남경으로 오게 해 함께 지낸다. 12월 남경에서 중앙군관학교 한인 학생 중심으로 한국특무대독립군을 조직한다.
2월 중국 중앙육군군관학교 낙양분교에 한인특별반 설치, 봄에 한인훈련반 1기생 62명이 졸업하지만 일본의 강력 항의로 생도 모집 중지, 8월 낙양군관학교 출신 25명, 중앙군관학교 제10기로 입학.

1935(60세)
5월 임시정부 해소의 부당성을 지적한 경고문을 발표한다. 11월 이동녕, 이시영, 조완구, 엄항섭, 안공근 등과 함께 임시정부 옹호를 위한 한국국민당을 조직한다. 임시정부 항주에서 진강으로 이전.
4월 민족혁명당 결성과 임정 무용론 대두로 임정 내분 격화, 7월 한국독립당, 조선혁명당, 의열단, 신한민당, 대한독립당을 민족혁명당으로 통합.

1936(61세)
8월 27일 환갑을 맞아 이순신의 진중음陣中吟 을 휘호로 쓴다.

1937(62세)
8월 한국국민당, 한국독립당, 조선혁명당, 한인애국단 및 미주 5개 단체를 통합, 한국광복운동단체연합회(광복진선) 결성. 중일전쟁으로 호남성 장사로 피난하기로 하고 대가족이 목선으로 남경을 떠난다. 안공근을 상해에 파견, 안중근 의사 유족을 모셔오게 했으나 성사되지 못한다.
7월 중일전쟁 발발, 9월 제2차 국공합작, 12월 조선민족혁명당, 조선민족해방동맹, 조선혁명자연맹, 조선민족전선연맹 결성, 12월 13일 일본군, 남경 점령 및 대학살.

1938(63세)

5월 3당 합당 문제 논의를 위해 모인 남목청에서 이운환의 저격으로 중상을 입는다. 7월 임시정부를 장사에서 광주로 이전하고, 10월 다시 유주로 옮긴다.
3월 독일, 오스트리아 합병. 4월 일본, 국가총동원법 공포. 5월 일본, 국가총동원법의 조선 적용 공포. 10월 김원봉 등 조선의용대 창설.

1939(64세)

3월 임시정부를 기강으로 옮긴다. 4월 26일 어머니 곽낙원 여사가 중경에서 별세한다(81세). 5월 김원봉과 공동 명의로 민족운동 단체의 연합을 호소하는 〈동지·동포 제군에게 고함〉을 발표하고, 7월 조선민족전선연맹(김원봉계)과 협의해 전국연합진선협회를 결성한다. 8월 기강에서 7당 통일회의를 개최하고, 11월 조성환을 단장으로 한 군사 특파단을 서안으로 파견한다.
7월 일본, 국민징용령 공포, 9월 제2차 세계대전 발발.

1940(65세)

2월 임시정부 대가족이 토교로 이주한다. 3월 이동녕 별세. 5월 9일 중경에서 3당(한국독립당, 조선혁명당, 한국국민당) 통합으로 한국독립당을 결성, 중앙집행위원장이 된다. 9월 임시정부를 기강에서 중경으로 옮긴다. 9월 17일 중경 가릉빈관에서 광복군 성립 전례식을 개최한다. 10월 임시정부 주석으로 선출된다. 11월 서안에 한국광복군 총사령부를 설치, 간부 30여 명을 파견한다.
2월 창씨개명 강제, 3월 남경에 친일 왕조명정부 수립, 9월 일본·독일·이탈리아, 3국 동맹 결성.

1941(66세)

6월 임시정부 주석 자격으로 루스벨트 미국 대통령에게 임정 승인을 요청하는 공한을 보내고, 10월 임시정부 승인 문제로 중국 외교총장과 회담을 갖는다. 11월 임시정부가 '대한민국 건국강령' 제정을 발표하고 12월 10일 일본에 선전포고 한다. 같은 해 《백범일지》 하권 집필 시작.
12월 7일 일본군 진주만 공습, 태평양전쟁 개전.

1942(67세)

3월 임시정부가 '3·1절 선언'을 발표하며 중국, 미국, 영국, 소련에 임정 승인을 요구한다. 5월 조선의용대를 한국광복군에 편입하고 김원봉을 광복군 부사령관으로 임명한다. 7월 광복군이 중국 각지에서 연합군과 공동 작전을 개시한다. 10월 김원봉 등 좌파 세력이 임시의정원에 참여한다.
12월 조선어학회 사건.

1943(68세)

3월 임시정부, 중경에서 3·1운동 24주년 기념식 거행. 7월 장개석 총통과 회담을 갖고 전후 한국 독립 지원을 요청한다. 8월 주석직 사임을 발표했다가 9월 복직한다.

10월 일제, 조선에서 징병제 실시, 11월 미·영·중, 카이로회담에서 한국 독립 문제 논의(12월 1일 카이로 선언 발표).

1944(69세)
4월 임시정부 제5차 개헌 후 권한이 강화된 주석으로 재선, 좌우연합정부를 구성한다. 10월 장개석과 면담을 갖고 임정 승인을 요구한다.
6월 연합군, 노르망디 상륙. 8월 연합군, 파리 입성. 일제, 여자정신대령 공포. 9월 여운형, 건국동맹 결성.

1945(70세)
1월 일본군 탈출 학병 50여 명이 임시정부로 찾아온다. 2월 임시정부가 일본·독일에 선전포고 한다. 3월 장남 인이 28세의 나이에 폐병으로 세상을 떠난다. 4월 광복군의 OSS 훈련을 승인한다. 7월 섬서성 서안과 안휘성 부양에 광복군 특별훈련단을 설치하고, 한국독립당 중앙집행위원장으로 선출된다. 8월 미군 도노반 장군과 광복군 국내 진입 작전을 합의하지만, 8월 10일 일본 항복 소식을 듣는다. 중경으로 귀환하여 9월 '국내외 동포에게 고함'을 통해 임시정부의 당면 정책 14개 조항을 발표한다. 11월 중국공산당과 국민당이 각각 임시정부 송별연을 개최한다. 11월 23일 개인 자격으로 환국한 뒤, 12월 임시정부 환영회에 참석한다. 모스크바 3상회의 결정에 반기를 들고 신탁통치 반대 국민총동원위원회를 조직한다.
2월 미·소·영 3국 얄타회담. 5월 독일, 연합국에 무조건 항복. 7월 미·영·중 3국 포츠담 선언. 8월 15일 일본의 무조건 항복으로 제2차 세계대전 종전.

1946(71세)
2월 비상국민회의를 소집, 의장으로 선출돼 반탁운동에 나선다. 남조선국민대표민주의원 총리에 선임된 후 4월 한독당, 국민당, 신한민족당이 통합한 한독당 중앙집행위원장으로 선출된다. 7월 이봉창, 윤봉길, 백정기 3의사를 국민장으로 효창원에 모신다. 8월 연합국 원수 및 정당 대표에게 임시정부 수립 지원을 요망하는 메시지를 발표하고, 10월 좌우 합작 7원칙 지지 성명을 발표한다.
5월 여운형과 김규식, 좌우합작운동 추진, 6월 이승만, 남한 단독정부 수립 발언, 12월 남조선과도입법의원 개원.

1947(72세)
1월 반탁독립투쟁위원회를 조직, 제2차 반탁운동을 전개한다. 2월 비상국민회의를 확대한 국민의회를 조직하고, 3월 인재 양성 기관인 건국실천원양성소를 개설한다. 5월 한독당원들에게 제2차 미소공동위원회 불참 성명을 발표하고, 10월 한국독립당 중앙집행위원회에서 남북대표회의를 의결한다. 12월 15일 《백범일지》(국사원) 초판이 출간된다.
7월 여운형 피살, 9월 한국 문제가 UN에 이관되어 11월 UN 총회에서 UN 감시하의 한반도 총선이 가결됨.

1948(73세)

1월 UN 한국위원단에 통일정부 수립을 요구하는 6개항 의견서를 전달하고, 2월 통일 정부 수립을 위한 '3천만 동포에게 읍고함'을 발표한다. 김규식과 공동으로 남북회담 제안 서신을 북한의 김일성과 김두봉에게 발송한다. 3월 7인 공동 성명을 발표하고 남한 총선거 불참을 선언한다. 4월 삼팔선을 넘어 남북연석회의에 참여, 공동 성명서를 발표한다. 5월 평양에서 서울로 귀환한 뒤 북한의 단독정부 수립 반대 입장을 밝히고 통일독립촉진회를 결성한다. 8월 어머니(곽낙원), 부인(최준례), 장남(인)의 천장식을 기독교회 연합장으로 치른다. 9월 이동녕, 차리석 선생의 천장식을 사회장으로 하여 효창원에 모신다. 11월 미국, 소련 양군 철수 후 통일정부 수립이 가능하다는 담화문을 발표한다.

1월 UN 한국임시위원단 입국, 2월 단독 선거를 반대하는 2·7투쟁 전개, 4월 제주도에서 4·3사건 발생, 5월 5·10 총선거 실시 및 제헌 국회 개원, 7월 국호를 대한민국 결정, 초대 대통령에 이승만 당선. 8월 15일 대한민국 정부 수립 선포, 9월 9일 조선민주주의인민공화국 수립, 10월 여순사건 발발.

1949(74세)

1월 조국 통일을 위한 남북 협상을 희망한다고 발표한다. 백범학원(서울 금호동), 창암학원(서울 염리동)을 세운다. 6월 26일 낮 12시 36분, 경교장에서 육군 소위 안두희의 흉탄에 맞아 운명한다. 7월 5일 국민장을 거행, 효창원에 안장된다.

1962(서거 13주년)

3월 1일 대한민국건국공로훈장 중장重章에 추서된다.

1969(서거 20주년)

8월 23일 남산에 백범 김구 동상이 건립된다.

1999(서거 50주년)

4월 9일 어머니 곽낙원 여사와 장남 김인, 국립대전현충원 애국지사 제2묘역으로 이장. 4월 12일 부인 최준례 여사, 효창원으로 이장. 6월 26일 서거 50주년 추도식을 실시한다.

2002(서거 53주년)

10월 22일 서울 용산구 효창동에 백범김구기념관이 준공된다.

2016년(서거 67주년)

5월 21일 차남 신, 공군장으로 국립대전현충원 장군 제2묘역에 안장된다.

인명 찾기(가나다순)

ㄱ

간디 341, 359
강기동 241
강성모 197
강인우 266
강창제 285
경순왕 61, 64
고능선(고산림, 후조) 40, 45, 124, 127, 133, 135, 137, 138, 141, 145, 146, 185, 188, 191, 193, 194, 200, 226, 228, 234, 396, 397
고원명 133, 190
고정화 241
고종 24, 30~32, 117, 121, 154, 205, 245, 254
공자 43, 150, 185, 186
공종열 159, 160, 167
곽낙원 61, 69, 72, 74, 76, 77, 82, 83, 90, 92~94, 181, 350
군예빈 198
김가진(동농) 53, 267
김경 281
김구
  김구(金龜) 47, 49, 229
  김구(金九) 4, 47, 49, 72, 346
  김두래(金斗來) 47, 49, 177
  김두호(金斗昊) 47, 49

김창수(金昌洙) 49, 50, 70, 73, 107, 110, 112, 129, 143, 146, 150, 151, 153, 154, 161, 176~179, 185, 190, 191, 230, 232, 234~238
김창암(金昌巖) 47, 49, 50, 61, 73, 99, 100, 107, 110
백범 4~7, 9, 10, 12, 13, 26, 31, 36~38, 42, 45, 46, 48~50, 56~58, 62, 64, 65, 78, 82, 83, 87, 93, 94, 100, 110, 112, 116, 122, 128, 129, 137, 138, 145, 153, 167~169, 174, 180, 181, 187~189, 193, 194, 198~200, 206, 208, 211~213, 216, 217, 224, 225, 230~232, 238, 240, 243, 245, 246, 250, 257, 262~264, 270, 278, 280, 283, 284, 286, 287, 289, 292, 295, 296, 302, 308, 315, 317, 318, 322, 324, 325, 328~330, 332, 333, 340, 350, 360, 371, 373, 379, 385, 391, 392, 393
원종(圓宗) 47, 49, 164, 166~168, 173
장진구(張震球), 장진(張震) 48, 49
김규식 259, 357, 362, 369
김동환(파인) 25
김두봉 93, 173, 372
김마리아 294

김백석 155
김병연(김삿갓) 127
김보연 259
김산(장지락) 268
김성택 197
김순영 61, 69, 181, 276
김신 56, 57, 76~78, 83, 94, 173, 199, 329
김아려 120, 122
김용진 213, 215, 253
김원봉(약산) 291, 361, 364~366, 369, 371, 375
김윤정 149~152
김은경 72, 89
김의한 320, 337
김이언 125, 126, 129
김인 10, 53, 55, 56, 92~94, 217
김일성 200
김자점 61, 62
김정홍 247
김좌진 241, 244
김주경(김경득) 47, 154, 175~181
김준엽 33, 37, 379
김준영 70, 191
김진경 177, 181
김창숙(심산) 249
김철 319
김치경 193, 194, 200
김학규 33, 376
김해산 312
김현승 54

김형진 124~129
김홍량 50, 205, 221, 243, 332
김홍서 259
김홍일(왕웅) 311
김화경 72, 79, 85, 88, 89

ㄴ
나석주 76, 246~249, 308
나월환 375
나창헌 266
남이 42
노무라 313
노백린(계원) 247~249
노형극 215
니체 12
님 웨일스 268

ㄷ
다나카 기이치 264, 269
담 316
데라우치 마사타케 225
도노반 376~378
도인권 241~244
도진순 167, 244, 316, 339, 393

ㄹ
레닌 272, 274, 357~359
로버트 매켄지 243
루스벨트 359

ㅁ

마르크스 189
맥아더 383, 387
맹자 186
메이지 240, 245
명성왕후(민비) 31, 117, 137, 140, 143~148, 150
모순 316
모택동 349, 365
문종칠 25, 237, 238
미우라 140
민영철 148
민영환 203

ㅂ

박상실 244
박열 317
박영효 121, 187, 245
박용만 268
박은식 276
박정양 146
박지원(연암) 103
박찬익(남파) 292, 321, 326, 337, 360, 387
박창세 285
박태보 228
백정기 309, 317
버드 382
베르톨트 브레히트 58, 269
보경당 166, 168

ㅅ

사량소 319
서광범 187
서대납 265
서병호 259
서산대사 45
서윤복 42
서은증 374
서재필 146, 281
서전트 376, 378
선우갑 265
선우진 36, 37, 198, 323
성태영 178, 179
손과 360
손문 325, 360
손세일 65, 206, 279, 393
손양원 42
송미령 328, 387
송병조 362, 364
송식표 311
순종 250
시게미츠 313
시라카와 312, 313, 388
신봉빈(신정숙) 290~294
신석충 226
신익희 36
신창희 197
심훈 385
스치다 조스케 45, 143, 144, 146, 230

ㅇ

아카시 231, 242
아타튀르크 317
안공근 119, 122, 123, 304, 319, 321, 365
안명근 22, 23, 50, 52, 213, 221~226, 229, 231, 232, 235, 244, 253
안미생 72, 91, 323
안병찬 271
안신호 173, 195~199, 205
안우생 123, 323
안윤옥 294
안정근 91, 122, 123
안중근(응칠) 22, 46, 52, 83, 91, 113, 116, 118~123, 133, 144, 145, 194
안창호(安昌浩, 도산) 193, 195, 196, 199, 207, 221, 222, 224, 229, 250, 259, 260, 268, 273, 278, 281, 301, 318, 322, 323
안창호(安昌鎬) 301
안태훈 113~116, 118, 120, 121, 124, 133, 135, 137, 138, 194
야부도천 45
양기탁 224, 278, 330, 362
양봉구 155
양성칙 197
양주삼 196
엄항섭 53, 277, 279, 284, 286, 320, 322, 323, 332, 337, 365, 376~378
여옥 192, 193, 195, 201
여운형(몽양) 271, 357, 372

오광선 294
오상순(공초) 350
오성륜 264, 269
오응선 106
오인성 247
오인수 294
오인형 202
오정창 346
오철성 346
오희영 294
오희옥 294
와타나베 149, 152, 229~231
왕조명 365
용담 164, 167
우에다 313
우종서 108, 112, 201
원세훈 265
원용일 113
웨드마이어 380, 387
윌슨 253, 255, 256
윔스 376
유동열 285, 362, 371
유상근 309
유완무(유인무) 47, 177~179, 181
유인석(유의암) 133, 143, 185
유진동 90, 333
윤구영 209
윤봉길 41, 43, 48, 76, 80, 283, 301, 309, 310~317, 319, 322, 323, 326, 328, 347, 349, 362, 388

은주부 319
이광수 259
이누카이 306
이덕주 308
이동녕(이석, 석오, 석오장) 206, 221, 259, 276~278
이동엽 301, 313, 315, 322, 330, 332, 333, 362, 364
이동휘 270, 271, 274, 357, 358
이명옥 292, 293
이범석 327, 328, 375, 376, 378, 382
이봉창(기노시타 쇼조) 41, 80, 269, 283, 299~303, 305~309, 317, 319, 322, 326, 329
이상룡(석주) 261, 276, 278
이상설 203
이석관 196
이순신 41, 45, 211
이승만(우남) 104, 225, 242, 245, 259, 260, 263, 268, 270, 274, 276, 281, 329, 358, 360
이승춘 308
이승훈 207
이시발 178
이시영 165, 292
이양연 45
이완용 146, 246~248, 250
이용선 109, 112
이운환 81, 284~287, 293

이재명 246~250
이재정 29, 149, 150
이정숙 292
이종근 242
이진룡 242
이천경 178, 179
이토 히로부미 121, 122, 144, 145, 250
이호상 292, 293
이화보 142, 143, 148, 153
인현왕후 228
임성우 301

ㅈ

장개석 41, 78, 326~329, 346, 354, 360, 365, 370, 374, 387
장건상 372
장길산 179
장작림 273
장준하 35, 36, 212, 373, 379
장지연 202
장치중 285, 345, 346
저보성 48, 49, 321, 322, 335~337
저봉장 49, 335, 337
전덕기 204, 330
전봉준 107, 111
전효순 171, 172
정덕현 108, 112, 114
정만존 278
정몽주 43
정문재 99, 101

정민 45
정운수 383
정정화 53, 82, 266, 315, 320, 334, 337, 348
정창극 209, 211
정필화 266
조덕근 155, 156, 158, 159, 161
조마리아 83, 120
조성환 333, 364, 371, 375
조소앙 10, 362, 364, 365
조완구(우천) 273, 292, 315, 323, 362, 365, 371
조지 쇼 254
조지 오웰 12
주가예 336, 337, 340
주경란 319
주애보 336, 337, 338, 340
주은래 387
지청천(이청천) 212, 284, 327, 328, 364, 365, 375, 378
진과부 327
진독수 322
진동생 48, 332, 336, 337
진승 99

ㅊ

차리석 273, 292, 333, 362, 364
철종 137
체 게바라 49
최광옥 195, 196, 205
최덕만 175, 176

최동오 362, 369, 371
최명식(긍허) 242, 244
최시형(해월) 107, 110, 111
최재학 171, 172
최제우(수운) 106
최준례 52, 56, 72, 77, 85, 87, 89, 92~94, 195, 197, 198, 200, 213
최중호 227
축소주 381

ㅍ

포봉당 168
피치 319~321, 323~325
핏개댁 62

ㅎ

하련생 340
하은당 47, 164, 166~168

참고 문헌

국사편찬위원회 편,《임정편 Ⅱ·Ⅲ·Ⅳ》, 한국독립운동사 자료 2·3·4, 1968
국사편찬위원회 편, 한국독립운동사 자료집, 권 18~21, 1994
국회도서관, 대한민국임시정부 의정원 문서, 1974
국회도서관, 한국민족운동 사료, 1979
김구 지음, 도진순 엮고 보탬,《백범 어록》, 돌베개, 2007
김구 지음, 도진순 주해,《백범일지》, 돌베개, 2005
김구 지음, 도진순 탈초·교감,《정본 백범일지》, 돌베개, 2016
김구 지음, 도진순 편,《쉽게 읽는 백범일지》, 돌베개, 2005
김구 지음,《백범일지》, 교문사, 1979
김구 지음,《백범일지》, 백범학술원 총서 2, 나남, 2002
김구 지음,《백범 김구 선생 언론집》, 백범학술원 총서 3·4, 나남, 2004
김구 지음,《백범 김구 선생의 편지》, 백범학술원 총서 5, 나남, 2005
김구 지음,《백범일지》, 친필원색영인본, 집문당, 1994
김덕진 지음,《연표로 보는 한국 역사》, 선인, 2002
김산·님 웨일스 지음,《아리랑》, 동녘, 2005
김삼웅 지음,《백범 김구 평전》, 시대의창, 2004
김신 지음,《조국의 하늘을 날다》, 돌베개, 2013
김준엽 지음,《장정》, 나남, 2003
김희곤 지음,《대한민국임시정부 연구》, 지식산업사, 2004
독립운동사편찬위원회 편,《독립운동사》4 6, 1969
백범김구선생전집편찬위원회 편,《백범 김구 전집》(전 12권), 대한매일신보사, 1999
백범김구선생기념사업협회,《백범 회보》1~56호
베르톨트 브레히트 지음, 김광규 옮김,《살아남은 자의 슬픔》, 한마당, 1985
부덕민(傅德岷) 지음, 이익희 옮김,《백절불굴의 김구》, 백범김구선생기념사업협회, 2010
선우진 지음,《백범 선생과 함께한 나날들》, 푸른역사, 2008
손세일 지음,《이승만과 김구》(전 7권), 조선뉴스프레스, 2015
송태욱 옮김,《체 게바라의 100가지 말》, 아르테, 2017
안중근 지음,《안중근 의사 자서전》, 범우, 2014
윌리엄 J. 듀이커 지음, 정영목 옮김,《호치민 평전》, 푸른숲, 2003
이만열 지음,《한국독립운동의 연표》, 독립기념관 한국독립운동사연구소, 2009
진한엠앤비 편집부 지음,《기록으로 본 한국의 정보통신 역사》, 진한엠앤비, 2012
한일역사공동연구위원회 한국측 위원회 편,《근현대 한일관계 연표》, 경인문화사, 2006
장준하 지음,《돌베개》, 돌베개, 2015
정정화 지음,《장강일기》, 학민사, 1998(《녹두꽃》(미완, 1987) 개정판)
하련생 지음, 강영매 옮김,《선월(船月)》, 범우사, 2000
한시준 지음,《대한민국임시정부의 지도자들》, 역사공간, 2016
한시준 지음,《한국광복군 연구》, 일조각, 1993

백범 묻다, 김구 답하다

1판 1쇄 발행 2018년 6월 26일
1판 6쇄 발행 2019년 3월 14일

지은이 | 김형오
펴낸이 | 김영곤
펴낸곳 | (주)북이십일 아르테

미디어사업본부 본부장 | 신우섭
책임편집 | 강소라 이상화
미디어마케팅팀 | 정지은 정지연
영업팀 | 권장규 오서영
홍보기획팀장 | 이혜연
제작팀장 | 이영민

출판등록 | 2000년 5월 6일 제406-2003-061호
주소 | (10881) 경기도 파주시 회동길 201(문발동)
대표전화 | 031-955-2100 **팩스** | 031-955-2151 **이메일** | book21@book21.co.kr

(주)북이십일 경계를 허무는 콘텐츠 리더

아르테 채널에서 도서 정보와 다양한 영상자료, 이벤트를 만나세요!
북이십일과 함께하는 팟캐스트 **'[북팟21] 책 이게 뭐라고'**
페이스북 facebook.com/21arte 블로그 arte.kro.kr
인스타그램 instagram.com/21_arte 홈페이지 arte.book21.com

ISBN 978-89-509-7600-2 03910
책값은 뒤표지에 있습니다.

이 책 내용의 일부 또는 전부를 재사용하려면 반드시 (주)북이십일의 동의를 얻어야 합니다.
잘못 만들어진 책은 구입하신 서점에서 교환해드립니다.